Schlussakkord

Ingo Scheel

Schlussakkord

Wie Musiklegenden für immer verstummten

Mit Illustrationen
von Oliver Schmitt

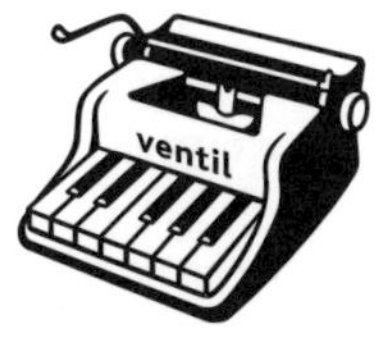

Die Playlist zum Buch:

In Kooperation mit Tapete Records

1. Auflage Mai 2024
ISBN 978-3-95575-220-0

Lektorat: Gunther Buskies, Amelie Gradaus und Benedikt Zopes
Gestaltung und Satz: Oliver Schmitt
Druck: Buchdruck Zentrum

Ventil Verlag, Boppstr. 25, 55118 Mainz
www.ventil-verlag.de

Inhalt

»Ein Popstar ist tot, ganz Facebook ist voll
Und ich frage mich, wie ich trauern soll?
Ich bin ein Mann mit Geschmack, und ich kann es nicht leiden
Ganz schlicht und ergreifend einfach ›R.I.P.‹ zu schreiben.«

Eine Tragödie kommt niemals allein

Beim Versuch, mich daran zu erinnern, wann mir die Nachricht vom Tod eines Popstars wohl das erste Mal zusetzte, lande ich unweigerlich im Jahr 1974. Eine schöne Pointe gleich zu Beginn, dass die Künstlerin, um die es dabei geht, sich in dem Moment, da ich dies schreibe, bester Gesundheit erfreut. Im Sommer des sagenumwobenen WM-Jahres befand ich mich auf dreiwöchiger Ferienfreizeit im Harz, in einem Jugendlandheim in St. Andreasberg. Man wohnte in Zimmern zu acht, schlief in Etagenbetten und vertrieb sich die Zeit mit Nachtwanderungen, Fußball vor dem Haus und Sunkist-Saft in dreieckigen Pappen. Wer es wie und wo und warum überhaupt gehört hatte, kann ich nicht einmal mehr rekonstruieren. Plötzlich jedoch hieß es: Leute, alle mal herhören, Suzi Quatro ist tot! Hat auf der Bühne einen Stromschlag bekommen. Ein Griff in die Saiten, ein Britzeln, ein Schrei und dann ist sie einfach so umgekippt. Zack, fertig. Was für eine Horrormeldung für mich als leidenschaftlichen Fan. *Can the Can*, *48 Crash*, *Devil Gate Drive*, ihre Hits standen bei mir ganz hoch in der Gunst, zudem war ich auch noch heimlich verknallt in Suzi. Dass aus uns nun wohl endgültig kein Paar mehr werden würde, machte mich sehr traurig.

Nachdem sich die erste Aufregung etwas gelegt hatte, schien es mir angesagt, eine entsprechende Reaktion zu zeigen. Ich sagte also zu den anderen Jungs, dass wir eine Gedenkminute einlegen sollten. Eine Minute des Schweigens, zu Ehren der großartigen, der unvergessenen Suzi Quatro, die den Bass nun für immer aus der Hand gelegt hatte. Zu viert oder zu fünft standen wir also in diesem Zimmer, ganz still für eine Minute, in Gedanken bei der Frau im Lederdress. Die Zeit verstrich, es wurde wieder lauter. Wir gingen danach wohl Bolzen, später würden Cordon bleu mit Leipziger Allerlei oder Spaghetti Bolognese auf dem Tisch stehen, am frühen Abend dann Filmzeit: *Kalle Blomquist – sein schwerster Fall* auf der großen Leinwand im Tagesraum.

Am nächsten oder übernächsten Tag erwies sich das Ganze als Falschmeldung, als klassische Ente. Suzi Quatro hatte wohl, wenn überhaupt, einen kleinen Bühnenunfall gehabt, vom Tod konnte jedoch keine Rede sein, im Gegenteil, Suzi war quicklebendig. Bis heute erinnere ich mich an die Erleichterung, die ich angesichts dieser Nachricht verspürte, ebenso wie an den Schock in jenem Moment, als es hieß, sie wäre tot. Das vermeintliche Ableben dieser Musikerin, für mich doch eigentlich fern und unerreichbar, hat mich zumindest für einige Zeit in einen solchen Schockzustand versetzt, als wäre ein Verwandter oder ein Freund gestorben. Was mich beim Blick auf mein zehnjähriges Ich bis heute erstaunt, ist dieser spontane Drang, irgendeine Art von Reaktion zu zeigen. Dazu sollte man sagen, dass es nicht die einzige in diesen drei Wochen Ferienfreizeit bleiben sollte: Als man uns im Anschluss an einen nächtlichen Ausflug zu den Mädchen im ersten Stock Fernsehverbot erteilte, was wiederum bedeutete, dass wir das WM-Endspiel Deutschland gegen die Niederlande verpassen würden, rief ich unser Zimmer zu einem Hungerstreik auf. Die erwünschte Wirkung blieb leider aus. Das Mittagessen lag gerade hinter uns, am Nachmittag fand das Finale statt, niemand merkte überhaupt, dass wir nichts aßen. Das Endspiel verfolgten wir also zähneknirschend am Transistorradio, das im Jubel über Gerd Müllers Tor zum 2:1 auch noch vom Tisch fiel und anschließend keinen Mucks mehr von sich gab – aber das ist eine andere Geschichte.

Bis zum Exitus des nächsten Musikers, der für mich von Bedeutung war, sollten über vier Jahre vergehen, diesmal gab es an der Nachricht keinen Zweifel: Sid Vicious hat sich den goldenen Schuss gesetzt. Das stand sogar in den Kieler Nachrichten, also würde es sicher stimmen. Eine Schweigeminute gab es diesmal nicht, stattdessen hatte mein Kumpel Norbert die Zeitungsmeldung ausgeschnitten und an die Tür seines Zimmers geklebt. Während ich mich nicht mehr daran erinnere, auf welche Art und Weise ich zuerst vom Ableben des Bassisten meiner Lieblingsband, den Sex Pistols, erfuhr, habe ich das nächste Erlebnis noch einigermaßen klar vor Augen. Mit meiner Freundin sitze ich am 9. Dezember 1980 in der Fernsehecke ihres Elternhauses auf dem Sofa. Um 20.15 Uhr beginnt die Tagesschau, kurz darauf verliest Wilhelm Wieben die Meldung von der Ermordung John Lennons. Am nächsten Tag sitze ich mit Tränen in den Augen vor meinem Universum-Plattenspieler und höre die Beatles, eine holländische *Greatest Hits*-Pressung, mein erstes Album überhaupt. Irgendwann setzt sich meine Mutter still neben mich und fängt an zu weinen. Vielleicht war sie es, von der ich diesen ausgeprägten Hang zum Betrauern von irgendwelchen Stars hatte, die einerseits Lichtjahre entfernt schienen, gleichzeitig aber durch ihre Kunst, ihre Songs, die Gefühle und Stimmungen, die sie in mir auslösten, ganz nah schienen. Von meiner Mom kursierte die Geschichte, wie sie nach der Ermordung John F. Kennedys in Tränen aufgelöst vor ihrem Elternhaus in der Kaiserstraße 35 saß und sich später vom Ersparten einen goldenen Ring mit Kennedys Porträt kaufte, den sie fortan ständig trug. Nun war JFK natürlich kein Popstar im eigentlichen Sinne, dennoch einer, der für die ganz großen Emotionen sorgte, im Leben wie im Tod. Noch heute muss ich sofort an meine Mutter denken, wenn ich irgendwo etwas von ihm sehe, lese oder höre.

Bei der Trauer über Lennon sollte es nicht bleiben, das liegt schon in der Natur der Sache für jemanden, der sich Zeit seines Lebens mit jenen drei Akkorden beschäftigt, die die Welt bedeuten. Und natürlich haben sich die Erinnerungen an bestimmte Situationen in mein Gedächtnis eingebrannt. Wie wir Dosenbier trinkend bei Mario in der Dachwohnung sitzen, als unser Kumpel Rainer dazu stößt und fragt, ob wir schon von Cobain gehört hätten. Wie ich mit Sven im Regen von Roskilde stehe und uns per SMS die Nachricht vom Tode John »The Ox« Entwhistles erreicht, das Ganze nur einen Bierbecher-Wurf vom Okse Grill entfernt, ausgerechnet. Mark Lanegans Telefonstimme ganz nah an meinem Ohr, wie er mir am Ende eines abendlichen Interviews fürs Visions-Magazin ein »Take care, my friend« zuraunt – und ich wenige Monate später von seinem Tod lese. Der Schock über die Nachricht vom Tod Chris Cornells, der Jahre zuvor nur ein paar Meter von mir entfernt im Rahmen einer Unplugged-Produktion, die ich redaktionell betreute, eine grandiose Akustik-Version von *Black Hole Sun* gesungen und mir anschließend eines seiner Fotos signiert hatte. Die Schrift ganz krakelig, direkt daneben ein getrockneter Schweißtropfen von ihm, darin verlaufene Tinte.

So sind denn aus den Schweigeminuten der Kindertage irgendwann auch sehr persönliche Erfahrungen geworden, Artikel in Tageszeitungen und Musikmagazinen, Nachrufe über Lieblingsmusikerinnen und Lieblingsmusiker. Songs werden so zu ewig nachhallenden Erinnerungen, auch zu jenen Facebook-Einträgen, von denen Carsten Friedrichs in *Eine Tragödie kommt selten allein* singt, einem Song der Liga der gewöhnlichen Gentlemen, von diesen Momenten, in denen ein schnödes »R.I.P.« nicht reicht.

Die Geschichten in diesem Buch erzählen von jenen Musiklegenden, die es aus den verschiedensten Gründen viel zu früh erwischte. Die von einer Kugel getroffen wurden oder von der Fahrbahn abkamen, die den Wetterbericht falsch deuteten oder den Beipackzettel ihrer Tablettenpackung ungelesen wegwarfen, die zu hart feierten oder unter der Last des Ruhms zerbrachen. *Schlussakkord*, so habe ich das Buch genannt, und dieser finale Akkord erklingt natürlich in Moll. Dabei geht es nicht allein um das Ende, um die mal unausweichliche, dann wieder vermeidbare Katastrophe, um den letzten Drink, den letzten Wimpernschlag, den letzten Seufzer. Es geht auch um die Zeit davor, um das Leben und Werk jener Ikonen, deren Tod wir betrauern, seit sie für immer verstummten. Die sich mit ihren Songs unsterblich gemacht haben und uns immer noch berühren, bewegen und inspirieren.

Auch der Held des ersten Kapitels spielte in meinem Leben eine durchaus prägende Rolle. Ein Song seiner Band befand sich unter den allerersten Singles, die ich in meinem Kinderzimmer in der Kaiserstraße, dort, wo meine Mutter einige Jahre zuvor JFK betrauert hatte, immer und immer wieder hörte: *19th Nervous Breakdown* von den Rolling Stones. Zudem ist es ein schönes Detail, dass wir einige Jahre lang wohl zur selben Zeit die Kerzen auf unserer Geburtstagstorte auspusteten – am 28. Februar nämlich. Und damit viel Vergnügen auf den folgenden Seiten.

Brian Jones

»Where were you when the stars went out?
Where were you when they started to shout?
I saw you alone by the pool
And all your friends called you a fool«
Godstar

Er ahnte wohl, dass es zu Ende geht. Frank Thorogood hat Krebs, Aussicht auf Heilung besteht nicht. Als ihn sein Kumpel Tom Keylock im November 1993 noch einmal im Krankenhaus besucht, macht Thorogood seinem Herzen Luft. Es ist ein unheilvolles, zugleich rätselhaftes Geständnis, das der Mann dort auf seinem Sterbebett unbedingt noch loswerden will. Die Besuchszeit ist kurz, Thorogood erschöpft, er möchte gleich wieder schlafen. Keylock ist verwirrt von dem, was er da gerade gehört hat. Er fährt nach Hause, in seinem Kopf rast es. Er muss mehr darüber wissen, will erfahren, was wirklich hinter Thorogoods Worten steckt. Schon am nächsten Tag fährt Keylock erneut ins Krankenhaus, doch er kommt zu spät: Frank Thorogood ist tot.

Im Sommer 1969 hat sich Brian Jones nach Hartfield zurückgezogen. Der kleine Ort in Sussex, zwei Zugstunden südlich von London, scheint die perfekte Umgebung für ihn zu sein. Es geht hier etwas bedächtiger zu, die Leute sind freundlich, alles ist um so vieles überschaubarer. Kein Vergleich mit dem nervösen Vibe Londons. Jones hat einige aufregende Jahre hinter sich, er läuft auf Reserve, er muss das alles endlich verarbeiten, um dann womöglich weitreichende Entscheidungen zu treffen. Zurückgelassen hat er eine Band, oder besser gesagt: seine Band.

Geboren am 28. Februar 1942 in Cheltenham, Gloucestershire, als Sohn eines Flugzeugbauers und einer Klavierlehrerin, muss er früh einiges an Schicksalsschlägen wegstecken. Zwei Schwestern kommen kurz nach ihm auf die Welt, Pamela und Barbara. Pamela stirbt elf Tage nach ihrem zweiten Geburtstag an Leukämie, Jones ist da gerade mal drei Jahre alt. Er erkrankt an Asthma, Zeit seines Lebens wird er darunter leiden. Doch Jones hält dagegen, in ihm vibriert eine ganz eigene Energie. Der drahtige Junge verfügt über einen urwüchsigen Charme, die Mädchen mögen ihn und sein blondes Haar. Schon mit 17 wird er Vater, verlässt die Mutter seines ersten Kindes jedoch kurze Zeit später. Es dauert nicht lang, da sind bereits zwei weitere Kinder unterwegs, von verschiedenen Frauen. 1961 macht Jones die Biege und taucht in London ab. Als Jugendlicher interessierte er sich für Klassik und Jazz, ging auf Cannonball Adderley steil, noch intensiver packt ihn der Blues, die urwüchsige Kraft von Elmore James und Robert Johnson. Seine Eltern kaufen ihm erst ein Saxofon, dann eine Gitarre. In London schließlich bricht sich seine Leidenschaft vollends Bahn. Er lernt Szene-Größe Alexis Korner kennen, gibt sich selbst einen neuen Namen, einen bluesigeren, wie er meint: Elmo Lewis. The Roosters sind seine erste eigene Band, lange bleibt er nicht, sein Nachfolger wird ein hochtalentierter Gitarrist: Eric Clapton, Gott in spe. Per Anzeige sucht Jones neue Mitmusiker, es melden sich Ian Stewart, Mick Jagger und Keith Richards. Als kurzfristig eine Ersatzband für einen Gig im Marquee gesucht wird, springen sie ein. Was fehlt, ist ein Name. Brian Jones überlegt nicht lang, lässt sich von Muddy Waters inspirieren und benennt seine neue Combo nach einem seiner Songs: The Rolling Stones. Am 12. Juli 1962 spielen sie ihren ersten Gig.

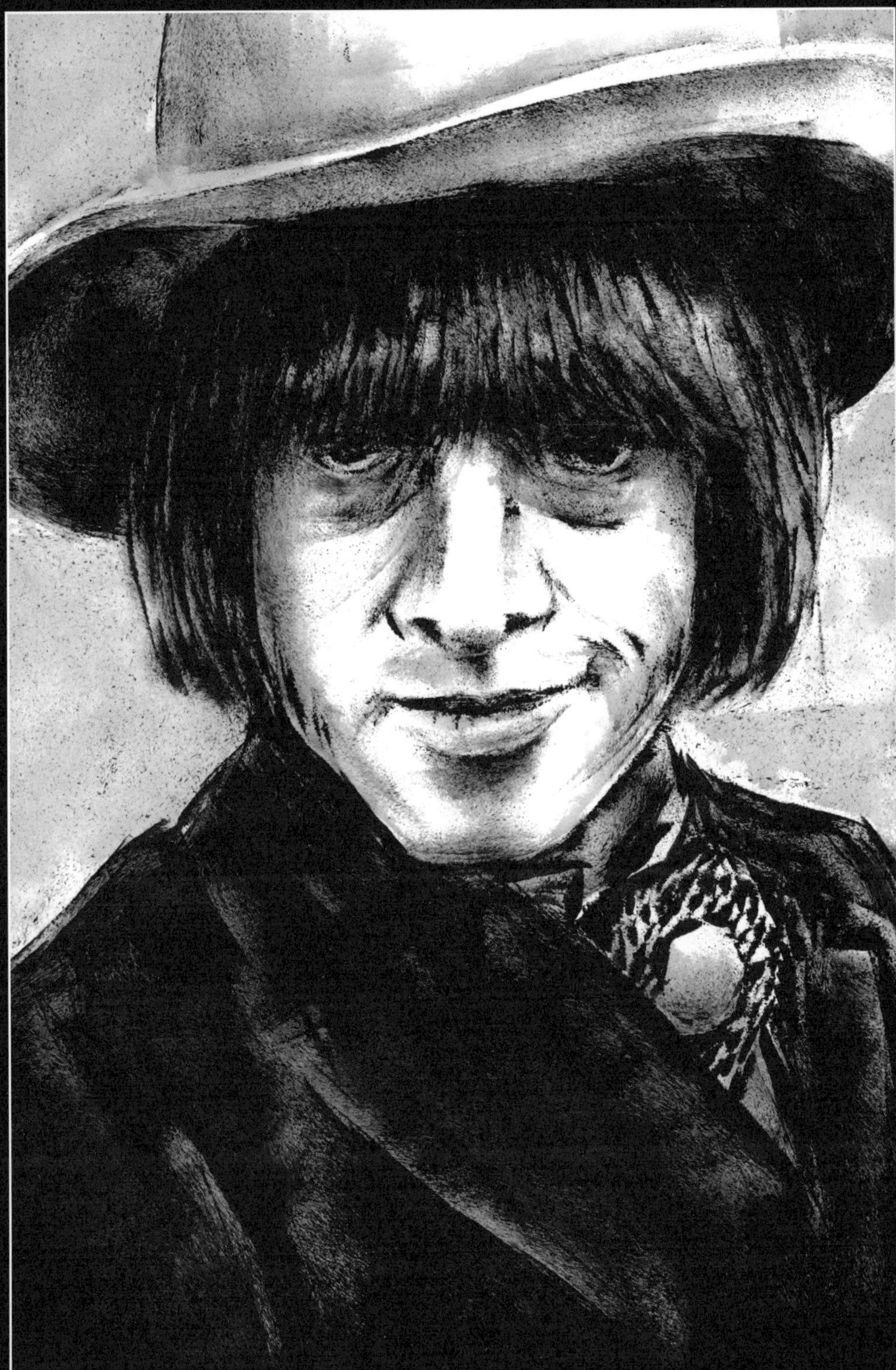

Es ist der Auftakt zu einer furiosen Karriere, schnell gerät die Band in den Fokus einer kreischbereiten Generation. Doch schon im Jahr darauf verschieben sich die Kräfte erstmals. Anfangs hatte Jones die Band selbst gemanagt und dafür einiges mehr an Geld eingestrichen. Von 1963 an kümmerte sich Andrew Loog Oldham um die Geschicke der Gruppe. Er modelliert sie nach seinen Vorstellungen. Oldham schwebt eine Art Antithese zu jener anderen Überband der noch jungen Dekade vor: Waren die Beatles Schwiegersöhne nach Maß, so sollten die Stones die dunkle Seite repräsentieren. Wollten Teenager die Beatles womöglich heiraten, so sollten Jones & Co. jene Typen sein, mit denen man über Nacht durchbrennt. Waren die Beatles nice 'n' clean, sollten die Stones spicy'n'mean rüberkommen. Über die Jahre entgleitet Jones die Band. Er, der flamboyante Dandy, der Engel mit dem Prinz-Eisenherz-Schnitt, mit Pelzkragen und Perlenkette, ist am liebsten da, wo die Action ist, gleichzeitig ächzt er unter der Last der öffentlichen Aufmerksamkeit, entwickelt Angstneurosen und leidet unter Depressionen.

Mitte der 1960er verliebt er sich in das deutsche Model Anita Pallenberg, einen Wimpernschlag lang sieht es nach etwas mehr Stabilität in Jones' Leben aus. Doch die Zeiten sind wild, die Drogen stark, alles ist volatil, nichts ist sicher. Als Pallenberg ihn verlässt und sich bei Keith Richards unterhakt, führt dies innerhalb der Band zu einem Bruch, der nicht mehr zu kitten sein wird. Obendrein gerät Jones in den Fokus der Londoner Polizei. Freidenker wie Jones und John Lennon, mit ihren hedonistischen Lebensentwürfen und den in Patchouli-Öl getunkten Visionen von freier Liebe und Friede, Freude, Haschischkuchen, sind den Obrigkeiten ein ganzer Dornenstrauch im Auge. Die Typen müssen unschädlich gemacht werden, so lautet die Devise auf den Polizeirevieren. 1967 stößt

Norman Pilcher zur Metropolitan Police. Nobby, wie sie ihn nennen, ist ein harter Hund, tougher als alle anderen, im Fadenkreuz seiner Motivation: die Beletage der Generation Rock. Pilcher wittert Dopekrümel Meilen gegen den Wind, erst recht, wenn sie in den Jackentaschen von Leuten wie John und Yoko darauf warten, geraucht zu werden. Er statuiert ein Exempel an Brian Jones. Bei Hausdurchsuchungen findet die Polizei größere Mengen Marihuana, Jones' Behauptung, der Stoff sei in der Wohnung platziert worden, nützt nichts. Als folgenschwerer Fehler entpuppt sich seine Entscheidung, ein Schuldgeständnis gegen eine vermeintlich niedrige Strafe zu tauschen. Er ist ohnehin auf Bewährung, ein längerer Gefängnisaufenthalt droht, doch der Richter – womöglich ein Fan der Stones? – hegt Sympathien für Jones und belässt es bei einer Geldstrafe und der dringlichen Warnung, beim nächsten Mal würde es so richtig Ärger geben.

Davon hat Jones ohnehin reichlich, die Band – seine Band – ist längst zu neuen Ufern aufgebrochen, die Aufnahmen zu *Let It Bleed* finden, mit Ausnahme von zwei Songs, ohne seine Beteiligung statt. Das hat in den Jahren zuvor bei *Their Satanic Majesties Request* und *Beggars Banquet* noch anders ausgesehen, auch wenn Gerüchte die Runde machen, Jones' Amp wäre zuweilen heimlich leiser gedreht worden, um Schlimmeres zu verhindern. Im Frühsommer 1969 laufen die Planungen für eine US-Tour der Rolling Stones auf Hochtouren, doch für Jones sieht es nicht gut aus. Die amerikanischen Behörden verweigern ihm aufgrund der Vorstrafe ein Arbeitsvisum. Für Jones heißt es nun Stadt, Land, Flucht, er geht nach Hartfield in eine Art Exil. Die Cotchford Farm wirkt wie der perfekte Ort, um die Dinge neu zu sortieren. Das pittoreske Gebäude aus dem 16. Jahrhundert hat so einiges erlebt. 1925 hatte der britische Autor A. A. Milne die Farm erworben und sich dort die berühmten Geschichten um Puh den Bären ausgedacht und zu Papier gebracht. Nun also will Brian Jones hier abschalten und wieder zu Kräften kommen, tauschte die teuren Chelsea Boots gegen lehmverklebte Gummistiefel. Während hier die Uhren langsamer zu gehen scheinen, drehen sie sich in London mittlerweile schneller als ohnehin schon. Die Auswirkungen bekommt auch Jones zu spüren, gravierender als er sich das wohl jemals vorgestellt hätte. Am 8. Juni 1969 kommen Mick Jagger und Keith Richards zu Besuch, ein Lokaltermin mit Folgen: Die beiden werfen Brian Jones aus der Band – aus *seiner* Band. »Er war nicht überrascht«, wird Keith Richards später erzählen. »Ich glaube nicht mal, dass er es so richtig geschnallt hat.« Jagger und Richards brechen auf in eine neue Karriere, für Brian Jones werden es die letzten vier Wochen auf diesem Planeten.

Als Alexis Korner vorbeischaut, macht Jones auf ihn einen aufgeräumten Eindruck. Jones schreibt Songs, spricht von seinen Plänen, eine neue Band zu gründen. Dazu sollte es nicht mehr kommen. Am 2. Juli erhält Jones Besuch von Frank Thorogood, seinem Bauleiter. In den Monaten zuvor hat er umfangreiche Instandsetzungsarbeiten durchführen lassen, wofür bereits etliche tausend Pfund fällig wurden. Geld, das Jones nicht mehr hat. Entsprechend sauer ist Thorogood auf ihn. Der Mann mit der hohen Stirn und dem grimmigen Blick ist zusammen mit Janet Lawson gekommen, der Freundin eines Kumpels, des Stones-Tourmanagers Tom Keylock. Thorogood will seine Kohle – und zwar sofort. Jones und der Mann vom Bau geraten heftig aneinander und entschließen sich wohl irgendwann, bei einer Runde im Pool ihre Gemüter abzukühlen. Die Männer springen ins Wasser, auch Jones' schwedische Freundin Anna Wohlin ist dabei, dreht aber nur ein paar Runden, bevor sie sich wieder ins Haus zurückzieht. Jones bittet Janet, nach seinem Asthma-Spray zu suchen. Spürt er den nahenden Anfall? Sie sucht am Pool und im Musikzimmer des Hauses. Kurz darauf kommt Thorogood ins Haus, seine Hände zittern, er macht einen verwirrten Eindruck – das jedenfalls erzählt Janet Lawson drei Jahrzehnte später dem englischen Journalisten Scott Jones. Sie eilt ans Fenster und sieht Brian Jones auf dem Grund des Swimmingpools. Sie stürmt hinaus. Zu dritt ziehen sie den leblosen Musiker aus dem Wasser, versuchen verzweifelt, ihn zu reanimieren. Vergeblich. In der Nacht vom 2. auf den 3. Juli stirbt Brian Jones im Alter von 27 Jahren.

Die Umstände seines Todes erweisen sich als diffus. Lawson berichtet später, wie die Polizisten ihr im Laufe des Verhörs Dinge in den Mund gelegt und zahlreiche Details des Polizeiberichts schlichtweg erfunden hätten. »Drowning under the influence of drink and drugs«, so weist es der Obduktionsbericht aus. Tatsächlich finden sich kleinere Mengen an Aufputsch- und Beruhigungsmitteln in seinem Blut, sowie eine Alkoholmenge von etwa drei Pints Bier. Genug für einen gestandenen Trinker wie Jones, um daran zu sterben? Im Rahmen der Doku *Rolling Stone: The Life and Death of Brian Jones* untersuchen Wissenschaftler seine Blutwerte und identifizieren Geweberisse. Sie kommen zu dem Schluss, er sei ermordet worden. Eine Theorie, die zu dem Detail passt, dass sich in Jones' Lunge Frischwasser befand. Nicht etwa das mit Chemikalien versetzte Wasser aus dem Swimmingpool, sondern klares, frisches, vor allem unbehandeltes Wasser. In einem Trog am Pool hatte sich genau solches gesammelt. War die Auseinandersetzung zwischen Thorogood und Jones eskaliert? Hatte der kräftige Bauleiter den Musiker im Verlauf des Streits in diesem Trog unter Wasser gehalten, bis der keinen Mucks mehr von sich gab, und ihn anschließend in den Pool geworfen? Gerüchten zufolge sollen an diesem Abend auch Tom Keylock und Suki Poitier, eine Ex-Freundin des Ex-Stones, zugegen gewesen sein. Aufklären lässt sich das nicht. »Death by misadventure«, Tod durch Unglück, so lautet die offizielle Todesursache später. Dreimal werden die Akten im Laufe der Jahrzehnte wieder geöffnet, ohne dass sich der Fall zufriedenstellend klären lässt. Zwei Tage nach Jones' Tod geben die Rolling Stones ein Gratiskonzert im Londoner Hyde Park, Mick Jagger liest aus einem Gedicht von Percy Bysshe Shelley, hunderte weißer Schmetterlinge steigen in den Himmel auf – die Hälfte der Tiere war zuvor bereits in den Aufbewahrungskisten verendet. Die Band spielt im Anschluss einen von Jones' Lieblingssongs, *I'm Yours and I'm Hers* von Johnny Winter. An der Slide-Gitarre: Mick Taylor, der Neue.

In einem luftdicht verschlossenen Sarg wird Brian Jones auf dem Friedhof von Cheltenham beigesetzt, er ist einbalsamiert, sein Haar gebleicht. Die Totengräber haben eine besonders tiefe Grube geschaufelt, um überambitionierte Fans vom Buddeln nach Souvenirs abzuhalten. Von den Rolling Stones sind nur Charlie Watts und Bill Wyman erschienen, um ihrem Bandgründer das letzte Geleit zu geben.

Frank Thorogood lässt die verhängnisvolle Todesnacht sein Leben lang nicht los. »Ich war es, der Brian kaltgemacht hat«, gesteht er Tom Keylock bei dem eingangs erwähnten letzten Besuch wenige Stunden vor seinem Tod. »Ich habe einfach die Nerven verloren.« Es scheint, als müssten die Akten ein weiteres Mal geöffnet werden.

Auch im zweiten Kapitel geht es um einen »Cold Case«, der Schauplatz der Ereignisse befindet sich über 12.000 Kilometer östlich der Cotchford Farm …

Cathy Wayne

»Now I'm no longer doubtful
Of what I'm livin' for
And if I make you happy
I don't need to do more«
(You Make Me Feel Like) A Natural Woman

Sammy Davis Jr. tut es, Nancy Sinatra und Raquel Welch, Robert Mitchum, Jayne Mansfield und Charlton Heston – sie alle tun es. Sie gehen nach Vietnam, um die US-Truppen ein wenig bei Laune zu halten. In Speisesälen, Offizierskasinos und auf Sportplätzen werden provisorische Bühnen errichtet, die Stars kommen, singen und muntern auf. Ein paar Lieder, eine kleine Rede, Erinnerungsfotos für später, all das eine Maßnahme, um die Soldaten vom herausfordernden Alltagsgeschehen abzulenken. Doch nicht nur Lichtgestalten aus der obersten US-Liga ziehen in den Krieg, auch in Australien, dessen Beteiligung am Kriegsgeschehen über die Jahre auf fast 60.000 Soldaten anwächst, schmiedet man Pläne und es werden Künstlergruppen zusammengestellt, um die Soldaten zwischen Đà Nẵng und Saigon zu unterstützen. Eine von ihnen ist Cathy Wayne aus Arncliffe in New South Wales – doch im Gegensatz zu ihren bekannteren Kolleginnen und Kollegen sollte es für sie ungleich tragischer laufen.

Sie ist noch nicht mal ein Teenager, da singt sie bereits auf Schulkonzerten und in Gemeindesälen, wenig später hat sie erste kleine TV-Auftritte und bekommt ein Engagement in der populären Fernsehsendung »Bandstand«. Ihr Typ passt perfekt in die Zeit – Beehive-Frisur und Schachtelkleid, eine Prise Erotik, die richtigen Coversongs zwischen Mod-Pop, Beat und Orchester-Stoff, mit Klassikern wie *The Name Game* and *(You Make Me Feel Like) A Natural Woman* auf der Setlist. Bei der ATA, der Konzertagentur von Col Joye, einem alten Aussie-Rock-'n'-Roller, unterzeichnet sie einen Künstlervertrag. Geboren als Catherine Anne Warnes am 7. Dezember 1949, am selben Tag wie Tom Waits, spielt sie als Sechzehnjährige bereits in den Nachtclubs von Sydney, reist kurze Zeit später zum ersten Mal nach Vietnam, um dort aufzutreten. Joye und seine Schwester Carole, die Cathys Management übernommen hat, arbeiten mit den US-Offiziellen in Vietnam zusammen, die geplante Tour läuft unter der Ägide des Australian Forces Advisory Committee on Entertainment, kurz FACE, die den Schutz der beteiligten Künstlerinnen und Künstler garantiert. Cathy spielt in Vietnam einiges an Konzerten und kehrt wohlbehalten in ihre Heimat zurück. Als sie im Sommer 1969 ein weiteres Mal plant, nach Vietnam zu gehen, als Teil der Sweethearts on Parade, benannt nach Marshall Neilans Filmmusical von 1930, wird das ohne diesen Schutz passieren. Cathys Eltern und auch Joye versuchen noch, sie davon abzuhalten, doch ihr Entschluss steht fest. Daheim in Australien ist ihre Karriere ein wenig ins Stocken geraten, am Schlagzeug der Sweethearts sitzt ihr Verlobter Clive Cavanagh. Der Plan steht fest: Ein paar lukrative Shows in Vietnam spielen, die Kasse für die geplante Hochzeit aufbessern und schließlich auch daheim wieder erfolgreich werden.

Gesagt, getan – am 20. Juli erreicht der Tross das Camp des ersten Reconnaissance Battalion der United States Marine Corps, vier Meilen südöstlich von Đà Nẵng. Am Abend soll die Show in einem Offiziersclub stattfinden, gemeine Infanteristen sind hier nicht erwünscht. Das sorgt für Unmut unter den Soldaten. Sie machen die Drecksarbeit, sind Tag für Tag in Lebensgefahr, sehen ihre Kameraden sterben – und die hohen Tiere lassen es sich abends in Gegenwart von attraktiven Sängerinnen und Go-go-Girls bei ein paar Drinks und flotter Musik gutgehen. Gerecht ist das nicht. Sergeant Jim Killen – wegen seines vergleichsweise hohen Alters von den jungen Soldaten »Pappy« genannt – leiht sich an jenem Tag von seinem Corporal eine Pistole mit Schalldämpfer. Um ein paar streunende Hunde zu erledigen, die sich mal wieder im Stacheldraht verfangen haben, wie er sagt. Auf der Bühne des Clubs beendet Cathy Wayne derweil einen Song, Stevie Wonders *Uptight (Everything's Alright)*. Es ist Viertel nach neun, als die Sängerin plötzlich in sich zusammensackt. Publikum und Band sind irritiert, zunächst wird eine Ohnmacht vermutet. Doch dann entdeckt Clive Cavanagh, der von seinem Drumkit nach vorn gestürmt ist und seine Verlobte im Arm hält, dass Blut aus ihrem Brustkorb sickert. Es färbt das gelbe Minikleid knallrot, nach kurzer Zeit hört Cathy Waynes Herz für immer auf zu schlagen.

Die Ermittlungen ergeben, dass der Schuss von außerhalb des Clubs abgegeben wurde, durch ein Fliegengitter ins Innere drang, anschließend Cathy Wayne in der linken Seite ihres Oberkörpers traf und auf der anderen Seite wieder austrat. Das 22er Kaliber der Kugel, die Tatsache, dass allem Anschein nach ein Schalldämpfer benutzt wurde – die Spur führt zügig zu Pappy, zu Sergeant Jim Killen. Ein Motiv gibt es auch: Killen habe eigentlich seinen verhassten Vorgesetzten, Major Simmons, umbringen wollen.

Im Oktober 1969 kommt es zum Prozess, Killen verteidigt sich selbst, erzählt noch einmal die Geschichte von den Hunden, die er töten wollte. Demgegenüber stehen Zeugenaussagen, nach denen er mit der Tat und dem Verschwindenlassen der Waffe geprahlt habe. Killen gibt an, sturzbetrunken gewesen zu sein und sich nicht erinnern zu können. Die achtköpfige Jury spricht ihn der nichtvorsätzlichen Tötung schuldig, er wird unehrenhaft entlassen und zu 20 Jahren Zwangsarbeit verurteilt. »Zehn Jahre meines Lebens habe ich dem Marine Corps geopfert«, sagt der konsternierte Killen nach dem Urteilsspruch, »Ich kann nicht glauben, dass mir das hier wirklich passiert.« Zu Hause in Australien reagiert Col Joye nüchtern auf die Ereignisse. »Geh da nicht hin, hatte ich zu ihr gesagt, das ist kein schöner Ort«, so Cathy Waynes einstiger Agent, »Aber sie hatte sich längst entschieden. Ihr Freund war dabei, also zog sie auch los und kam nicht wieder nach Hause. Also, letztlich ja schon, nur eben in einer Kiste.«

Dass der Fall im Sommer 1969 nur auf den hinteren Seiten der Tageszeitungen stattfindet, hat einen besonderen Grund. Die Welt blickt in diesen Tagen Richtung Mond, wo Neil Armstrong am 21. Juli 1969, nur wenige Stunden nach Cathy Waynes Ermordung, zum ersten Mal den Fuß auf den fernen Erdtrabanten setzt, ein kleiner Schritt für einen Menschen, ein riesiger Sprung für die Menschheit. Zwei Jahre sitzt Killen ein, bevor es zu einer Wiederaufnahme des Falles kommt, diesmal wird er aus Mangel an Beweisen freigesprochen. Cathy Waynes Mörder wurde bis heute nicht gefunden.

Drei Jahre zuvor ist die Eroberung des Mondes noch eine kühne Vision am Reißbrett der NASA, die Vorbereitungen laufen jedoch bereits auf Hochtouren. Eine Rakete spielt auch in der folgenden Geschichte eine Rolle, zumindest am Anfang, als Teil eines Bandnamens. Wie bei Brian Jones und Cathy Wayne wird es erneut mysteriös ...

Bobby Fuller

»Robbin' people with a six-gun
I fought the law and the law won«
I Fought The Law

Wir schreiben den 18. Juli 1966. In Cape Kennedy startet die Gemini 10 mit Michael Collins und John W. Young an Bord Richtung Weltall. In Aserbeidschan feiert der Landwirt Shirali Muslimow, der sogenannte »Methusalem der UdSSR«, angeblich seinen 161. Geburtstag. Der tunesische Staatspräsident Habib Bourguiba trifft zu einem Besuch in der Bundesrepublik ein. In München befindet das Bayerische Verwaltungsgericht, dass sogenannte Beat-Konzerte Musikveranstaltungen und somit von der Vergnügungssteuer befreit sind. Und in Los Angeles findet eine vielversprechende Karriere ein mörderisches Ende.

Die Kids fahren mit ihren Roadmaster-Bikes um den Block, halten Marshmallows ins Feuer und bekommen weiche Knie, wenn Flipper, Fury oder Diver Dan über die Mattscheibe huschen. Das ist es, was Ende der 1950er, Anfang der 1960er Jahre die Jugend in den amerikanischen Suburbs bewegt. Bobby Fuller und sein jüngerer Bruder Randy dagegen haben ganz andere Dinge im Sinn. Sie nennen sich Captain Fuller and the Rocket Squad, experimentieren mit Musikinstrumenten und Tonbandgeräten, treten bereits regelmäßig auf. Im Garten ihrer Eltern haben die beiden eine Echokammer gebaut. Die Aufnahmen klingen so famos, dass kleine Labels wie Yucca Records bereits Platten von ihnen veröffentlichen, als Bobby und Randy noch im Teenageralter sind. Eine Zeit lang trennen sich ihre Wege, Bobby beendet die High School und beginnt ein Musikstudium an der Uni von Texas. Randy folgt dem Willen der Eltern und besucht die Militärakademie. Die Sache mit der gemeinsamen Band verlieren sie dabei nie aus den Augen. Als Randy zurückkehrt, stellt er begeistert fest, wie weit Bobby sich musikalisch entwickelt hat. Es ist der Start ihrer gemeinsamen Bandkarriere. Sie nennen sich mal Bobby Fuller and the Cavemen, dann Bobby Fuller and the Fanatics. Als The Bobby Fuller Four, mit Jim Reese und DeWayne Quirico an Bord, geht ihre Popularitätskurve steil nach oben. Zusammen mit ihrer Mom ziehen sie nach Los Angeles und mieten ein Apartment in Hollywood. In der Musikbranche brodelt es. Das neue Ding namens Rock'n' Roll macht alle ganz wuschig, die Stile wechseln schneller, als man »Be-Bop-A-Lula« sagen kann. Bobby und die Boys schwimmen eine Weile auf der Surfwelle mit – Twang-Gitarren und knallige Melodien, eine unwiderstehliche Mischung. Dann zieht die »British Invasion« eine Schneise durchs Land: Fab Four und Dave Clark Five, Small Faces und Zombies, Cilla, Dusty und all die anderen haben neue Beats, neuen Drive und unwiderstehliche Melodien im Gepäck – und treffen auf ein ebenso wildes wie willfähriges Publikum. Die Fuller-Boys adaptieren im Handstreich, überarbeiten ihren Sound, die Fans sind begeistert. Abend für Abend strömen sie in Clubs wie das Whisky à Go Go am Sunset Strip, ins Ciro's oder vor die Bühne vom It's Boss am Sunset Boulevard, wenn Bobby Fuller und seine Boys auftreten. TV-Moderator Casey Kasam holt sie in seine Musikshow »Shebang«: »Das Beste, was ich je gemacht habe. Die Leute sind ausgeflippt.«

Doch das wilde Nachtleben wird schnell unüberschaubar, zudem zieht es einiges an zwielichtigen Typen an. Bobby Fuller, so munkelt man, verkehrt in üblen Kaschemmen, hat Kontakt zur Mafia, hängt mit leichten Mädchen und schweren Jungs ab. In puncto Karriere vollziehen The Bobby Fuller Four bald den Schritt vom Geheimtipp zur nationalen Größe, sie sind auf dem Sprung in die oberste Etage – und die Perspektive könnte kaum besser sein. Mit *Let Her Dance* erreichen sie die Top 40 der Single-Charts, im März 1966 erobern sie mit ihrer Version des Gassenhauers *I Fought the Law*, im Original aus der Feder von Sonny Curtis, die Top 10 der Billboard Hot 100.

Wenige Monate später passiert jene Tragödie, die alles auf einen Schlag beendet und bis heute Rätsel aufgibt. In der Nacht zum 18. Juli 1966 erhält Bobby Fuller einen mysteriösen Anruf. Am frühen Morgen schnappt er sich das Auto seiner Mutter, ein Oldsmobile, und düst davon, ohne ihr zu sagen, wohin es plötzlich geht. Über Stunden ist Fuller verschwunden, es ist untypisch für ihn, dass er sich nicht meldet. Am Nachmittag gegen 17 Uhr steht der Wagen wie aus dem Nichts wieder vor dem Haus. Seine Mutter stürmt zur Beifahrertür, als sie sie öffnet, bietet sich ihr ein grausamer Anblick. Quer über den beiden Vordersitzen liegt ihr toter Sohn. Bobby hat blutende Verletzungen an den Armen und im Gesicht, er sieht aus, als hätte man ihn über den Asphalt geschleift. Sein Kopf ruht in einer Pfütze aus Blut, aus dem Fond des Wagens stinkt es fürchterlich nach Benzin, im Fußraum steht ein leerer Kanister.

Die Polizei trifft schließlich ein, untersucht den Wagen, verbringt Fuller in die Gerichtsmedizin. Charlene Nowak, eine gute Freundin von Fuller, ist aufgebracht, sie will so schnell wie möglich wissen, was wirklich passiert ist. Sie stellt die Polizei zur Rede, löchert die Cops, wie weit die Ermittlungen sind oder ob es womöglich bereits ein Ergebnis gibt. Das Resultat der Untersuchung, so antworten sie: Selbstmord. Keine der Verletzungen, die Fullers Körper aufweist, war tödlich, dazu der Kanister mit dem Benzin. Fuller habe die giftigen Dämpfe eingeatmet und sei daran schließlich gestorben.

Doch ganz so sicher scheint man sich im gekachelten Raum der Pathologie von Los Angeles nicht zu sein. Im Untersuchungsbericht sind gleich zwei Kästchen angekreuzt: Unfall und Selbstmord. Neben beiden steht ein Fragezeichen. Für Nowak kommt die Theorie vom Freitod gar nicht erst in Frage. »Er hatte keinen einzigen suizidalen Knochen im Leib«, sagt sie Jahre später in einem Interview. »Immer wieder hat er davon gesprochen, wie sehr er sich auf die Zukunft freut.« Doch es gibt auch andere Stimmen. Seinem Bruder Randy hatte er am Tag vor seinem Tod von einer Party in Malibu erzählt, zu der er gehen wollte. Es würde dort eine Menge LSD geben, so Bobby. War er auf einem Horrortrip gelandet? Die Blutuntersuchung jedenfalls hat keine Hinweise auf Drogen hervorgebracht. Tatsächlich war Bobby doch nicht auf die Party gegangen, er hatte sich mit Melody verabredet, einer geheimnisvollen Freundin, einer Vertrauten, der er regelmäßig sein Herz ausschüttete. Die Cops verhören die Lady mit dem klangvollen Namen, ohne handfeste Erkenntnisse zu gewinnen. Stattdessen gibt es weitere Gerüchte, von Bestechungsgeldern für DJs ist die Rede, einem Ausläufer des Payola-Phänomens, bei dem Plattenlabels die einflussreichsten Radio-Moderatoren der populären Sender schmierten, um die neuesten Tracks ihrer Künstler zu platzieren und so den Weg in die Charts zu beschleunigen. Doch auch dieser Verdacht erhärtet sich nicht. Plausibler scheint da schon die Geschichte von einer Lebensversicherung, die im Falle von Bobbys Tod eine Summe von 100.000 Dollar bringen würde. Der Begünstigte: Larry Noon, sein Geschäftspartner vom Label Del-Fi Records. Sollten hierdurch möglicherweise die hohen Produktionskosten zurück in die Kasse fließen? Der Knackpunkt: Mit der Todesursache Selbstmord würde kein Cent zu holen sein. Umso merkwürdiger, dass der Vermerk im Bericht einige Monate nach Fullers Tod geändert wurde, von Selbstmord zum finanziell ertragreichen Unfall. Ein Detail, das ebenso mysteriös erscheint: Warum ließ der Cop, der am 18. Juli 1966 den Wagen untersuchte, als erstes den Benzinkanister verschwinden? Bemerkenswert ist das Gerücht, Fuller hätte vorgehabt, die Band aufzulösen, um als Solist Karriere zu machen. Vier geplante Shows in San Francisco hatte er kurz vor seinem Tod abgesagt. No Show, no Money. War seine Band sauer, dass er sie um einiges an Gage bringen würde? Viele Theorien, viele Fragen, auf die es bis heute keine Antworten gibt.

Auch die Träume einer Sängerin mit betörend dunkler Stimme finden in einem Auto ihr jähes Ende. Ort des Geschehens: eine Straßenkreuzung in Norddeutschland ...

Alexandra

»Müde sank das Blatt hinab
auf die Straße, sein regennasses Grab.
Schon am Ende seines Lebens
rief das kleine Blatt vergebens,
zu den stummen Häusern hinauf:
Könnt ich nur einmal noch im Wind
fliegen«

Der Traum vom Fliegen

Das, was das Blatt in diesem Lied erlebt, sei ihr Leben, so sagt es Alexandra einmal in einem Interview. Man solle sich nicht immer fortträumen, sondern dort versuchen glücklich zu sein, wo man ist. Das, was danach kommt, müsse nicht unbedingt schöner sein. Doris Nefedov, wie sie bürgerlich heißt, weiß, wovon sie da singt und spricht. Ihr Leben ist von Sehnsucht und Streben geprägt. Sie versucht sich am Klavierspiel, sie tanzt, zeichnet, singt, kann sich nicht entscheiden. Sie möchte sich fortträumen, und weiß doch nicht, wohin. Bis der Vater ein Machtwort spricht: »Du wirst Grafikerin, der Beruf hat am meisten Aussicht.«

Am 19. Mai 1942 kommt Doris als dritte Tochter der Eheleute August und Wally Treitz zur Welt. Die Familie lebt in Heydekrug, einer kleinen Gemeinde im Südwesten Litauens. Während des Zweiten Weltkriegs von Deutschland eingegliedert und vom Flecken zur Stadt erhoben, wurde Heydekrug nach Kriegsende umbenannt in Šilutė und dem nun zur Sowjetunion

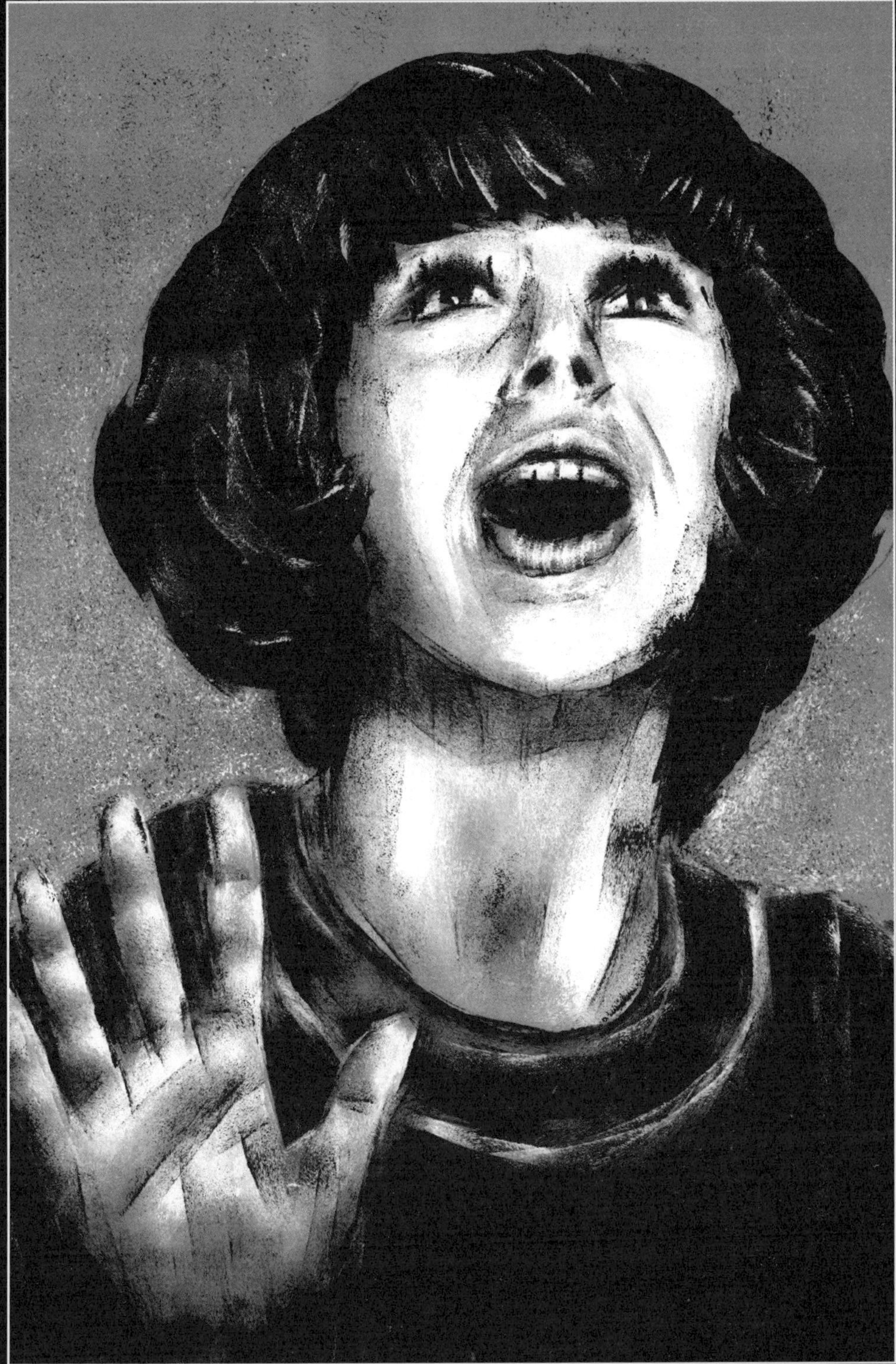

gehörenden Litauen angeschlossen. Die Familie muss fliehen, der Weg führt nach Sachsen, von dort aus nach Kiel, wo man sich niederlässt und zur Ruhe kommt. Doris geht hier auf die Grundschule, wechselt später auf die Ricarda-Huch-Schule, ein Mädchengymnasium in der Hansastraße, unweit von der elterlichen Wohnung im Knooper Weg. Es schlägt ein unruhiges Herz in ihrer Brust, sie will kreativ sein, sich beweisen, zur künstlerischen Elite gehören, »zumindest in Deutschland«, wie sie es später in einem Interview ausdrückt. Sie bricht die Schule ab, probiert es an der »Mu«, der Muthesius-Werkkunstschule, mit einem Grafikstudium, wie es der Vater angewiesen hat, doch auch diese Ausbildung beendet sie nicht. Als ihre Eltern sich Anfang der 1960er Jahre trennen, zieht sie mit ihrer Mutter und einer der Schwestern nach Hamburg, wo sie sich an der Meisterschule für Mode einschreibt. Doch statt K wie Karriere heißt es für Doris zunächst einmal K wie Kind und Küche. Sie heiratet den 30 Jahre älteren Russen Nikolai Nefedov, der zur Untermiete bei der Familie wohnt. Das Paar schmiedet Auswanderungspläne, die USA sind das Ziel ihrer Träume, doch daraus wird nichts. Am 26. Juni 1963 kommt Sohn Alexander zur Welt, wie die Ehe ihrer Eltern zerbricht auch die von Doris kurz darauf. In Neumünster ist sie im Theaterstück *Käfige* zu sehen, nimmt Gesangsunterricht. Abends tritt sie in Bars und Musik-Clubs auf, eine Zeit lang ist sie Teil der Folkrock-Pioniere City Preachers, einem Musikkollektiv mit wechselnder Besetzung, dem Größen wie Inga Rumpf, Udo Lindenberg, Dagmar Krause und Jean-Jacques Kravetz angehören.

Als Musikproduzent Fred Weyrich auf sie aufmerksam wird, kommen die Dinge schließlich ins Rollen. Sie sei »wie aus einem Guss« gewesen, beschreibt Weyrich diese »wichtigste Begegnung seines Lebens«. Die dunkle Stimme, diese geheimnisvolle Aura, ihr attraktives Aussehen – Weyrich erkennt Alexandras Starpotential und verschafft ihr einen ersten Plattenvertrag. Musikmogul Hans R. Beierlein übernimmt ihr Management und hat eine genaue Vorstellung, wie dieses vielversprechende Talent zu vermarkten ist: Sie nimmt den Künstlernamen Alexandra an, ihre Lieder sollen Fernweh wecken, nach italienischem Schlager und französischem Chanson würde sie nun vom geheimnisvollen Russland singen, von schwarzen Balalaikas, der Taiga und dem Kaukasus.

Ihr Debütalbum *Premiere mit Alexandra* erscheint im Sommer 1967, die erste Single, *Zigeunerjunge*, verschafft ihr den Durchbruch, sie tritt in Fernsehsendungen wie »Meine Melodie« und »Aktuelle Schaubude« auf. In der Show von Gilbert Bécaud hat sie einen Gastauftritt. Der Chansonnier und seine französischen Zeitgenossinnen und Zeitgenossen stehen Alexandra viel näher, als der oft vordergründige deutsche Schlagerkitsch, den Texter wie Hans Blum ihr auf den Leib schreiben. Auf einer Reise nach Rio de Janeiro lernt sie Antônio Carlos Jobim auf einem Musikfestival kennen, den Mann, der *The Girl From Ipanema* berühmt machte. In Rio wolle sie einmal ihren Altersruhesitz beziehen, so schwärmt die Sängerin danach von der Stadt ihrer Träume. Jobims *Manhã de Carnaval* covert sie auf Deutsch unter dem Titel *Das Glück kam zu mir wie ein Traum*. Derweil gehen daheim die Konflikte weiter. Alexandra will ihre eigene Musik machen, mit ganz persönlichen Texten, doch Plattenfirma und Management haben etwas dagegen und lassen sich nur widerwillig auf Kompromisse ein. Alexandra sehnt sich nach der Copacabana – und landet doch nur im »Blauen Bock«. Für das zweite Album schreibt sie die Hälfte der Stücke selbst, darunter mit *Mein Freund, der Baum* und *Der Traum vom Fliegen* zwei ihrer ikonischsten Lieder. Letzteres ein schwermütiges Epos, das Lied vom Blatt, das von der Ferne träumt, schließlich davonfliegt, um auf regennassem Asphalt einen tristen Tod zu sterben, so melancholisch im Klang, dass man es kaum erträgt, ohne beim Anhören weinen zu müssen. Eine universelle Ballade, in der sich, von heute aus gesehen, Scott Walker und Nick Cave, Juliette Gréco und PJ Harvey widerzuspiegeln scheinen, und die doch originär Alexandra ist – ein Geniestreich, in tagelangen Sitzungen mit Arrangeur und Orchesterchef Boris Jojić komponiert und feingeschliffen. Doch dem deutschen Publikum stehen Ivan Rebroff und Kosakenmützen näher als das komplexe Material der hochbegabten Musikerin. 1968 erscheint dieses zweite Album und floppt, die Plattenfirma Phonogram lässt es unter dem Radar laufen und verzichtet auf jegliche Werbung. Alexandra wohnt mit Mutter und Sohn mittlerweile in München, Anfang 1969 stirbt ihr Vater, sie verlobt sich ein weiteres Mal, diesmal mit einem Franzosen, Pierre Lafaire, den sie in Amsterdam kennengelernt hat. Die Beziehung ist nicht von Dauer, es gibt Gerüchte über eine Affäre mit ihrem Manager Beierlein. Lafaire entpuppt sich als Heiratsschwindler, ist zum Zeitpunkt der Verlobung mit Alexandra mit einer Frau in Dänemark verheiratet. Später kommt heraus, dass er für den amerikanischen Geheimdienst spionierte. Unklar ist, ob die Sängerin davon wusste. Als beste Nachwuchskünstlerin wird sie mit der Goldenen Europa ausgezeichnet und gönnt sich im verschneiten Davos eine kurze Verschnaufpause, bevor sie ihre Auftritte fortsetzt. Fit ist sie nicht, eine verschleppte Bronchitis kuriert sie nicht aus. Sie durchlebt die sprichwörtliche Ochsentour im Schlagerbusiness, die kreativen Kontroversen belasten sie zusätzlich und bringen sie an den Rand ihrer Kräfte.

Im Sommer soll es zur Erholung in den Urlaub gehen, zusammen mit ihrer Mutter und ihrem Sohn besteigt sie am 31. Juli 1969 in Hamburg ihren Mercedes, ein cremefarbenes 220 S Coupé, Kennzeichen M-AN 835, das Reiseziel ist Sylt. Dort jedoch kommen die drei nie an. Auf der Landstraße 149,

Höhe Tellingstedt, an der Kreuzung zur Bundesstraße 203, die sie gegen 15 Uhr erreichen, nimmt Alexandra einem LKW die Vorfahrt, der Laster erwischt den Mercedes an der rechten Seite, schiebt ihn etliche Meter in den Straßengraben. Alexandra ist sofort tot. »Die Fahrerin, die hinter dem Lenkrad eingeklemmt war, konnte Sekunden später befreit werden«, so steht es im Polizeibericht, »sie war aber bereits verstorben, als sie unter Anleitung eines Arztes aus dem PKW gehoben wurde.« Alexandras Mutter erliegt kurz darauf im Krankenhaus ihren schweren Verletzungen, Sohn Alexander, der zum Zeitpunkt des Unfalls auf der Rückbank sitzt, kommt mit einigen Schrammen davon.

Ihr Tod gibt einige Rätsel auf. Augenzeugen berichten, dass Alexandra ungebremst über die Kreuzung gerast sei, als hätte es sie es darauf angelegt. War ihr Tod ein Selbstmord? Der Berliner Regisseur und Dramaturg Marc Boettcher recherchiert in den 1980er und 1990er Jahren umfangreich und veröffentlicht 1998 eine Biografie mit dem Titel *Alexandra – Ihr bewegtes Leben*. Boettcher fördert einiges an mysteriösen Sachverhalten zu Tage. So hatte die Sängerin kurz vor ihrem Tod ein Testament gemacht, noch vier Tage vor dem verheerenden Unfall eine zweite Lebensversicherung abgeschlossen, außerdem ein Familiengrab gekauft. Ein Selbstmord, mit Mutter und Sohn als Kollateralschäden? Gerüchten zufolge hatte Alexandra im Jahr zuvor immer häufiger zu Alkohol und Valium gegriffen, um den Stress abzudämpfen. Erst aufputschen, dann beruhigen. Immer und immer wieder. Ob sie zum Zeitpunkt des Unfalls unter dem Einfluss derlei Substanzen stand, wird nie geklärt. Eine Obduktion findet nicht statt, zudem wird der Beerdigungsschein mit zwei unterschiedlichen Schreibmaschinen ausgefüllt. Eine Fälschung? In ihre Wohnung wird eingebrochen, Dokumente verschwinden. Eine Werkstatt-Quittung taucht auf, der Mercedes war kurze Zeit vor dem Unfall durchgecheckt worden. Was hatte Alexandra dazu veranlasst? Gab es einen Defekt, hatte jemand den Wagen manipuliert? Hatte Lafaire, der Spion, damit zu tun, oder der Russe Nefedov, dem Stasi-Verbindungen nachgesagt wurden? Kaum ein Zufall in diesem Zusammenhang, dass Boettcher, der Biograf, während der Recherchen um sein Leben fürchten muss. Ein anonymer Anrufer droht, ihm »das beste Stück abzuschneiden und damit das Maul zu stopfen«, jemand wirft Eier an seine Fenster, Interviewpartner melden sich plötzlich nicht mehr. Boettcher spricht mit dem Bestattungsunternehmer, der ihm versichert, Alexandras Leichnam hätte kaum Verletzungen aufgewiesen. Boettcher setzt seine Recherchen auch nach der ersten Buchveröffentlichung fort, ein Dokumentarfilm folgt, für die endgültige Klärung dieses mysteriösen Falles reicht es am Ende dennoch nicht. Anderswo sieht man die ganze Sache weniger dramatisch. Alexandras Manager Beierlein kommentiert Jahre später nüchtern, gleichsam schroff: »Alexandra war eine schlechte Autofahrerin. Einen Tag vor dem Unfall saß ich noch bei ihr im Wagen. Ihr Fahrstil war so gefährlich, dass ich ausstieg, weil ich Angst bekam. Der Unfall ist passiert, weil Alexandra nicht aufpasste und ein Stoppschild überfuhr.«

Wenige Monate nach ihrem Tod erscheint die Single *Weißt du noch?*, Ende Dezember mit *Grau zieht der Nebel* eine weitere. Ihre größten Songs, ihre eigenen Stücke – eine tragische Pointe posthum – landen jeweils auf der B-Seite. *Der Traum vom Fliegen.* Und *Mein Freund, der Baum*, das sich Mitte der 1980er Jahre, endlich als A-Seite auf Single veröffentlicht, zu einer bedeutsamen Hymne der aufkommenden Öko-Bewegung entwickelt, von Künstlern wie Jasmin Wagner und Hans Hartz und Bands wie Heiter bis Wolkig gecovert wird. Die Kreuzung in Tellingstedt gibt es nicht mehr, dort steht jetzt eine Brücke. Und ein

Gedenkstein mit einem Porträtrelief, das Alexandra zeigt. Beigesetzt ist sie in München. In Kiel, ihrer alten Heimat, wurde 2009 unweit der Ricarda-Huch-Schule und der Wohnung im Knooper Weg der Alexandraplatz eingeweiht. Der Alexandra-Freunde e.V. hat zwei Jahre später eine Gedenktafel an ihrem Geburtshaus in Šilutė feierlich enthüllt. Musik kennt keine Grenzen, so steht es darauf geschrieben. Alexandra wurde 27 Jahre alt.

Bleiben wir doch gleich im hohen Norden, zumindest für einen Moment ...

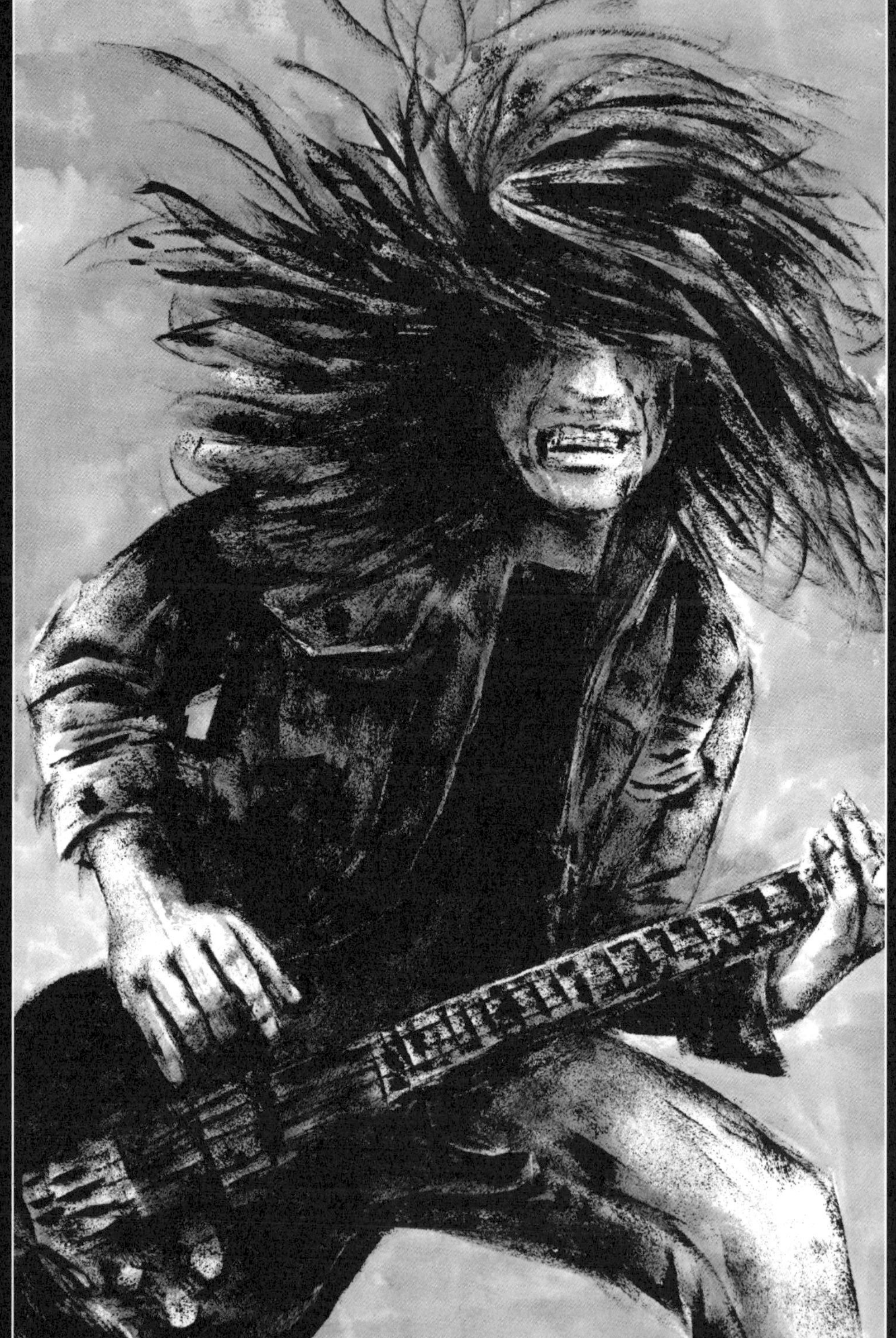

Cliff Burton

»Take a look to the sky just before you die
It's the last time you will«
For Whom the Bell Tolls

»Rember Cliff Burton«, so stand es Mitte der 1980er am Türrahmen unseres Proberaums im Bildungszentrum Mettenhof, einem von Hochhäusern gesättigten Außenbezirk Kiels, wo wir mit unserer Band an Songs und Apfelkorn-Flaschen schraubten, an unserem Plan der Welteroberung. »Rember Cliff Burton«, die Trauer hatte den Verfasser möglicherweise noch so bedrückt, dass es die Konzentration beim Schreiben beeinträchtigte. Die Botschaft ist ohnehin klar, ob nun »Rember« oder »Remember«, »RIP« oder »Ruhe sanft«, es ist das unmissverständliche Kugelschreiber-Kommando eines Mettenhofer Metalheads: Leute, vergesst verdammt nochmal Cliff Burton nicht.

Alles beginnt mit einem Song übers Zähneziehen. Nicht eben ein klassisches Thema in der IG Metall, aber das Stück selbst klingt tatsächlich, als hätte jemand das Extrahieren eines Weisheitszahns vertont, allerdings ohne Betäubung. Es handelt sich um ein Instrumentalstück, was letztlich logisch erscheint – wie wollte man auch singen, mit einer Zange im Mund. Die Band, die das Stück spielt, hat einen passenden Namen: Sie nennen sich Trauma. *(Anesthesia) Pulling Teeth*, so der Titel, ist alles andere als ein konventionelles Musikstück, vielmehr handelt es sich um eine Art Bass-Solo, ein verzerrtes Etwas, auf brachiale

Weise faszinierend, ein süßlicher Phantomschmerz in jedermanns Backe. Der Mann am Bass ist Cliff Burton, der das Stück auch geschrieben hat. Bei einem Gig im Whisky à Go Go in L.A. spielt er es mit einer solchen Verve, so druckvoll, dass es zwei Typen im Publikum direkt auf einen Gedanken bringt: Den könnten wir gut gebrauchen. Eigentlich haben James Hetfield und Lars Ulrich, so heißen die beiden, bereits einen Bassisten namens Ron McGovney. Bei ihm zu Hause proben sie mit ihrer Band Metallica. Zeitweise wohnen sie sogar in einer Bruchbude auf dem Grundstück seiner Eltern. Aber Ron sieht das Ganze mehr als ein Hobby, zudem liegt er sich andauernd mit Gitarrist Dave Mustaine in den langen Haaren. Cliff Burton scheint aus einem anderen Holz geschnitzt und so kommt es, wie es kommen muss: Hetfield und Ulrich lotsen Burton 1982 in die Band, McGovney streicht die Segel, man siedelt von Los Angeles nach San Francisco über. In der dortigen Bay Area braut sich etwas zusammen, Thrash Metal ist das Ding der Stunde – und Metallica schicken sich an, die Champions-League-Plätze in der Szene zu erobern. Im Jahr darauf erscheint ihr Debütalbum *Kill 'Em All*. Auch Dave Mustaine ist mittlerweile Geschichte, Kirk Hammett hat ihn ersetzt. Auf der Tracklist findet sich am Ende der ersten LP-Seite jener Song, mit dem alles begann: *(Anesthesia) Pulling Teeth*.

Es ist der Auftakt zu ausgesprochen fruchtbaren Jahren. Metal wird groß und größer und Metallica gehören bald zur Beletage des Headbangings. War *Kill 'Em All* ein juveniles Ausrufezeichen, so gerät das Nachfolge-Album *Ride The Lightning* (1984) zu einem Opus magnum, erhebt Metallica vom »One Trick Pony« zum Zirkuspferd. Und Cliff Burton lässt die Basspeitsche weiterhin knallen. Noch Dekaden später werden selbst ausgefuchste Metalfans das Intro von *For Whom the Bell Tolls* für einen Gitarrenpart halten – tatsächlich ist es Burtons knurrender Bass, der hier zu hören ist. Mit *The Call of Ktulu* entsteht ein weiteres ikonisches Instrumentalstück. Auch auf dem nächsten Album, *Master of Puppets*, noch so ein Jahrhundertwerk, verewigt sich Burton in Stücken wie *Orion* und unterstreicht zum wiederholten Mal seinen Ruf als stilprägender Bassist.

Seine ersten Gehversuche als Musiker machte er bereits an der Highschool. Anno 1962 im kalifornischen Castro Valley als Sohn eines Hippie-Pärchens aus Tennessee auf die Welt gekommen, wächst er zusammen mit zwei älteren Geschwistern auf. Zunächst zieht es ihn ans Klavier, anschließend entwickelt er seine Leidenschaft fürs Bassspiel. Die Hintergründe sind überaus tragisch. Sein Bruder Scott stirbt 1975 an einer Gehirnblutung und Cliff reagiert voller Trotz auf den Verlust. Er widmet seine Leidenschaft dem Bruder und macht es zu einem Vermächtnis, zu einer Art posthumem Treueschwur: »Für ihn werde ich der beste Bassist der Welt.« Sein Musikgeschmack ist ein eklektisches Gemenge von den Misfits, deren Bandlogo er sich auf den Oberarm tätowieren lässt, bis Beethoven. Über erste Gehversuche in Bands und stundenlanges Üben entwickelt er früh seinen charakteristischen Stil – tatsächlich hat er Teile aus späteren Metallica-Stücken schon 1981 bei einem »Battle of the Bands«-Contest gespielt.

Fünf Jahre später, mit *Master of Puppets* unterm Nietengürtel, stehen Metallica endgültig alle Türen offen, doch just als der Festivalsommer starten soll, bricht sich James Hetfield beim Skateboard-Fahren den Arm. Die Band muss pausieren. Am 26. September 1986 stehen Metallica endlich wieder auf der Bühne. »Damage Inc.« lautet das Motto der Tour – Schäden sollte es in der Tat geben, und was für welche. Ort des Geschehens ist die Solnahallen in Stockholm. Als Supportband bringen Anthrax die 2.700 Zuschauerinnen und Zuschauer auf Betriebstemperatur, anschließend fahren Metallica die Ernte ein. Zu den

Tönen von *The Ecstasy of Gold*, Morricones legendärem Titelthema des Klassikers *Zwei glorreiche Halunken*, betreten Hetfield, Ulrich, Hammett und Burton die Bühne, kicken mit *Battery*, gefolgt von *Master of Puppets* und *For Whom the Bell Tolls* ins Set – was für ein Auftakt. Einige Songs später findet auch der Backenzahn-Banger *(Anesthesia) Pulling Teeth* seinen Platz. Burton belässt es nicht allein beim Original, er pimpt das Stück im Geiste Jimi Hendrix' mit einer Improvisation der amerikanischen Nationalhymne: *The Star-Spangled Banner* goes Metal.

Am Ende der Show wird zügig abgebaut, von Schweden aus soll es zum skandinavischen Nachbarn gehen: Nächster Spielort ist das Saga Rockteater in Kopenhagen. Doch bereits vor der Abfahrt gibt es Komplikationen, der Tourbus ist ein schrottreifer Kasten, die engen Betten alles andere als gemütlich. Cliff Burton und Kirk Hammett haben es auf dieselbe Koje abgesehen. Sie lassen schließlich die Spielkarte entscheiden. Burton zieht – irgendwo streicht sich Lemmy Kilmister gerade versonnen über den Bart – ausgerechnet das Pik As. Mehr Rock'n'Roll hat das französische Blatt kaum zu bieten. *Ace of Spades*, zwischen Karte und Karma. Lars Ulrich wird der morbiden Schnurre später die Luft rauslassen und erzählen, es habe sich um normale Strohhalme gehandelt. Demnach soll Burton den längeren gezogen und sich für das obere Bett entschieden haben. Der Tross setzt sich in Bewegung, irgendwann kehrt an Bord Ruhe ein. Damit ist es am frühen Morgen plötzlich vorbei. In der Nähe von Dörarp, zwölf Kilometer nördlich von Ljungby, kommt der Bus zwischen 5 und 6 Uhr von der Fahrbahn ab, ist kurz davor in den Straßengraben zu stürzen. Die ersten Insassen fallen aus ihren engen Betten. Der Fahrer reißt das Steuer herum, bringt das Gefährt zurück auf die Fahrbahn, überdreht jedoch. Im Innern des Buses fällt jetzt alles drunter und drüber, Klamotten fliegen durch den Gang. Als der Bus völlig ausbricht und auf die Seite kippt, ergießt sich der heiße Kaffee aus der Maschine über Hetfield. Die Insassen taumeln im Dunkel des Morgens auf die Straße und realisieren nach und nach, was geschehen ist, vergewissern einander, dass sie okay sind. Nur einer fehlt. »Cliff, Cliff, wo bist du?«, schreit ein panischer James Hetfield in Unterhose und Socken. Doch der Ruf nach Burton verhallt ungehört in der Morgendämmerung. Es ist ein grausames Bild, das sich seinen Bandkollegen bietet, als Kirk Hammett ihn schließlich findet. An der Längsseite ragen seine Beine unter dem Bus heraus, Hetfield rüttelt an ihm, versucht verzweifelt, ihn unter dem tonnenschweren Metallklotz herauszuziehen. Burton war vom Seitendrall durch die Scheibe an seinem Bett nach draußen geschleudert worden, der Bus ist anschließend auf ihn gestürzt, eine morbide Verkettung der Ereignisse. Der Fahrer zerrt an Burton, doch der bewegt sich keinen Zentimeter. Immer noch ist nicht klar, ob Burton noch lebt. Als ein Rettungsfahrzeug schließlich am Unfallort eintrifft, kommt es zu einer weiteren Tragödie. Der Kran hebt den Bus an, verliert jedoch die Kontrolle und das Fahrzeug kracht ein weiteres Mal auf den am Boden liegenden Burton. Spätestens jetzt ist alles zu spät.

Es ist der Morgen des 27. September 1986. Metallica haben ihren Bassisten verloren, die Musikwelt einen der größten Viersaiter-Pioniere des Heavy-Genres. Auf der Straße bei Dörarp ist alles in Aufruhr, die Band will dem Fahrer an den Kragen, der versucht sich zu erklären, spricht von plötzlich auftretendem Glatteis auf der Fahrbahn. James Hetfield irrt durch die Gegend, versucht, das Eis zu finden. Vergeblich. Nur mit Mühe können seine Freunde ihn davon abhalten, den Fahrer zu verprügeln. Tatsächlich weist der Wetterverlauf jener letzten Septemberwoche bereits deutliche Minusgrade auf, im nördlich gelegenen Jönköping herrschen an diesem Tag –5 Grad Celsius, Hetfield spricht in einem späteren Interview gar von –10 Grad. Lennart

Wennberg, ein schwedischer Fotograf, der als erster am Unfallort ist, kann das nicht bestätigten, sagt vielmehr, es hätten Plusgrade geherrscht und die Geschichte vom Glatteis sei ein Ding der Unmöglichkeit. Arne Petterson, ein schwedischer Ermittler, konstatiert nach Untersuchung der Bremsspuren, es handle sich um den typischen Verlauf eines Fahrzeugs, dessen Führer eingenickt ist. Der Fahrer jedoch sagt im Prozess unter Eid aus, dass dem nicht so gewesen sei und er die vorgeschriebenen Ruhezeiten eingehalten habe. Der Mann wird freigesprochen. Die Band ertränkt ihren Kummer zunächst in Alkohol, beginnt aber schon kurze Zeit später mit der Nachfolgersuche. Keine zwei Monate nach dem Unglück, am 8. November, spielen Metallica einen Gig im Country Club in Los Angeles, am Bass der neue Mann: Jason Newsted.

Cliff Burtons Leiche wird eingeäschert, die Asche auf der Maxwell Ranch verstreut, einem seiner Sehnsuchtsorte. »Thank you for your beautiful music«, so steht es auf dem Gedenkstein, darunter sein Geburts- und sein Todesdatum. Burton wurde 24 Jahre alt. 2006 wird ein weiterer Gedenkstein in der Nähe des Unfallortes aufgestellt, den eine Zeile aus dem Metallica-Song *To Live Is To Die* ziert: »Cannot the Kingdom of Salvation take me home.«

Rember Cliff Burton.

Remember Rock-'n'-Roll-Radio: Die Träume des Helden im kommenden Kapitel enden ebenfalls auf dem harten Asphalt einer Landstraße ...

Eddie Cochran

»There'll be no more movies for a week or two
No more runnin' 'round with the usual crew
Who cares, c'mon everybody«
C'mon Everybody

Was macht man mit so einer herrenlosen Gitarre, die in der Asservatenkammer steht und wohl eine Weile lang nicht abgeholt wird? Bevor das schmucke Stück einstaubt, kann man doch ebenso gut darauf spielen. Das denkt sich wohl auch David Harman. Der junge Polizeischüler aus Salisbury liebt den Rock'n'Roll und steht in seiner Freizeit auf der Bühne. The Vampires nennt er seine erste Band, da drückt er noch die Schulbank. Später macht er bei Ronnie Blonde and the Beatnicks mit, auf der Setlist zahlreiche Standards und ein paar eigene Songs. Zu Hause in Salisbury sieht man es mit einem kritischen Auge – der Bengel soll was Anständiges lernen. Also geht es nach Wiltshire aufs zweitkleinste Polizeirevier in Großbritannien, zur Ausbildung als Polizeikadett. Es ist der Abend des 16. April 1960, als Harman zum Einsatz nach Chippenham muss. Dort gebe es einen heftigen Autounfall, es ist von Schwerverletzten die Rede. Am Unfallort zeigt sich, dass es sich um fünf Insassen handelt, der Fahrer ist unverletzt, ein Fahrgast möglicherweise auch, die anderen drei haben einiges an Knochenbrüchen und Blessuren davongetragen. Einer von ihnen wird den nächsten Tag nicht überleben. Das Auto wird abgeschleppt, einiges an Gepäck – darunter die unversehrte

Gitarre, eine Gretsch 6120 Chet Atkins, Seriennummer 16942 – landet auf der Wache.

Der verheerende Flugzeugabsturz, bei dem Buddy Holly, Ritchie Valens und The Big Bopper ums Leben kamen, ist etwas mehr als ein Jahr her. Der Tag, an dem die Musik starb, hat auch Eddie Cochran mächtig mitgenommen. Der Tod der drei Musiker legt bei ihm einen Schalter um, er versteigt sich zunehmend in die Vorstellung, ebenso früh abtreten zu müssen. Kurz nach Bekanntwerden des Unglücks hatte der Radio-DJ Tommy Dee den Song *Three Stars* geschrieben, den er dem Trio widmet. Cochran nimmt ihn spontan auf, seine Stimme ist vor lauter Trauer ganz brüchig: »Look up in the sky, up towards the north / There are three new stars, brightly shining forth / They're shining oh-so bright from heaven above / Gee, we're gonna miss you, everybody sends their love.«

Cochran, am 3. Oktober 1938 in Albert Lea, Minnesota, geboren, hat zu diesem Zeitpunkt schon einiges an Gassenhauern vorzuweisen. Die Schule bricht er ab, um sich ganz der Musik zu widmen – eine nachvollziehbare Entscheidung, nicht mal seine Eltern stellen sich quer. Im *Summertime Blues* singt Cochran von den Nöten der Youngster, deren Altvordere sich mit Händen und Füßen dagegen wehren, am Wochenende den Schlitten für ein paar Runden mit der Liebsten rauszurücken. Tatsächlich sind die Cochrans weniger knauserig und spendieren ihrem Sohnemann sogar eine Handvoll Dollar, damit er sich die ersehnte Gretsch-Gitarre leisten kann. Eine Investition in die Zukunft – nun ja, theoretisch jedenfalls.

Eddie und sein Namensvetter Hank Cochran, mit dem er weder verschwippt noch verschwägert ist, ziehen als Cochran Brothers um die Häuser, bei Crest Records landet Eddie einen Plattendeal. *Skinny Jim*, seine erste Solosingle, gibt bereits einen

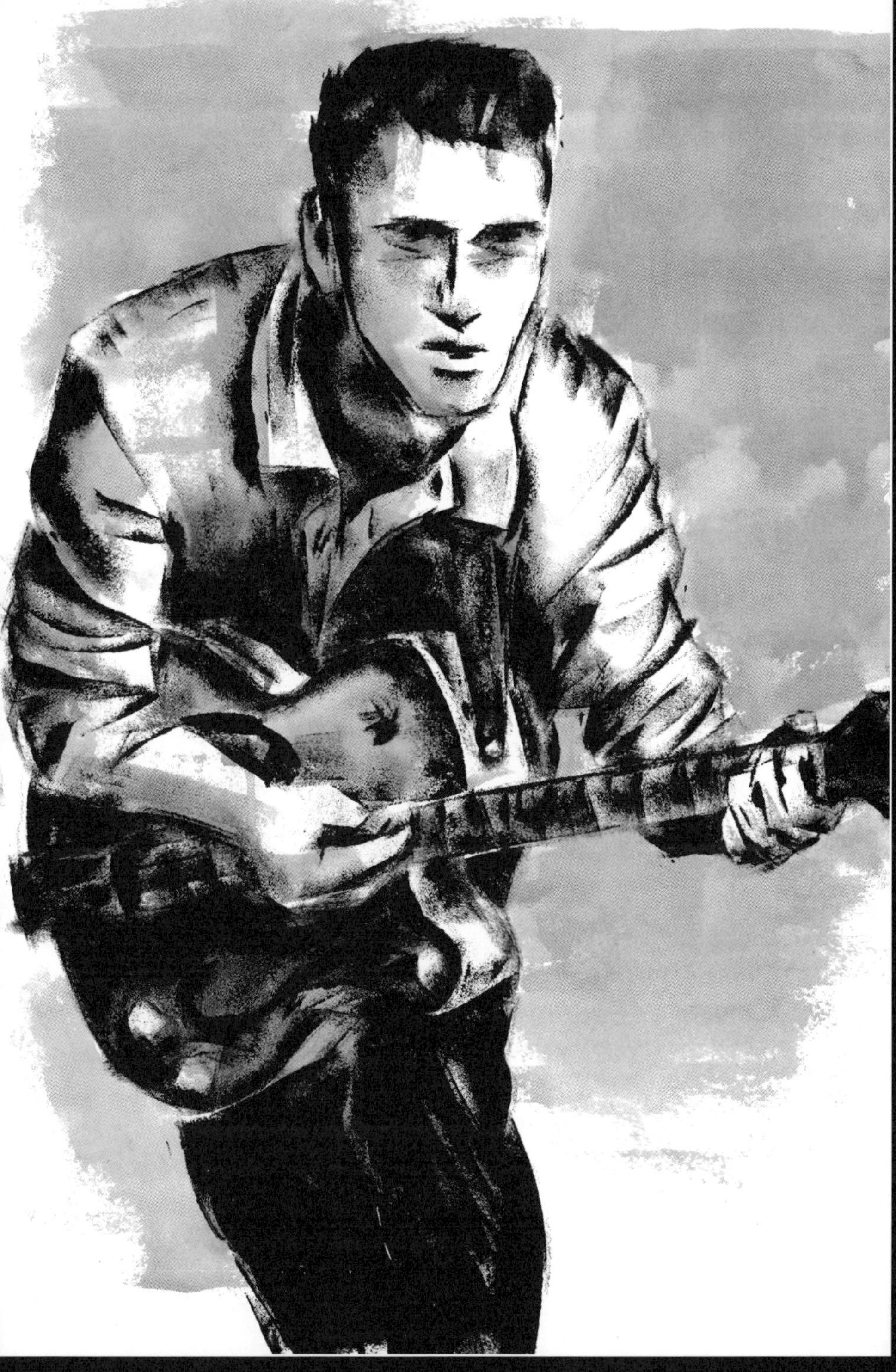

Vorgeschmack auf die großen Dinge, die noch folgen sollten. Er performt an der Seite von Jayne Mansfield den Song *Twenty Flight Rock* und spielt in Filmen wie *The Girl Can't Help It* mit. Im wirklichen Leben kann ihm ein Girl sehr wohl helfen: Zusammen mit seiner Verlobten Sharon Sheeley und seinem älteren Bruder Bob schreibt er einen weiteren Klassiker in spe, *Somethin' Else*. Auch der *Summertime Blues* ist eine kreative Co-Produktion, die Credits teilt er sich mit seinem Manager Jerry Capehart; der Kracher *C'mon Everybody*, gut zwei Dekaden später neben *Somethin' Else* einer der Lieblingssongs von Sid Vicious, entsteht ebenfalls im Team.

Doch Cochran ist mehr als tolle Tolle und hippe Hüfte: Der Mann erweist sich als veritabler Studiotüftler, ein Bruder im Geiste von Joe Meek, mit etwas weniger Wahnsinn hinter der Stirn und deutlich besserem Equipment. Früh schon experimentiert er mit Overdubbing, angefetteten Drums und Mehrspur-Verfahren. Und dann ist da natürlich noch sein Look: locker in den Knien, flotte Frisur, hochgestellter Kragen und dieser wissende Zug um die Mundwinkel, feinstens austariert zwischen kapriziösem Charme und juveniler Arroganz. Einen wie ihn lieben sie nicht nur in den USA, Cochran ist Anfang der 1960er wie gemacht für den britischen Markt. Die Beatles heißen noch Quarrymen und skifflen brav auf Straßenfesten zwischen Losbuden und Bowle-Ständen, Cochran war da bereits drei Hüftschwünge weiter, mindestens. Das Package, mit dem es im Januar 1960 auf Tour durchs Vereinigte Königreich geht, ist perfekt zusammengestellt. Cochran ist mit dem wilden Mann des Rock'n'Roll unterwegs: the one and only Gene Vincent. Ursprünglich ist der Typ mit den schwarzen Handschuhen als Headliner gedacht, doch die Kräfteverhältnisse verschieben sich unterwegs. Cochran ist es, der den lauteren Applaus und das wildere Kreischen für sich verbuchen kann. Eigentlich hätte er auch gern seine Verlobte von Anfang an dabeigehabt, Sharon Sheeley stößt jedoch erst später zum Tross. Abend für Abend säuselt Cochran ihr seine Sehnsucht in den Telefonhörer, bis Sheeley schließlich anreist. Doch Cochrans Flehen ist nicht allein romantischer Natur. Er, der ohnehin nur wegen finanzieller Engpässe auf Tour gegangen war – etwas, das er seit dem Tod von Holly, Valens und Big Bopper unbedingt hatte vermeiden wollen –, ist von Alpträumen geplagt. In ihnen durchlebt er die letzten Stunden der drei Freunde immer und immer wieder, ist mehr und mehr von einem Gedanken überzeugt: Auch ihn wird es auf Tour erwischen. Am 16. April 1960 sieht es zunächst so aus, als würden diese düsteren Vorahnungen lediglich Vorahnungen bleiben. Doch dann trifft man im Tourtross Entscheidungen, die tödliche Folgen haben sollten.

Fünf Tage zuvor haben die Shows im Hippodrome in Bristol begonnen, es ist das Ende der dreimonatigen England-Tour, direkt nach dem letzten Gig soll es zum Flughafen nach Heathrow gehen, von dort aus nach Hause in die Staaten. Ein wenig durchatmen, neue Songs aufnehmen und dann wieder von vorn, das Ganze. Eigentlich haben Eddie Cochran und Gene Vincent Zugtickets für den Flughafen-Transfer, doch Vincent schwächelt, die Ochsentour fordert ihren Tribut. Er will die stundenlange Zugfahrt vermeiden, stattdessen lieber mit dem Auto auf den Motorway. »Wären wir bei dem ursprünglichen Plan geblieben, wäre das alles nicht passiert«, so Sharon Sheeley später. Auch Cochrans Musikerkollege Johnny Gentle blickt verzweifelt zurück: Cochran bittet ihn angesichts der Verfassung von Vincent zunächst um einen Lift nach Heathrow. »Ich sagte, Eddie, nichts lieber als das, aber ich muss zu einer Geburtstagsparty.« So nimmt das Geschehen denn seinen Lauf: Gentle geht feiern, Cochran lässt ein Taxi kommen. Der 19-jährige Fahrer George Martin – nicht zu verwechseln mit dem Beatles-Mastermind gleichen Namens – fährt einen cremefarbenen Ford Consul Mark II, der Wagen ist vollbesetzt, neben Cochran und Vincent sind Tourmanager Patrick Tompkins und natürlich Sharon Sheeley an Bord. Auf einen weiteren Bandkollegen, der eigentlich mitwill, haben Vincent und Cochran keinen Bock. Das rettet Tony Sheridan – genau, dem Tony Sheridan – das Leben. Noch in der Nacht zuvor hat Cochran erneut von seinem Tod geträumt. »Ich fragte mich unterwegs nicht ob, sondern wann es uns erwischen würde«, so Sharon Sheeley. Gene Vincent nickt ein, Cochran ist glockenwach. Martins Fahrkünste sind begrenzt, sein Hang zu hoher Geschwindigkeit dafür umso ausgeprägter. Cochran bittet ihn, den Fuß vom Gas zu nehmen und ein bisschen langsamer zu machen. Dreimal weist er Martin darauf hin, dreimal drosselt der das Tempo, beschleunigt kurze Zeit später erneut. Um 23.50 Uhr, kurz vor Rowden Hill, passiert es. Einer der Hinterreifen platzt, Martin verliert die Kontrolle über den Wagen, Cochran versucht noch, Sheeley vor Verletzungen zu schützen, wird dabei jedoch aus dem Fenster geschleudert, als der Wagen gegen einen Laternenpfahl prallt.

Es habe ausgesehen wie auf einem Schlachtfeld, berichtet einer der Anwohner später: Das Auto ist massiv beschädigt, Cochran liegt am Straßenrand, Notenblätter fliegen durch die Luft. »Wo ist Eddie?«, schreit die unter Schock stehende Sheeley immer wieder, als eine weitere Anwohnerin hinzukommt, mit einem Kopfkissen und einer Decke für den schwerletzten Musiker. Wie in einem schlechten Film gehen plötzlich die Laternen aus, allnächtliche Routine im Großbritannien der 1960er Jahre. Alle fünf Insassen werden erst ins Chippenham Community Hospital und von dort ins St. Martin's Hospital in Bath gefahren. Sheeley hat Rücken- und Beinverletzungen davongetragen, eine gebrochene Hüfte, ihr Zustand ist zunächst kritisch, doch sie überlebt. Vincents Schulter ist ausgekugelt, Verdacht auf Schädelbasisbruch lautet die Diagnose bei Tompkins, dem Tourmanager. George Martin, der Fahrer mit dem berühmten Namen – und dem chronischen Bleifuß – ist mit ein paar Schrammen davongekommen. Cochran erlangt das Bewusstsein nicht wieder, er erliegt am Nachmittag des 17. April 1960 seinen schweren Verletzungen. Eine gute Woche später wird er auf dem Forest Lawn Memorial in Cypress, Kalifornien, beigesetzt. George Martin ist den Lappen für lange Zeit los, eine 15-jährige Führerscheinsperre wird nach acht Jahren aufgehoben.

Und David Harman? Der junge Polizist schreibt den Unfallbericht und greift sich in den nachfolgenden Tagen immer wieder die Gretsch, um darauf ein wenig zu spielen. Ob es die Nachtschichten mit der legendären Klampfe sind, die seinem Lebensweg den entscheidenden Dreh geben? Keine zwei Jahre nach dem tragischen Ereignis hängt Harman die Polizeiuniform an den Nagel und schickt sich an, selbst berühmt zu werden. Er nennt sich jetzt Dave Dee – zusammen mit Dozy, Beaky, Mick und Tich landet er Anfang 1966 einen ersten großen Hit, *Hold Tight*.

Wie war das noch gleich mit dem Tag, an dem die Musik starb, jener Katastrophe, die nicht nur Eddie Cochran, sondern der ganzen Welt so heftig zusetzte? Das ist die Geschichte …

Buddy Holly, Ritchie Valens und »The Big Bopper« J. P. Richardson

»Oh, and there we were, all in one place
A generation lost in space
With no time left to start again«
American Pie

Es soll eine winterliche Tanzparty werden, es wird ein Flug in den Tod. Am Morgen des 3. Februar 1959 stürzt in der Nähe des Clear Lake in Iowa eine Beechcraft 35 Bonanza auf einen vereisten Acker, vier Insassen sind an Bord, einschließlich des Piloten. Keiner von ihnen überlebt das Unglück. Der Tag geht in die Geschichte ein, als jener, an dem die Musik starb: The Day the Music Died.

Die »Winter Dance Party«-Tour beginnt am 23. Januar 1959, der Star der vielköpfigen Konzerttruppe ist Buddy Holly. Der Sänger mit der charakteristischen Hornbrille ist erst 22 Jahre alt und hat sich mit Songs wie *That'll Be the Day*, *Oh, Boy!* und vor allem *Peggy Sue* einen Platz in den Herzen und den Hitlisten erspielt. Kurz zuvor hatte er sich von seiner langjährigen Band, den Crickets, getrennt. Holly wollte nach New York umsiedeln, seine Musiker diesen Weg nicht mitgehen. Unstimmigkeiten gibt es mit seinem Manager Norman Petty, der ihm Gelder vorenthält. Mit einer umfangreichen Tour will er seine Kasse auffüllen, in New York freut sich seine Frau Maria Elena auf die Rückkehr ihres Gatten. Holly hat ihr gleich beim ersten Date Anfang des Jahres einen Antrag gemacht, die beiden erwarten ihr erstes Baby. Manager Petty ist die Beziehung von Beginn an ein Dorn im Auge, er fürchtet den Zorn der weiblichen Holly-Fans. Trotzdem war sie bei vorherigen Konzertreisen incognito dabei, indem sie als Band-Sekretärin ausgegeben wurde.

Die Tour ist prominent besetzt. Neben Holly ist auch Jiles Perry Richardson dabei, den alle nur The Big Bopper nennen und der mit *Chantilly Lace*, ursprünglich eine B-Seite, einen Top-10-Hit in den USA gelandet hat. Ritchie Valens ist ebenfalls am Start, dessen Song *Donna*, mit *La Bamba* auf der Flipside, immer noch in aller Ohren ist. Und dann sind da Dion and the Belmonts, mit ihrem populären Trademark-Song *I Wonder Why*. Doch das Ganze steht von Beginn an unter einem unglücklichen Stern. Die 24 Daten sind zusammengestellt, »als hätte man Dartpfeile auf eine Landkarte geworfen« – so schreibt es Holly-Historiker Bill Griggs später. Hunderte von Meilen zwischen den Auftrittsorten, oftmals geht es über katastrophale Landstraßen, unterwegs in alten Trailways-Bussen, das Ganze im Angesicht eines überaus strengen Winters. Mehrfach muss der Bus ausgetauscht werden. Da die Heizung nicht funktioniert, zünden die Musiker auf den nächtlichen Fahrten Zeitungen an, um sich zu wärmen. Schlagzeuger Carl Bunch zieht sich schwere Erfrierungen an den Füßen zu, Holly, Valens und Dion DiMucci springen beim Gig in Green Bay reihum für ihn ein. Hollys Stimmung erreicht ihren Tiefpunkt am 2. Februar. Eigentlich war ein Day-off geplant, aber die Tour-Promoter von GAC Super Productions, bei denen Holly unter Vertrag steht, hatten Carroll Anderson, den Chef des Surf Ballrooms in Clear

Lake, Iowa, kontaktiert und dort kurzfristig einen Auftritt arrangiert. Eine Entscheidung, die den herausfordernden Tourverlauf um weitere 400 Meilen verlängert. Kurz vorm Ziel bleibt der Bus liegen, die Musiker müssen mit Autos abgeholt werden, nachdem sie stundenlang in der Kälte ausgeharrt haben.

Für Holly ist es der Tropfen, der das Fass zum Überlaufen bringt. Er hat genug von den katastrophalen Busfahrten und der wahnwitzigen Tour-Route, und entscheidet sich, die Reise zum nächsten Auftritt in Moorhead, Minnesota, mit einem gecharterten Flugzeug zu absolvieren. Anderson kontaktiert den Dwyer Flying Service in Mason City und macht einen Piloten klar, den 21 Jahre alten Roger Peterson. Seine Beechcraft 35 Bonanza ist auf drei Passagiere ausgerichtet, ursprünglich will Holly seine Musiker Waylon Jennings und Tommy Allsup mitnehmen, doch es kommt anders. Allsup und Ritchie Valens werfen eine Münze, Valens, gerade mal 17 Jahre alt, gewinnt und ergattert den Sitz. Auch Jennings bleibt am Boden, er überlässt J.P. Richardson seinen Platz: The Big Bopper leidet unter einer schweren Erkältung.

Um 00.55 Uhr hebt die Maschine ab. Der Schneefall hat zugenommen, die Sicht ist katastrophal schlecht. Peterson, der Pilot, verfügt trotz seines jungen Alters bereits über einiges an Flugerfahrung. Über 700 Flugstunden stehen zu Buche, davon 128 mit einer Bonanza. Der Knackpunkt sind die unterschiedlichen Navigationsarten: Nur 52 Stunden ist er auf Instrumenten-Basis geflogen, den Rest der Zeit auf Sicht. Das wiederum ist an diesem Abend nicht möglich, zudem ist Peterson ein Dreivierteljahr zuvor bei einem Instrumenten-Testflug durchgefallen. Trainiert hat er mit einem herkömmlichen Fluglageanzeiger, dem sogenannten künstlichen Horizont – jene Bonanza, die er nun versucht, durch den völlig verschneiten Himmel zu fliegen, verfügt allerdings über ein altes Gerät, einen Sperry F3-Höhenmesser.

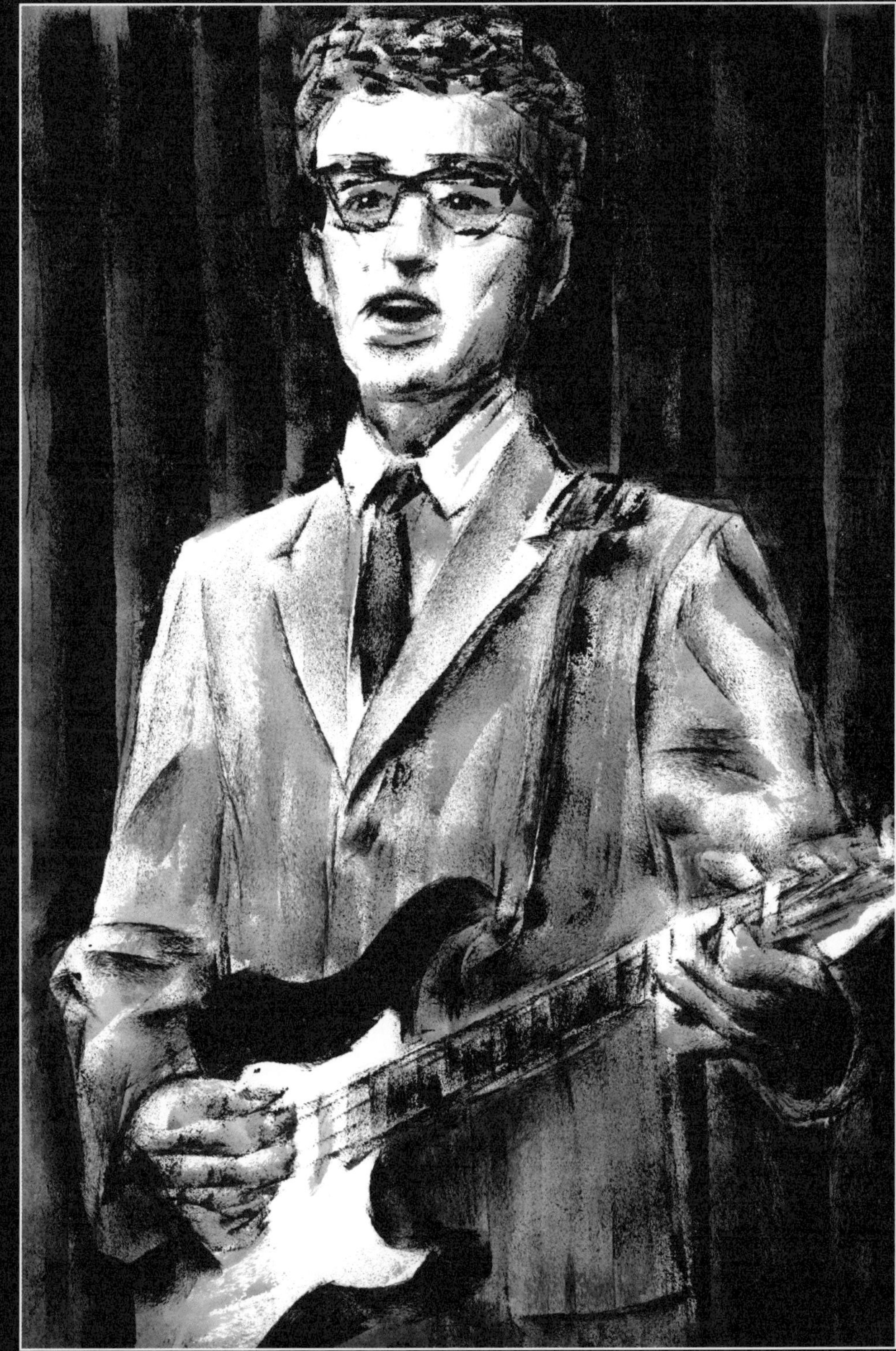

Tödliche Ironie des Schicksals: Die Skala dieses Anzeigegeräts ist genau andersherum – im Gefühl, an Höhe zu gewinnen, sorgt Peterson für genau das Gegenteil. Beim Abschied hatten Waylon Jennings und Buddy Holly noch geflachst: »Ich hoffe, dein verdammter Bus friert ein«, so Holly. »Ich hoffe, dein Flieger stürzt ab«, antwortete Jennings. Ein Scherz, eine Art »Hals und Beinbruch« unter Musikern. Jennings wird dieser Satz bis an sein Lebensende verfolgen, denn genau das tut die Beechcraft 35 Bonanza fünf Minuten nach ihrem Start: Sie stürzt ab und zerschellt auf einem knochenhart gefrorenen Weizenfeld. Keiner der vier Insassen überlebt.

Buddy Hollys Ehefrau erfährt vom Tod ihres Mannes aus dem Fernsehen, sie erleidet daraufhin eine Fehlgeburt. In Moorhead springt ein 15-jähriger Musiker namens Robert Velline für Buddy Holly ein. The Shadows nennt er seine hastig zusammengestellte Band aus Schulfreunden, unter dem Namen Bobby Vee wird er kurze Zeit später berühmt. Im Frühjahr 1959 – der Frühling hat den Winter abgelöst, der Schnee ist längst geschmolzen – lässt sich der Boden endlich wieder bearbeiten. Der Farmer, dem das Feld gehört, auf dem die drei Musiker und ihr Pilot den Tod fanden, macht am Morgen des 7. April einen spektakulären Fund: Es handelt sich um ein Feuerzeug, auf das die Initialen des Big Bopper eingraviert sind – und Buddy Hollys Brille.

Vier Jahre zuvor spielte schon einmal ein Flugzeug des Typs Beechcraft die Hauptrolle in einer Geschichte ohne Happy End ...

Otis Redding

»Poor Otis dead and gone
Left me here to sing his song«
Runnin' Blue

Als sein größter Hit erscheint, ist das tragische Unglück bereits eine Schlagzeile aus dem Vorjahr. Der Song selbst könnte kaum entspannter klingen, nichts ist zu ahnen von der Tragödie, die wenig später einen Lebenstraum zerstören sollte. Das Lied ist wie ein unverhoffter Urlaubstag: Die Sonne steht hoch über dem Wasser, die Bienen summen, der Wind streift durchs Schilf. Es gibt nichts zu tun, außer den lieben Gott einen guten Mann sein zu lassen. Die nackten Füße baumeln im Wasser, irgendwo da hinten tuckert ein Dampfer vorbei, ein paar Leute stehen an der Reling und winken. Vielleicht ist es ein bisschen einsam hier, aber irgendwie ist es genau das, was diesen Ort ausmacht. Einfach hier sitzen, bis die Abenddämmerung einsetzt, der Nebel leise aufzieht – und nur noch dieses ganz besondere Pfeifen zu hören ist.

Wer da letztlich pfeift, darüber gibt es verschiedene Theorien. Einige sagen, es handle sich um den Gitarristen Sam Taylor. Andere, darunter auch Steve Cropper, der langjährige Weggefährte von Otis Redding und Co-Komponist der Nummer, beharren darauf, dass es der Sänger selbst ist, der am Ende des Songs die Lippen schürzt. Seinen Anfang nimmt *(Sittin' On) The Dock of the Bay* bereits im Sommer 1967. Redding wohnt zu dieser Zeit in einem Hotel in San Francisco, doch die Fans belagern das Gebäude und gönnen ihm keine ruhige Minute. Kein Wunder: Der Mann ist auf dem Höhepunkt seiner Popularität. Als Teenager war er Mitte der 1950er bereits mit Little Richard unterwegs, durch den Plattendeal beim Stax-Label hob seine Karriere als Solist so richtig ab, seine Debütsingle *These Arms of Mine* (1962) knackte die Top-20 der US-Charts, es folgte eine Reihe an Hits, darunter Evergreens wie *Mr. Pitiful* (1964), *My Girl* (1965) und *Try a Little Tenderness* (1967). Was ihm mit all diesen Lieder trotz des großen Erfolgs verwehrt bleibt: eine echte Nummer 1. Worauf er sich jedoch verlassen kann, ist eine superbe Backing-Band. Ab 1967 arbeitet er mit den Bar-Kays zusammen, einem erstklassigen Ensemble, das bereits mit Schlagzeuger und Produzent Al Jackson, Jr., einem der Gründungsmitglieder von Booker T. & the M.G.'s, zusammengespielt hat. Booker T. Jones zählt zu ihren leidenschaftlichsten Fans. Mit ihrer ersten Single, dem Instrumentalstück *Soul Finger*, haben sie im Frühjahr 1967 für Furore gesorgt. Wohin dieser besagte Finger zeigt? Nach oben, Baby! Platz 3 der Single-Charts, so lautet die Erfolgsbilanz.

Als Redding im Sommer 1967 beim Monterey Pop Festival spielt, tut sich Bemerkenswertes. Bislang war er vornehmlich ein Sänger für ein schwarzes Publikum, er selbst ließ sich jedoch auch von Bands wie den Beatles oder den Rolling Stones inspirieren, deren Songs, darunter *Day Tripper* und *(I Can't Get No) Satisfaction*, er auch coverte. Beim Stax-Label sieht man das kritisch, wähnt es als Verstoß gegen die reine Soul-Lehre, aber Redding geht seinen Weg – und wird in Monterey eindrucksvoll bestätigt. *Try a Little Tenderness* ist der letzte Song auf der Setlist, der Applaus danach will kaum enden, unter den begeisterten Zuschauern sind auch Größen wie Jimi Hendrix und Brian Jones. »Ich muss los, Leute«, sagt Redding ins Mikro. »Aber am liebsten würde ich bleiben.« So gern er bleiben würde, so schlafraubend können die Fans sein, und so tauscht Redding das Hotel in San Francisco gegen das Hausboot des legendären Konzertveranstalters Bill Graham. Das Schiff liegt in Waldo Point Harbor, einer kleinen Marina in Sausalito, genau der richtige Spot, um die Seele und die Beine baumeln zu lassen und ganz entspannt an den nächsten Ideen zu arbeiten. Redding vertont das, was ihn umgibt. Das Wasser, das Licht, diese besondere Stimmung. Steve Cropper, sein Kollaborateur, nimmt den Faden auf und beendet den angefangenen Song. Im November 1967 wird der Track in den Stax-Studios in Memphis eingespielt, die Leute vom Label sind ungebrochen skeptisch. Zu poppig sei das Ganze, so heißt es. Es gibt die Idee, die Staple Singers antreten zu lassen, um der leichtfüßigen Nummer ein wenig Gospel-Gravitas zu verpassen, doch Otis Redding pfeift ihnen was.

Stattdessen geht es im folgenden Monat auf Tour. Live sind Redding und die Bar-Kays in Leo's Casino zu sehen, einem legendären Musikclub in Cleveland, wo Größen wie Dizzy Gillespie und Cannonball Adderley spielen, Stars wie Aretha Franklin und Stevie Wonder ihre ersten Erfolge feiern. Drei Shows in zwei Tagen stehen auf dem Programm. Am 9. Dezember sind sie in der Fernsehshow »Upbeat« zu Gast und performen den Song *Respect*, anschließend soll es weitergehen nach Madison, Wisconsin, in den Nachtclub Factory. Der Tross reist mit Reddings Privatflugzeug, einer Beechcraft H18, am Steuerknüppel sitzt Richard Fraser. Im Frühjahr 1967 ist der 26-jährige New Yorker aus dem Armeedienst entlassen worden und hat sich als ziviler Pilot selbstständig gemacht. Doch die Witterungsbedingungen an diesem Tag sind alles andere als optimal. Redding telefoniert noch einmal mit seiner Frau. Mit 18 hat er Zelma auf einer Teenager-Party kennengelernt, ein Jahr später kommt ihr gemeinsamer Sohn Dexter auf die Welt. 1961 heiraten die beiden, bekommen mit Demetria, Karla und Otis III drei weitere Kinder. Das Paar führt eine glückliche Ehe, auch geschäftlich läuft es für Otis erfolgreicher als bei vielen anderen seiner Zunft. Mit Otis Redding Enterprises, seinem eigenen Musikverlag, hat er völlige Kontrolle über Tantiemen, Konzertgagen und Radio-Royalties. Otis und Zelma verabschieden sich, alles scheint okay zu sein, Fraser startet den Motor. Doch das Wetter wird immer schlechter, dichter Regen beeinträchtigt die Sicht, dann kommt auch noch Nebel dazu. Knapp sieben Kilometer von ihrem Ziel, dem Truax-Flughafen, entfernt, verliert Fraser die Kontrolle über das Flugzeug. Trompeter Ben Cauley erwacht in diesem Moment aus einem Nickerchen, löst blitzschnell seinen Sicherheitsgurt. »Oh no!«, entfährt es Bar-Kays-Saxofonist Phalon Jones. Sekunden später erfolgt der Aufprall auf dem eisigen Lake Monona, dann Stille.

Cauley überlebt als Einziger dieses Unglück. Er, der Nichtschwimmer, klammert sich an einem Kissen fest, bis er schließlich gerettet wird. Die restlichen Bar-Kays-Mitglieder – Gitarrist Jimmy King, Keyboarder Ronnie Caldwell und Schlagzeuger Carl Cunningham – kommen ums Leben, ebenso wie ihr Assistent Matthew Kelly und Richard Fraser, der Pilot.

Otis Reddings Leiche entdecken die Taucher erst am nächsten Tag. Im Alter von nur 26 Jahren hat das Leben des King of Soul, wie er ehrfürchtig genannt wird, ein jähes Ende gefunden. Für das nachfolgende Jahr waren bereits große Pläne geschmiedet worden: Ein weiteres Duett-Album mit Carla Thomas sollte eingespielt werden, einige Fernsehauftritten waren gebucht, in der »Ed Sullivan Show« und der »Smothers Brothers Comedy Hour«. All das würde es nun nicht mehr geben.

Am 18. Dezember findet die Trauerfeier für Otis Redding im Macon City Auditorium statt, Atlantic-Mastermind Jerry Wexler hält eine bewegende Trauerrede. Tausende sind gekommen, um Redding das letzte Geleit zu geben. Gitarrist Johnny Jenkins und Sangeskollege Isaac Hayes bringen es nicht übers Herz und bleiben der Veranstaltung fern. Anschließend wird Otis Redding auf seiner Ranch in Round Oak, 30 Kilometer nördlich von Macon, beigesetzt. Am 8. Januar 1968 veröffentlicht das Volt-Label den Song *(Sittin' On) The Dock of the Bay* als Single, keine drei Wochen später steht sie auf Platz 1 der US-Charts. Es ist das erste – und einzige – Mal, dass Otis Redding dieses Kunststück gelingt, sieben Wochen nach seinem Tod.

King of Soul, so nannte man Otis Redding, ein majestätischer Titel, den er nicht allein trägt, wie wir im nächsten Kapitel erfahren ...

Sam Cooke

»There been times that I thought
I couldn't last for long
But now, I think I'm able
To carry on«
A Change Is Gonna Come

Ein Mann, eine Frau, ein Wortgefecht. Eine Pistole. Schüsse fallen, eine der drei Kugeln findet ihr Ziel. »Lady, you shot me«, entfährt es dem Getroffenen, der mit nur einem Schuh und einer Jacke bekleidet beinah grotesk aussieht. Kein Outfit für das letzte Stündlein, und doch hat es jetzt geschlagen. Kurz darauf ist er tot.

Für Sam Cooke beginnt der Abend des 10. Dezember 1964 durchaus vielversprechend. Im Martoni's sitzt er mit seinem Produzenten Al Schmitt und dessen Frau beim Dinner zusammen, so richtig entspannt geht es nicht zu, aber das ist okay. Jeder kennt Sam Cooke, der Sänger schwimmt auf einer Welle der Popularität, die Menschen suchen seine Nähe. Schon früh ist der am 22. Januar 1931 in Clarksdale, Mississippi, geborene Samuel Cook, wie er bürgerlich heißt, als Sänger erfolgreich. Sein stimmliches Rüstzeug holt er sich als Kid im Kirchenchor, sein Vater, ein Reverend der Church of Christ, fördert ihn, wann immer er kann. Mit seinen Geschwistern – Cooke ist das fünfte von acht Kindern – startet er eine erste Musikgruppe: The Singing Children. Über die Highway Q.C.'s landet er bei den Soul Stirrers, das Programm besteht aus Gospel-Traditionals und einigen Originalen. Cookes Stimme sticht heraus, sein gutes Aussehen tut ein Übriges, das überwiegend weibliche Publikum hängt an seinen Lippen. Als Solist nimmt Cookes Karriere ab Mitte der 1950er Jahre so richtig Fahrt auf, er landet Hits wie *You Send Me* und *Everybody Likes to Cha Cha Cha*, *Wonderful World* und *Chain Gang*. Dabei ist Cooke mehr als »nur« Look und Stimme, er engagiert sich im Civil Rights Movement für die Rechte der Schwarzen und als einer der ersten afroamerikanischen Künstler überhaupt gründet er mit SAR Records ein eigenes Label, dazu auch noch einen eigenen Musikverlag, um volle Kontrolle über die Finanzen zu haben. 1963 tut er sich mit Manager Allen Klein zusammen, der zunächst einmal Ordnung in die Geschäfte mit Cookes Vertragslabel RCA bringt. Anschließend gründet Cooke seine eigene Holding Company, Tracey Ltd., benannt nach einer seiner Töchter. Seit 1958 ist Cooke zum zweiten Mal verheiratet, seine erste Ehe war kurz zuvor in die Brüche gegangen. Als seine Ex-Frau, die Sängerin und Tänzerin Dolores Mohawk, im Jahr darauf bei einem Autounfall ums Leben kommt, übernimmt er die Kosten für ihre Beisetzung. Drei Kinder bekommen Sam und seine Frau Barbara, zwei Mädchen namens Tracey und Linda, und Vincent, einen Sohn, der im Alter von anderthalb Jahren im heimischen Swimmingpool ertrinkt.

Fern der ehelichen Gemächer bringt Cooke nicht nur die Hormone seiner Fans zum Klingen, er erweist sich zudem auch als überaus nahbar – es ist die Rede von drei außerehelichen Kindern und von zahlreichen Affären. Auch im Martoni's bahnt sich etwas an: Die 22-jährige Elisa Boyer ist mit ein paar Freunden gekommen, sie gefällt Cooke, ein gemeinsamer Freund stellt die beiden einander vor, sie kommen schnell ins Gespräch. Es ist schon nach Mitternacht, als sie das Restaurant verlassen. Eigentlich ist Cooke noch mit den Schmitts im PJ's, einem Nachtclub, verabredet. Die Schmitts haben die Turteltäubchen zurückgelassen und wollten schon vorfahren. Doch auch im PJ's sind sie nicht mehr, gegen 2 Uhr morgens schwingen Cooke und Boyer sich wieder in den knallroten Ferrari des Sängers. Boyer sagt später aus, dass sie nach Hause wollte, doch Cooke sich weigerte und stattdessen den Highway entlang bretterte.

Was dann passiert, lässt sich im Nachhinein nicht mehr wirklich rekonstruieren. Fest steht, dass die beiden im Hacienda Motel landen. An der Rezeption empfängt sie Bertha Franklin, die in jener Nacht Dienst hat. Sie besteht darauf, dass Cooke und Boyer sich als Ehepaar ins Gästebuch eintragen – Ordnung muss sein. Anschließend verschwinden die beiden in einem der Zimmer. Cooke habe sie umgehend zum Sex zwingen wollen, erzählt Boyer nur wenige Stunden danach bei ihrer Vernehmung auf dem Polizeirevier. Sie sei ins Bad geflüchtet, Cooke sei wütend geworden, habe gegen die Tür gehämmert, bis sie wieder herausgekommen sei. Als der Sänger wiederum im Bad verschwindet, mittlerweile nackt, nimmt sie hastig ihre Sachen, wobei sie versehentlich auch einen Großteil von Cookes Kleidung erwischt, und flüchtet aus dem Zimmer. Sie will Bertha alarmieren, doch die reagiert nicht, weil sie mit der Besitzerin des Motels, einer Lady namens Evelyn Carr, telefoniert. Boyer rennt bis zum nächsten Block, schlüpft hastig in ihre Kleidung und stopft Cookes Klamotten unter die Eingangstreppe eines Hauses. Sie ruft die Polizei und schildert den Vorfall. Währenddessen fährt Cooke den Ferrari vom Parkplatz aus vor die Rezeption des Motels, stürmt hinein, am Leib nur einen Schuh und sein Jackett. Franklin telefoniert nebenan in ihrer Wohnung immer noch mit Carr, die alles, was dann passiert, mitanhört. Cooke ist außer sich, will von Franklin wissen, wo Boyer steckt. Er durchsucht das Büro, stürmt schließlich in Franklins Wohnzimmer, die beiden geraten in den Clinch. Franklin greift zur Pistole, die sie für den Fall der Fälle auf dem Fernseher liegen hat. Dass sie einmal unter diesen Umständen zum Einsatz kommen würde – gegen den nur mit einem Schuh und einer Jacke bekleideten King of Soul – wäre ihr wohl nicht im Traum eingefallen. Dass sie auf ihn schießen würde, mit Sicherheit ebenso wenig. Aber genau das passiert. Dreimal drückt Bertha Franklin ab, eine Kugel trifft Sam Cooke in Herz und Lunge. Der Sänger prallt zurück, blickt Franklin fast erstaunt an. »Lady, you shot me«, das sind seine letzten Worte. Anschließend bricht er sterbend zusammen.

Die polizeilichen Ermittlungen ergeben in den nächsten Tagen ein diffuses Bild. Boyer behauptet, sie habe Cooke auf einer Dinnerparty kennengelernt, er soll dort sogar ein Lied gesungen haben. Und was war mit dem Martoni's und dem Abstecher ins PJ's? In Cookes Besitz werden etwas über 100 Dollar an Bargeld gefunden, am Abend im Martoni's hatten Zeugen ein ums andere Mal seine daumendick gefüllte Geldklammer gesehen, über 5.000 Dollar soll er am Tag zuvor aus einem Schließfach seiner Bank entnommen haben. Wo war das Geld geblieben? Nur einen Monat später wird Elisa Boyer wegen Prostitution festgenommen, ohnehin war das Hacienda ein stadtbekannter Hangout für die Anbahnung finanzbasierter Kurzzeit-Romanzen. Wollte Boyer Cooke von vornherein um seine großen Scheine erleichtern? Und stimmt die Aussage von Bertha Franklin, der Dame am Empfang? Vor Cookes Beisetzung bekamen Fans drei Tage lang die Gelegenheit, von ihrem Idol Abschied zu nehmen. Der 4.000 Dollar teure Sarg hatte einen gläsernen Deckel, Cookes Verletzungen waren dadurch, trotz all der präparatorischen Fleißarbeit, unübersehbar. Sängerin Etta James, die ihm am Sarg die letzte Ehre erwies, schreibt davon in ihrer Autobiografie: Sein Kopf war ihm fast von den Schultern gerissen worden, beide Hände sind gebrochen, er hat schwere Prellungen, als hätte ihn sein guter Freund Cassius Clay, der sich Anfang des Jahres in Muhammad Ali umbenannt hat, über mehrere Runden vermöbelt. War es wirklich das Werk von Bertha Franklin, einer 55-jährigen Landlady? Die genauen Todesumstände konnten nie geklärt werden, trotz der zahlreichen Ungereimtheiten entschied das Gericht letztlich auf Notwehr. Doch welche Rolle spielte das FBI, dem Cooke wegen seines Engagements für die Black Community ein Dorn im Auge war? Und was war mit Allen Klein? Der machte sich nach Cookes Tod die Taschen voll – unbemerkt vom Sänger hatte er sich in den Verträgen die kompletten Songrechte gesichert, noch Jahrzehnte später flossen sämtliche Royalties in das von Allen und Betty Klein einst gegründete ABKCO-Unternehmen. Keine zwei Wochen nach Cookes Tod erscheint sein Song *A Change Is Gonna Come*, Anfang 1964 noch eine B-Seite, nun als A-Seite, die schwarze Bürgerrechtsbewegung macht das aufrüttelnde Lied zu einer ihrer programmatischen Hymnen. Als Barack Obama 2008 die Präsidentschaftswahlen gewinnt, zitiert er den Song während einer Rede in Chicago: »It's been a long time coming, but tonight, change has come to America.«

Ein Mann, eine Frau, ein Wortgefecht – eine ähnliche Konstellation wird auch dem Protagonisten des nächsten Kapitels zum Verhängnis ...

Darrell Banks

»I'm in a crowd
Yet I feel all alone
I hear music
Yet there ain't no song
Since you took your sweet love from me
I'm just a ghost, can't live and breathe«
Just Because Your Love Is Gone

Es sollen um die vier Millionen Schallplatten sein, die der Brite John Manship sein Eigen nennt. Vier Millionen Träume aus Vinyl – würde man sie aneinanderlegen, es entstünde ein Plattenpilgerweg von über 700 Kilometern Länge. Von Hamburg aus könnte man entlang Millionen von Soul-Klassikern einen schönen Spaziergang bis kurz hinter Zürich machen. Manship hat seine Schätze über ganz Großbritannien verteilt, sie dezentralisiert, um das Risiko zu vermindern. Plattensammler sind mit allen Wassern gewaschen, nicht auszudenken, es käme eine Bande von skrupellosen Schatzjägern auf die Idee, eines der Lager auszuheben: hier schlummern Millionenwerte. Seit Ende der 1960er ist Manship als Sammler, Käufer und Verkäufer unterwegs und diggt, was der Markt hergibt. Diggen, vom englischen Wort für »graben«, das ist unbedingt wörtlich zu nehmen: Manship hat in seiner Laufbahn schon die größten Vinylvorkommen entdeckt, gehoben und ausgegraben. Doch er behält das nicht für sich, im Gegenteil, über seine »Rare Soulman«-Website bietet er seine Platten an; er gilt als einer der weltweit größten Record Dealer und Auktionatoren mit Schwerpunkt auf Soul und assoziierte Sounds.

Für Schlagzeilen sorgte Manship vor einigen Jahren, als er ein besonders wertvolles Exemplar in Händen hielt. »Das hier ist nicht einfach nur die wichtigste britische Soul-Single, die jemals auf den Markt gekommen ist«, so formulierte es ein unüberhörbar erregter John Manship. »Es ist nichts weniger als die aufregendste Platte, in deren Nähe ich mich je aufgehalten habe. Die Mythen, Sagen und Vinylträume sind jetzt, nach 48 Jahren, wahr geworden. [...] Seit zwei Stunden befindet sie sich in meinem Besitz und mein Puls rast, ein euphorisches Hoch ist das, eine Mischung aus Bewunderung und Ungläubigkeit. Ich fühle mich wie der französische Missionar und Entdecker Louis Hennepin, der sich wochenlang durch bis dahin unentdecktes Gelände kämpfte, begleitet von einem immer lauter werdenden Getöse, bis er schließlich eine Lichtung erreichte und die mächtigen Niagara-Fälle erblickte.«

Einen solchen Eindruck hat der abenteuerlustige Hennepin mit seinen Entdeckungen im 17. Jahrhundert hinterlassen, dass in den USA zahlreiche Orte und Straßen nach ihm benannt sind. Gut möglich, dass auch Darrell Eubanks in seiner Jugend im Hennepin Park in Buffalo, New York, Räuber und Gendarm oder Fußball gespielt oder sich womöglich zum Picknick mit der Liebsten verabredet hat. Vielleicht ist ihm dort sogar bereits eine erste Vorahnung dessen in den Sinn gekommen, was bei John Manship einige Dekaden später für diesen extremen Endorphin-Ausstoß sorgen würde. Eubanks, am 25. Juli 1937 in Mansfield, Ohio, geboren und in Buffalo aufgewachsen, verfügt früh über ein ausgeprägtes Gesangstalent. Am Gospel geschult, wechselt er schließlich von der harten Kirchenbank auf die etwas bequemere Sitzgarnitur im Tonstudio. Seinen Nachnamen verkürzt er auf Banks: Darrell Banks, das allein klingt schon nach Kassenklingeln, und tatsächlich stellt sich bereits mit der ersten Single, *Open the Door to Your Heart*, erschienen auf Revilot Records, der Erfolg ein. Der geschmeidige Soul-Groover erklimmt 1966 Platz 2 der amerikanischen R&B-Charts und schafft es in die Top 30 der US-Billboard-Charts. Auf der B-Seite findet sich mit *Our Love (Is In The Pocket)* ein weiterer Ohrwurm, an dessen Entstehung neben Joanne Jackson und Rose Marie McCoy auch ein gewisser George Clinton beteiligt ist.

Doch mit dem herzerwärmenden Türöffner stimmt etwas nicht, genauer gesagt mit den Credits. Banks beansprucht das Songwriting für sich, in Wirklichkeit jedoch heißt das Stück *Baby, Walk Right In* und stammt aus der Feder von Banks' Kumpel Donnie Elbert. Der ist während der Produktion gerade auf Tour und erfährt vom Ideenklau erst, als er dabei ist, die Koffer auszupacken und es eigentlich schon zu spät ist: Banks hat sich als alleiniger Songwriter bei der Rechte-Agentur Broadcast Music Inc. eintragen lassen. Elbert will das nicht auf sich sitzen lassen, geht vor Gericht und bekommt am Ende zumindest 50 Prozent des Songwritings zugeschrieben. Besser als nichts, für Elbert jedoch ein bitterer Sieg. Die einzige Leistung, die Banks seiner Ansicht nach zuzuschreiben ist: Er hat das Tempo des Liedes ein wenig angezogen. Die Magie des Songs können derlei juristische Reibereien kaum schmälern, im Gegenteil. Nicht nur in den Staaten öffnet Banks damit Türen, auch in Großbritannien, wo Mitte der 1960er ein Phänomen Fahrt aufnimmt, das sich als Northern Soul einen Platz in den Annalen erobern wird, steht man auf *Open the Door to Your Heart.* Geschäftlich läuft es im Königreich des Pop jedoch ebenfalls nicht ganz rund. London Records schnappt sich die Bänder – und presst und presst und presst. Einziger Schönheitsfehler: Offenbar verfügt das Label nicht über die nötigen Lizenzen. Das Stateside-Label springt in die Bresche, sichert sich die Rechte und veröffentlicht so einen ewigen Klassiker in spe. Und was macht London Records? Stampft alle bereits gepressten Singles zähneknirschend wieder ein.

Wirklich alle?

Tantiemen hin, Kumpelabzocke her: Für Darrell Banks soll *Open the Door to Your Heart* eigentlich den veritablen Karriereauftakt bedeuten, doch das Schicksal meint es nicht gut mit ihm. Die Nachfolge-Single *Somebody (Somewhere) Needs You* schafft es zwar noch in die Charts, *Here Come the Tears* und *Angel Baby (Don't You Ever Leave Me)* laufen jedoch unter dem Radar. Ein Album und eine weitere Single erscheinen noch im Hause Atco, dann wechselt Banks zum ikonischen Stax-Label, doch auch hier bleibt der Erfolg aus. Privat läuft es ähnlich holprig. Bis Mitte der 1960er war Banks bereits einmal verheiratet, aus der Ehe mit Beverly Kay Simon gingen zwei Kinder hervor, Darrell Jr. und Bamby Lynn, bevor das Paar sich schließlich scheiden lässt. Banks lebt mittlerweile in Detroit, wo er um den Fortgang seiner Karriere kämpft. Auch mit seiner Freundin Marjorie Bozeman, einer Barfrau, gibt es zu Beginn des Jahres 1970 Probleme. Bozeman will sich trennen, Banks hofft immer noch auf Klärung der Probleme, auf irgendeine Art von Versöhnung. Doch dazu soll es nicht kommen. Am späten Vormittag des 23. Februar 1970 wartet Banks in seinem Wagen vor Bozemans Haustür. Als sie schließlich eintrifft, ist sie in Begleitung von Aaron Bullock, ihrem neuen Lover, einem Polizisten. Banks versucht Bozeman zur Rede zu stellen, es entsteht ein wüstes Gerangel, in dessen Verlauf Banks schließlich seine Pistole, einen Revolver Kaliber .22, zieht und auf Bullock richtet. Der Cop, zum Zeitpunkt der Auseinandersetzung nicht im Dienst, tut, was ein Cop in einer solchen Situation tut – er zieht ebenfalls seine Pistole, nimmt Banks ins Visier und drückt ab. Die Kugel trifft Banks in den Hals. Kurz nach Mitternacht erliegt er im New

Grace Hospital seiner Verletzung, im Alter von nur 32 Jahren. Von seinen ersungenen Gagen und Royalties ist nichts mehr übrig, im Detroit Memorial Park East wird Banks zunächst in einem anonymen Grab beigesetzt, für mehr reicht es nicht. Erst später wird mit Hilfe der »Soulful Detroit«-Website das Geld für einen Gedenkstein aufgebracht. Die Inschrift unterhalb von Banks' Namen und Daten: der Titel seines größten Hits, *Open the Door to Your Heart*.

Dabei hätte es bleiben können, doch dreieinhalb Jahrzehnte danach tut sich Erstaunliches. Es macht ein Gerücht die Runde, das nicht nur John Manship den Schweiß des Diggers und Sammlers auf die hohe Stirn treten lässt. Angeblich hatte man bei London Records einst doch nicht alle Singles des Banks-Klassikers eingeschmolzen, ein Exemplar soll das Ganze angeblich unbeschadet überstanden haben. Und tatsächlich: Ein gewisser Nick W. war in den Besitz dieser unglaublichen Rarität, oder dramatischer gesagt, der seltensten Northern-Soul-Single aller Zeiten gekommen und schickte sich nun an, das gute Stück via John Manship und dessen Website zu versteigern. Am Ende wechselt »der heilige Gral«, wie Manship das runde Stückchen Vinyl nannte, für sage und schreibe 14.543 englische Pfund den Besitzer.

Darrell Banks fiel der Kugel eines Polizisten zum Opfer. Manchmal jedoch lauert die tödliche Gefahr in den Reihen der engsten Verwandtschaft ...

Marvin Gaye

»Where did all the blue skies go?
Poison is the wind that blows
From the north and south and east«
Mercy Mercy Me

Es ist ein metallisches Klingeln, das den bevorstehenden Schmerz ankündigt, nur leise zwar, doch für alle im Haus unüberhörbar. Manchmal dauert es eine ganze Stunde, bis sich der Druck entlädt. Alle unter diesem Dach wissen, was bevorsteht. Und wenn es schließlich passiert, ist es fast eine Erlösung, so wird es der Geschlagene später beschreiben, das Warten auf den Schmerz schlimmer als der Schmerz selbst.

In der Familie Gay gibt es zwei Götter: jenen Allmächtigen da oben, der dem »House of God« vorsteht, wie sich die Glaubensgemeinschaft der Schwarzen Hebräer nennt, und den Herrn des »House of Gay«, Marvin Pentz Gay senior. Anno 1914 als erstes von 13 Kindern in Jessamine County, Kentucky, geboren, seine Eltern bereits Anhänger der Schwarzen Hebräer, wächst Gay senior in Verhältnissen auf, die vom Glauben ebenso wie von Gewalt gezeichnet sind. Schlägereien sind an der Tagesordnung, ein fortwährendes Hauen und Stechen und Schießen. Als Teenager wird er Ministrant der örtlichen Kirche. Beides trägt er Jahre später in seine eigene Familie hinein: den Glauben und die Gewalt. Um Pastor zu werden, zieht Gay senior nach Washington D.C., wo er 1934 die 21-jährige Alberta kennenlernt, die

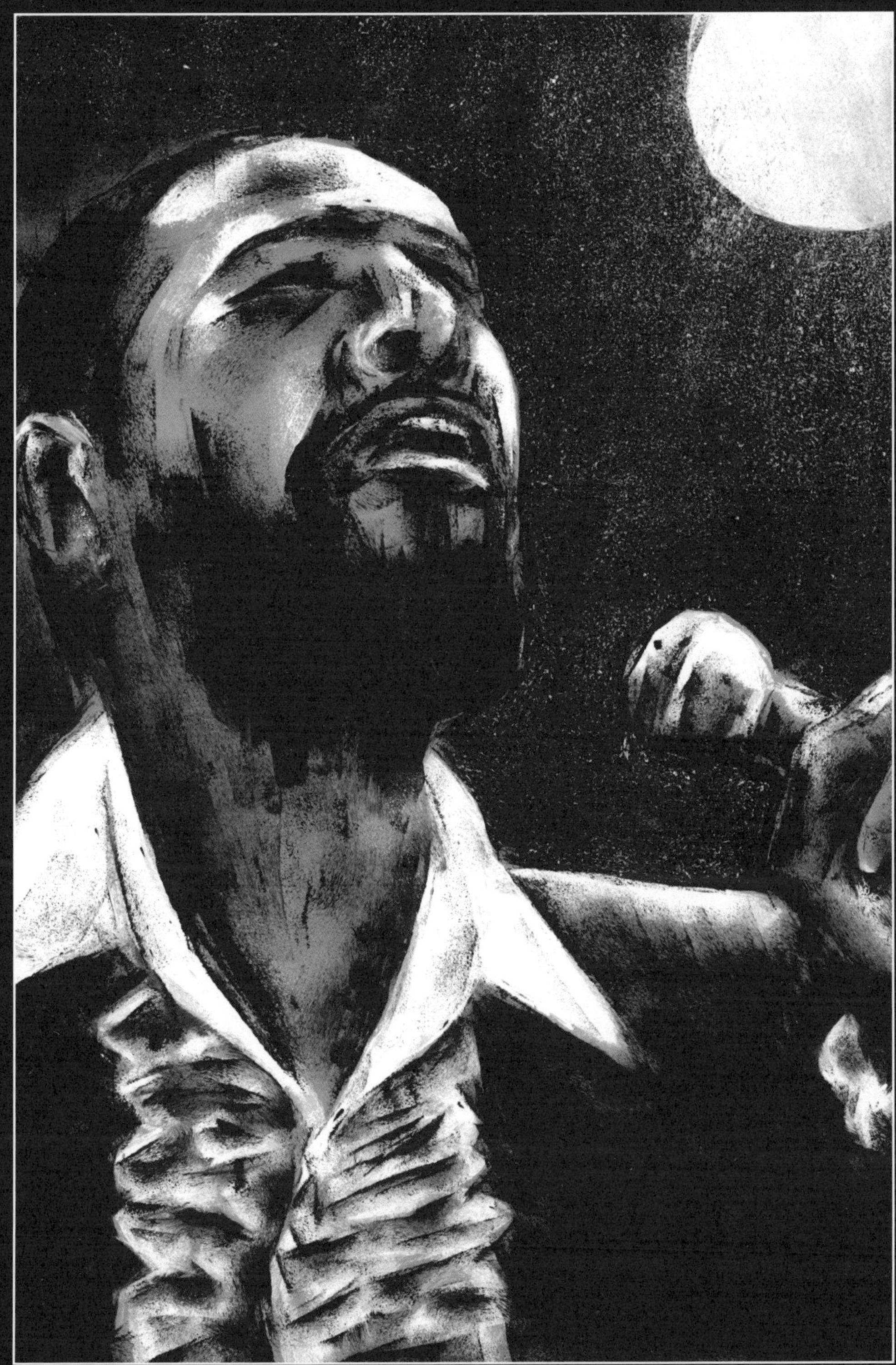

Mutter eines unehelichen Sohnes ist. Als Marvin und Alberta heiraten, zwingt er sie, den Sohn, Michael, zu ihrer Schwester Pearl zu geben, sein Glauben würde es ihm verbieten, ein fremdes Kind großzuziehen. Marvin und Alberta bekommen bald eigenen Nachwuchs, vier Kinder an der Zahl. Mable Jeanne ist die Erstgeborene, es folgen zwei Söhne, Marvin Pentz junior und Frances, mit Zeola eine weitere Tochter. Der Senior arbeitet selten, schimpft jedoch gern und viel, in seiner Freizeit schlüpft er regelmäßig in Frauenkleider – ein obskurer Gegensatz zur konservativen Strenge, die sonst von ihm ausgeht. Sein häusliches Regiment sei das eines unversöhnlichen, allmächtigen und brutalen Königs, so wird es Marvin junior einmal beschreiben. Bestimmt der Glauben bereits den Alltag, so stehen die Wochenenden vollends im Zeichen Gottes. Im Gegensatz zur christlichen Kirche ist es nicht der Sonntag, sondern der Samstag, der als Sabbat gilt. Es wird gebetet und gesungen, gesungen und gebetet, immer und immer wieder, stundenlang.

Früh schon erkennen Marvin juniors Eltern sein Talent, die unglaubliche Schönheit seiner Stimme. Ein Vorteil sollte sich für ihn jedoch nicht daraus ergeben. Er ist sieben, acht Jahre alt, da beginnt die Gay'sche Gewaltherrschaft erst so richtig. Sein alter Herr hasst ihn, vermutet zeitweise, Alberta wäre fremdgegangen und Marvin die Frucht der vermeintlichen Sünde. Jedes noch so kleine Vergehen, sei es, dass Marvin zu spät aus der Schule kommt oder einfach nur die Klamotten im falschen Wäschefach ablegt, wird brutal bestraft. Gay senior zieht den Lederriemen aus der Hose, den Gürtel Gottes, und lässt zur Einstimmung die Schnalle schnalzen. Ein Klappern, ein Klingeln. Marvin schlüpft aus den Klamotten, bereitet sich halbnackt auf die Bestrafung vor, muss manchmal stundenlang zittern, bis Schläge und Gürtelhiebe schließlich auf ihn einprasseln. Hells Belts. Niemand entkommt dem Schmerz. Doch Marvin leidet mehr als die anderen, ihn trifft die zügellose Wut des brutalen Patriarchen am häufigsten. Sein Halbbruder Michael, der zwischenzeitlich bei der Familie lebt, bringt ihn schließlich auf die Idee, einfach abzuhauen. Marvin, mittlerweile 17 Jahre alt, nimmt Michael beim Wort, verschwindet über Nacht und schreibt sich bei der Air Force ein. Ein absurder Gedanke, wie sich schnell herausstellt. Dem autoritären Elternhaus ausgerechnet Richtung Armee zu entfliehen – man bilde einen Satz mit Regen und Traufe. Marvin verweigert Befehle, legt sich mit seinen Kommandeuren an und erweist sich bald als unregierbar. Er gibt sich unzurechnungsfähig, um der Armee zu entkommen, und ist am Ende tatsächlich ausgebrannt und psychisch schwer angeschlagen. Man entlässt den vermeintlichen Irren unehrenhaft.

Zu Zeiten seiner Auftritte als stimmgewaltiger Dreikäsehoch in der Kirche vom Applaus getragen – ein Umstand, den sein Vater von Anfang an neidisch machte –, wendet er sich der Musik zu, erst als Session-Schlagzeuger und Pianist, dann auch als Sänger. Mit seinem Plattenvertrag beim frischgegründeten Label Tamla Motown beginnt eine Erfolgsstory, in der sich fortan Talent und Tragik beieinander unterhaken. *Let Your Conscience Be Your Guide*, der Titel seiner ersten Single, scheint fast ein Wink an den alten Herrn und seine gewissenlosen Praktiken zu sein. Marvin ändert seinen Namen, hängt dem Gay ein »e« an. Von klein auf wurde er mit dem Namen aufgezogen und als schwul beschimpft. Wo »gay« draufsteht, ist »gay« drin, so das homophobe Hänseln der Gleichaltrigen – als Marvin Gaye mit Extra-e sollte damit nun endgültig Schluss sein. Ähnlich wie im Elternhaus bekommt es Gaye auch bei seiner Plattenfirma mit einem ausgesprochenen Alphatier zu tun. Berry Gordy ist der Chef von Tamla Motown, bei ihm laufen alle Fäden zusammen, er entscheidet über jedes noch so kleine Detail einer

Produktion. Für Gaye ist das Fluch und Segen zugleich: Gordy erkennt sein Talent und fördert ihn, gleichzeitig manipuliert er seinen kommenden Star, zwingt ihn immer wieder dazu, die Songs in besonders hohen Tonlagen zu singen. Gaye wehrt sich, gibt am Ende meistens nach, kämpft sich durch die Aufnahmen und rettet sich ins Falsett, wenn die normale Stimme ihm nicht mehr ganz nach oben folgen will. Mit *Stubborn Kind of Fellow* – ist hier womöglich Gordy gemeint? – landet er 1962 einen ersten Hit, legt mit *Hitch Hike* nach, im Jahr darauf wird *Pride and Joy* seine erste Top-10-Single. Seinen persönlichen Stolz und seine Freude verkörpert im wirklichen Leben Anna Gordy, die große Schwester vom Boss, siebzehn Jahre älter als Gaye. Zwei Jahre gehen die beiden miteinander aus, dann heiraten sie. Als Annas minderjährige Nichte Denise in nicht ganz so freudiger Erwartung ist, täuscht Tante Anna, die selbst keine Kinder bekommen kann, eine Schwangerschaft vor. Die Eheleute Gaye übernehmen den frischgeborenen Sprössling, geben ihn als den ihren aus und taufen ihn auf den Namen Marvin III.

An der Seite von Tammi Terrell, die Motown als Duettpartnerin für Gaye unter Vertrag nimmt, startet dessen Karriere jetzt so richtig durch, Duette wie *Ain't No Mountain High Enough* werden Hits. Doch ihre gemeinsame Zeit findet ein jähes Ende, als Terrell 1967 bei einem gemeinsamen Konzert zusammenbricht und die Ärzte einen Gehirntumor bei ihr diagnostizieren. Drei Jahre später stirbt sie im Alter von 24 Jahren.

Ende der 1960er schwingt Gaye sich endgültig zum Superstar auf, mit *I Heard It Through the Grapevine*, einem samtigen Groover aus der Gerüchteküche, landet er 1968 einen Megahit. Tatsächlich sind die Liedzeilen über den vermuteten Verrat, das Getuschel darüber, dass die Liebste sich in Auswärtslaken räkelt, zutiefst autobiografisch. Während Gaye auf Tour ist oder über Sendestudio-Bühnen flaniert, wähnt er Anna in den

Armen fremder Männer. Und nicht nur das: Die Handgreiflichkeiten zwischen den beiden nehmen zu. Erst ist es Anna, die Marvin malträtiert, der schlägt irgendwann zurück, das alles befeuert von ständiger Drogenzufuhr. Schon während seiner Zeit als Doowop-Sänger war Gaye dem Entspannungspotential von Kräuterzigaretten zugeneigt, später kommt Schnee dazu, und das nicht nur im April: Kokain wird zum steten Begleiter, Paranoia, Depressionen, Neurotisches aller Art inklusive. Als die Ehe Anfang der 1970er in die Brüche geht, stellt Gayes Anwalt Curtis Shaw den Plan auf, Anna die Einnahmen seines nächsten Albums zu überlassen. Der Musiker antwortet ein paar Jahre später auf seine Weise und macht das sinnig betitelte *Here, My Dear* (1978) zu einer in Töne gegossenen Anklageschrift.

Seine Karriere hat Gaye zu diesem Zeitpunkt bereits einige Male neu verschraubt, am spektakulärsten wohl mit *What's Going On* zu Beginn der 1970er Jahre. Unter dem Eindruck von Vietnamkrieg, Diskriminierung und sogenannten Rassenunruhen häutet Gaye sich künstlerisch, entwickelt sich vom Soul-Balladeer zum politisch empfindsamen Chronisten seiner Zeit. Es bleibt nicht die letzte Kehrtwende, schon zwei Jahre später tauscht er mit *Let's Get It On* Revolution gegen Romantik, verpasst dem Stehblues-Genre mit dem Titeltrack ein songgewordenes Vorspiel im Viervierteltakt. Doch am Ende der Dekade ist auch Gaye am Ende. Die Drogen, die Depressionen, die offene Beziehung zu seiner zweiten Ehefrau Janis, ständige Auseinandersetzungen, Rettungsversuche und Raufereien, dazu Betäubungsmittel in rauen Mengen. Es reicht ihm. Er setzt sich nach Maui ab, wohnt zeitweise in einem alten Lieferwagen und hat ziemlich genaue Vorstellungen davon, wie es weiter, oder besser gesagt, zu Ende gehen könnte: Koks. Mehr Koks. Noch mehr Koks. Und dann langsam hinübergleiten ins ewige Dunkel. Doch das muss noch etwas warten, denn Jeffrey

Krueger, ein findiger Konzertpromoter aus Großbritannien, will ihn unbedingt wieder auf die Bühne bringen. Er stöbert den verwahrlosten Gaye auf, überredet ihn mit Engelszungen und schickt ihn im UK tatsächlich wieder auf Tour. Sie endet mit einer überaus unschönen Note, als Gaye zum Schluss der Konzertreise Prinzessin Margaret und ihren royalen Tross versetzt und viel zu spät in der Venue an der Londoner Drury Lane erscheint, als die Prinzessin bereits genervt ihre VIP-Loge verlassen hat.

Da ihm mittlerweile die amerikanischen Steuerbehörden auf den Fersen sind, entscheidet sich Gaye, in Großbritannien zu bleiben; später zieht er nach Belgien. Er beginnt mit der Arbeit an einem neuen Album, fühlt sich inspiriert, hat viele Ideen, doch es braucht seine Zeit. Zeit, die man in der alten Heimat beim Motown-Label scheinbar nicht hat. Während Gaye noch an den Tracks arbeitet, immer wieder Overdubs hinzufügt oder einen weiteren Remix beginnt, stiehlt Bassist Frank Blair die Masterbänder und nimmt sie mit in die Staaten, wo Motown das Album *In Our Lifetime* veröffentlicht, ohne Gaye vorab zu informieren. There's no business like showbusiness. Gaye kocht, in vielerlei Hinsicht – mittlerweile hat er das Freebasing entdeckt, versetzt sich mit erhitztem Kokain in immer extremere Rauschzustände. Verwunderlich fast, dass er ein weiteres Mal die Kurve bekommt, zumindest in Teilen. Von Belgien aus zieht es ihn 1982 zurück in die Staaten. Gaye versöhnt sich mit seiner Ex-Gattin Anna, nimmt die kreative Arbeit wieder auf. Als der Journalist David Ritz ihn besucht und zu einem Interview überredet, fallen ihm die vielen Sadomaso-Comics in Gayes Bücherregal auf. Ritz, so geht die Legende, munkelt etwas von sexueller Heilung, die der Musiker bräuchte, es wird zur Initialzündung für Gayes letzte musikalische Großtat. Im Oktober 1982 erscheint die Single *Sexual Healing*, Gaye, mittlerweile von

Motown zu CBS gewechselt, verzeichnet damit seinen größten Hit. Zehn Wochen lang steht der Song ganz oben in den »Hot Black Singles«-Charts, das dazugehörige Album *Midnight Life* wird Gayes finales Werk.

Die Qualität seiner Konzerte ist wechselhaft, mal überzeugt Gaye auf ganzer Linie, dann wieder verstört er mit kruden Performances, zieht sich bis auf die Unterhose aus und verrenkt sich in Tanzbewegungen. Die Drogen haben ein weiteres Mal Einzug gehalten, mit ihnen stehen auch Paranoia und Depressionen wieder auf der Tagesordnung. Gaye reist in kugelsicherer Weste und in Begleitung schwer bewaffneter Bodyguards. Irgendwer da draußen will ihm ans Leder, da ist er sich ganz sicher.

Am 14. August 1983 spielt Marvin Gaye im Pacific Amphitheatre in Costa Mesa, Kalifornien, sein letztes Konzert. Es ist die 51. Show der *Sexual Healing*-Tour, von Heilung jedoch kann kaum die Rede sein, Gaye ist am Ende seiner Kräfte. Er zieht wieder zurück in sein Elternhaus, an den 2101 South Gramercy Place in Los Angeles. Seine Mutter leidet unter den Nachwirkungen einer Nieren-OP, sein Vater ist unterwegs auf Geschäftsreise. Als Marvin senior im Oktober 1983 zurückkommt, brechen die Konflikte umgehend wieder auf. Sein Vater lässt ihn zwischenzeitlich von der Polizei hinauswerfen, Gaye zieht kurze Zeit später wieder ein. Dem Alten schenkt er eine Pistole zu Weihnachten, zum Schutz vor Einbrechern, wie er behauptet. In Wirklichkeit ist er es, der sich auf Schritt und Tritt verfolgt, ausgespäht und bedroht fühlt. Über Tage verlässt er kaum sein Zimmer, spricht immer wieder von Selbstmord. Ende der 1960er hat er bereits versucht, sich umzubringen und war in letzter Sekunde von Berry Gordy aufgehalten worden. Jetzt probiert Gaye ein weiteres Mal, freiwillig aus dem Leben zu scheiden. Bei voller Fahrt wirft er sich aus einem Auto auf die Straße, trägt jedoch nur ein paar Kratzer davon. Am 1. April 1984 eskaliert die Lage im Hause Gay und Gaye vollends. Immer wieder geraten Marvin senior und Mutter Alberta aneinander, es geht um eine Lebensversicherung. Marvin junior funkt ein ums andere Mal dazwischen, warnt den Vater, er würde ihn besinnungslos prügeln, sollte der sein Zimmer betreten. Als er es entgegen aller Warnungen doch tut, kommt es zum Äußersten. Der Sohn prügelt und tritt den Vater, der einiges einstecken muss. Beide wissen, dass es auf ein mörderisches Ende hinausläuft. Schon Jahrzehnte zuvor hat Marvin senior seiner Familie eingebläut: Wer die Hand gegen ihn erhebt, wird mit dem Tod bestraft. Und so kommt es schließlich. Um 12.38 Uhr betritt Vater Gay das Zimmer seines Sohnes ein letztes Mal, legt die .38er an und drückt ab. Er trifft ihn zweimal, einmal in die Schulter, einmal in den Brustkorb. Die Kugel durchlöchert Gayes Herz, Nieren und die Leber, seine Mutter steht nur wenige Schritte davon entfernt. Aus dem Gästehaus stürmt Marvins Bruder Frankie hinzu, hält den Sterbenden im Arm. »Ich habe bekommen, was ich wollte. Ich konnte es nicht selbst tun, also habe ich ihn dazu gebracht«, so lauten Marvin Gayes letzte Worte. Um kurz nach 13 Uhr wird er offiziell für tot erklärt, einen Tag vor seinem 45. Geburtstag. Sein Vater behauptet kurz danach im Verhör, nicht gewusst zu haben, dass die Pistole mit scharfer Munition geladen war. Ob er seinen Sohn denn eigentlich geliebt habe, so fragt man ihn. Seine Antwort: »Ich hatte nichts gegen ihn.«

Vom eigenen Vater erschossen, was für ein grausames Schicksal. Im nächsten Kapitel ist es ein Fan, der zum tödlichen Schuss anlegt ...

Christina Grimmie

»Mirrors can crack and hearts can collapse
Oh, I'm not fragile like that
Lights will fall out and walls can fall down
Oh, I'm not fragile like that«
Not Fragile

15 Dollar kostet das Ticket im Vorverkauf, dafür gibt es ein sogenanntes »Meet & Greet«, eine Begegnung mit dem Star höchstpersönlich. Treffen und Begrüßen. Eine Minute, vielleicht zwei, ein paar nette Worte, womöglich eine Umarmung, ein Autogramm. Eine Erinnerung fürs Leben, zumindest für einen von beiden. 15 Dollar, soviel bezahlt Kevin James Loibl, um seinen Lieblingsstar zu treffen. Ungewöhnlich für den 27-Jährigen aus Florida – zu Hause in Saint Petersburg bekommt selbst seine Familie ihn kaum zu Gesicht. Wenn doch, dann nur, während er über den Flur in sein Zimmer schleicht. Die Fenster hat er mit Alufolie abgeklebt, um das Tageslicht fernzuhalten. Der Raum ist kärglich eingerichtet: eine dünne Matratze, kahle Wände. Eine Schattenwelt, in der er sich vor allem seinem Lieblings-Computerspiel *World of Warcraft* widmet.

Paul Loibl, Kevins Vater, sieht seinen Sohn am 9. Juni 2016 zum letzten Mal lebend. Kevin steigt in ein Taxi, ohne ihm zu sagen, wohin die Fahrt geht. Am Tag darauf ruft Loibl senior im Supermarkt Best Buy an, wo Kevin im Lager jobbt. An diesem Freitag, das erfährt Paul Loibl am Telefon, ist er nicht zur

Arbeit erschienen. Auf seiner Kommode findet man später den Flyer eines Bestattungsunternehmens.

Christina Grimmie gibt am Freitag, den 10. Juni 2016, ein Konzert. Die 22-jährige Sängerin tritt zusammen mit Before You Exit im The Plaza Live in Orlando, Florida, auf. Ende Mai hatte die gemeinsame Tour begonnen, »All The Lights« ist das Motto, der Titel einer EP der Band. Elf Shows sind gebucht, am 17. Juni soll das Finale im legendären Troubador in Los Angeles über die Bühne gehen. Die Konzertplakate weisen Grimmie als »Special Guest« aus, für die junge Künstlerin eine gute Möglichkeit, sich einem größeren Publikum vorzustellen und ihre Karriere weiter voranzutreiben.

Albert Grimmie fällt das Gesangstalent seiner Tochter, 1994 in New Jersey geboren, früh auf, da ist sie gerade Mal sechs Jahre alt. Sie ist noch kein Teenager, da spielt sie bereits fantastisch Klavier – »nach Gehör«, wie sie sagt. 2009 postet sie erste Videos auf YouTube, sie nennt sich zeldaxlove64 und singt Songs von Miley Cyrus, Nelly und anderen Größen, bis die Mutter von Selena Gomez sie 2011 entdeckt und zusammen mit ihrem Mann das Management übernimmt. Für Grimmie beginnt ein steiler Aufstieg. *Find Me*, ihr erstes Album, erscheint noch im selben Jahr, ihr YouTube-Channel hat jetzt Millionen von Abonnenten. 2014 wird sie Dritte bei »The Voice«, unter den Juroren ist auch Maroon-5-Sänger Adam Levine, den sie als Coach auswählt. Er ist nicht der Einzige, der in ihr am Ende der Show die Siegerin der Herzen sieht. Levine will sie bei seinem Label unterbringen, Grimmie entscheidet sich jedoch für Island Records. Sie veröffentlicht mehrere Singles, geht auf »The Voice«-Tour, nimmt mit Größen wie Paul McCartney die Charity-Single *Love Song to the Earth* auf. Sie hat Talent und ein großes Durchsetzungsvermögen, und sie arbeitet hart. Im Februar 2016 erscheint ihre EP *Side A*, im Verlauf des Jahres soll das zweite Album, ihre Major-Label-Premiere, veröffentlicht werden. Im Film *The Matchbreaker* gibt sie ihr Debüt als Schauspielerin.

Kevin James Loibl erlebt all das von seiner Dunkelkammer aus. Grimmie wird für ihn zur Obsession – so wirkt es auf Cory Dennington, ein Kollege aus dem Supermarkt und Loibls einziger Freund. Immer und immer wieder schaut Loibl sich die YouTube-Videos der Sängerin an, verfolgt ihre Aktivitäten in den Sozialen Medien genau. Bis dahin selbsterklärter Atheist, erzählt er Dennington plötzlich davon, wie er durch Grimmies christlichen Glauben selbst zur Religion gefunden hat. Es gebe einen Gott, sagt er, und er habe ihn in ihr gesehen. Er nimmt 50 Kilo ab, lässt sich die Augen lasern, die Zähne bleachen – all das, so gibt Dennington später zu Protokoll, um sein Erscheinungsbild für Grimmie zu optimieren. In einem der letzten Treffen der beiden gibt Loibl Dennington einige ausgeliehene Magazine zurück, spricht davon, jetzt bereit zu sein, aufzusteigen. Dennington ist mittlerweile so irritiert von dem Verhalten seines Freundes, dass er seinem Vorgesetzten im Supermarkt davon berichtet. Konsequenzen hat das alles nicht. Noch nicht.

Im Plaza Live endet Grimmies Konzert gegen 22 Uhr, im Anschluss empfängt sie ihre Fans zum Meet & Greet. Weiter hinten steht ein etwas linkischer Typ, auf dem Kopf trägt er eine schwarze Baseball-Cap. Es ist Kevin James Loibl. Kurz vor dem Konzert hat er die Cap in einem Navy-Store gekauft, im selben Shoppingcenter, in dem sich auch das Plaza Live befindet. Grimmies Show hat er vom hinteren Ende der Halle verfolgt, an die Wand gelehnt, mit verschränkten Armen, so ist er später auf verschwommenen Videobildern zu sehen. Was nicht zu sehen ist: die Pistolenholster an der hinteren Innenseite seiner Hose, darin zwei Pistolen aus dem Hause Glock.

Um 22.24 Uhr ist Loibl an der Reihe. Er zögert noch. Grimmie versucht, es ihm leicht zu machen, indem sie ihm entgegenkommt, ihn mit offenen Armen empfängt. Es ist auch diese zugewandte Art, die emotionale Offenheit, für die sie bei ihren Fans beliebt ist. Loibl macht einen Schritt auf sie zu, zieht eine seiner Waffen und drückt sofort ab. Ein erster Schuss trifft die Seite ihres Kopfes, drei weitere den Oberkörper. Marcus, ihr Bruder und Roadmanager, sitzt unmittelbar daneben und reagiert als erster. Er versucht, Loibl zu überwältigen, die beiden kämpfen miteinander, bis Loibl sich losreißt und versucht zu fliehen. Alexander Fogh-Pedersen, einer der Security-Leute, wird auf das Geschehen aufmerksam. Bevor er eingreifen kann, setzt sich Loibl die Pistole an den Kopf und richtet sich selbst. Die Polizei findet bei ihm die zweite Glock, mehrere Magazine Munition und ein Jagdmesser. Die Security-Leute am Eingang hätten nur darauf geachtet, dass man keine Nahrungsmittel oder Getränke mit in die Halle nimmt, so erzählt es eine Zeugin später. Metalldetektoren gibt es nicht. 269 Dollar hatte Loibl für sein Hotelzimmer im Marriott bezahlt; in der Nacht, so rekonstruiert die Polizei es später, hat er auf dem gemachten Bett geschlafen und ein paar Snacks aus der Minibar gegessen. Gepäck hat er nicht dabei, auch sonst gibt es keine weiteren Hinweise. Im Orlando Regional Medical Center kämpfen die Ärzte um Christina Grimmies Leben. Vergeblich. Um 22.59 Uhr hört ihr Herz auf zu schlagen. Selena Gomez, Grimmies Freundin und oftmalige Tour-Partnerin, tritt zur selben Zeit nur wenige Meilen entfernt im Amway Center auf. Das Meet & Greet im Anschluss an ihr Konzert lässt die unter Schock stehende Sängerin ausfallen. Kurze Zeit später bricht sie ihre Tournee ab und zieht sich in eine Rehaklinik zurück.

Am 16. Juni wird Christina Grimmie auf dem Berlin Cemetery in ihrer Heimatstadt beigesetzt, an einer öffentlichen

Zeremonie nehmen tausende Fans teil. Fast auf den Tag genau ein Jahr nach ihrem Tod erscheint am 9. Juni 2017 ihr zweites Album, *All Is Vanity*. Grimmie hatte sich den Titel tätowieren lassen: »Ich habe es mir stechen lassen, damit ich nicht in die Hollywood-Falle tappe. Ich trage die Worte auf meinem Arm, damit ich nicht in den Glanz und den Glamour hineingezogen werde.«

Die Nähe zum Star, ein Autogrammwunsch, eine Pistole, ein Schuss – kein Einzelfall, wie man weiß …

John Lennon

»I'm sick to death of hearing things
From uptight, short-sighted,
narrow-minded hypocrites,
All I want is the truth now,
Just give me some truth now«

Gimme Some Truth

Einige Tage vor den Schüssen, die rund um die Welt zu hören sein würden, am 5. Dezember 1980, führte John Lennon ein großes Interview mit Jonathan Cott vom Rolling Stone. Fünf Jahre war der Ex-Beatle von der Bildfläche verschwunden, jetzt machte er sich bereit für die Rückkehr auf den Radar. Es gibt neue Songs, eine wiedergewonnene Euphorie hat Lennon ergriffen. Er vibriert förmlich vor kreativer Spannung. An seiner Seite Yoko, auch sie im Bewusstsein, dass dies den Vorabend einer neuen Ära bedeuten könnte. Lennon zeigt sich in bester Form, so charmant wie alert. Dabei scheint es, als müsse er zunächst noch mit ein paar Dingen aufräumen, bevor es auf zu neuen Ufern geht. Er beklagt die öffentliche Lust am Untergang und stellt fest, dass die Kritiker nur an zwei Sorten von Künstlern interessiert seien: an jenen auf dem Weg nach oben und jenen unter der Erde. Er sorgt sich darum, was wohl mit einem Senkrechtstarter wie Springsteen eines Tages passieren würde, spricht von seinen Bemühungen, ein guter Vater zu sein, davon, wie sehr er sich dagegen sträubt, einer »dieser toten Helden wie Sid Vicious oder James Dean« zu werden.

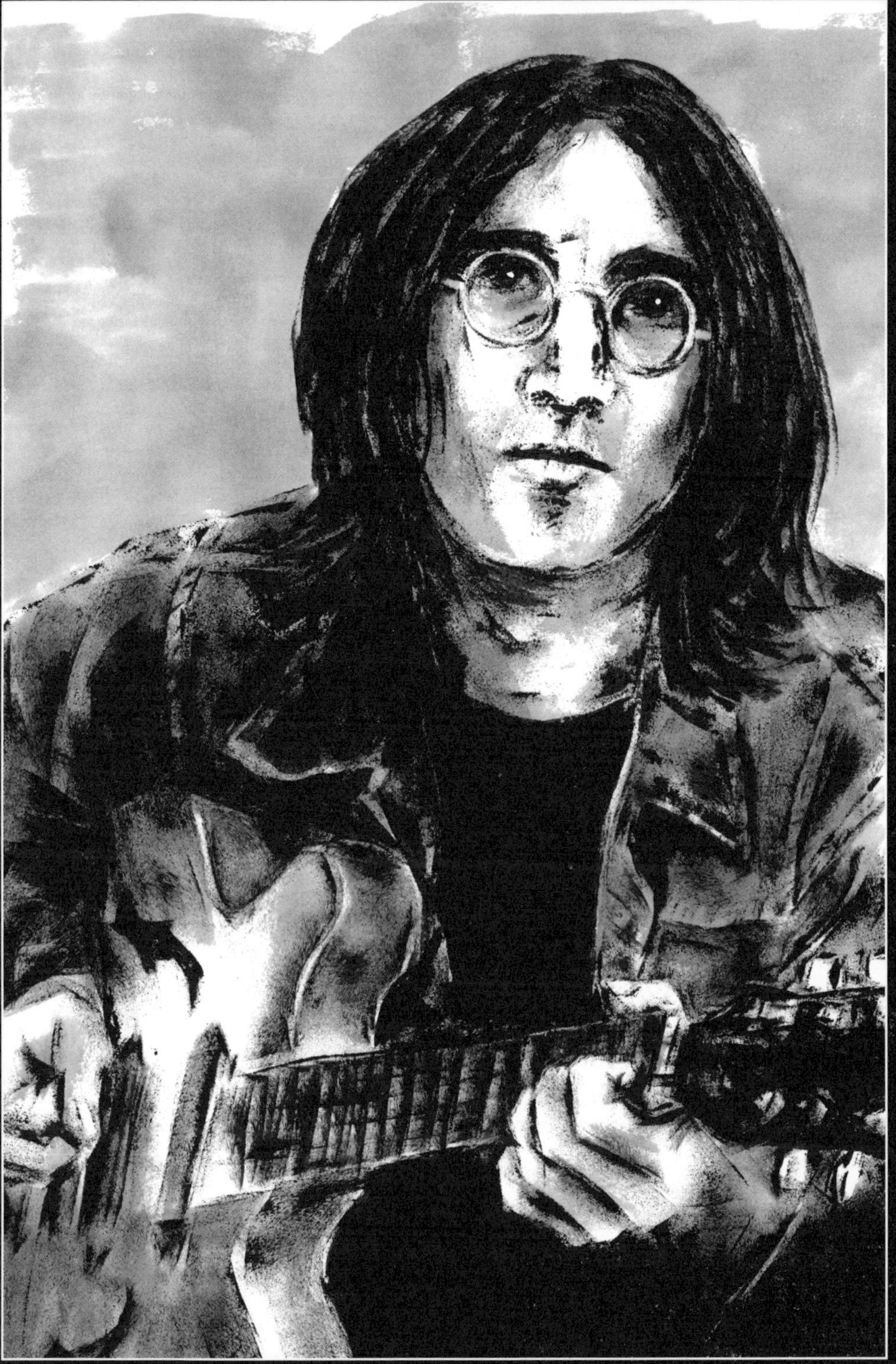

Auch der 8. Dezember erweist sich als vollgepackter Tag. John Lennon und Yoko Ono sind früh auf den Beinen. Wie so oft schaut Lennon zusammen mit Sohn Sean die »Sesamstraße«, gönnt sich eine erste Zigarette. Im Anschluss verlassen John und Yoko das Dakota Building in der 1 West 72nd Street, um sich mit einem Frühstück im Café La Fortuna zu stärken. Danach geht es zum Friseur, Lennon lässt sich einen nostalgischen 50s-Cut verpassen, eine Vorbereitung auch auf den Termin, der am späten Vormittag im Kalender steht: Fotografin Annie Leibovitz hat sich angekündigt. Die Session verläuft nicht ganz problemlos – Ono möchte mit auf die Fotos, Leibovitz jedoch will eigentlich nur Lennon vor der Linse haben. Nach einigen Diskussionen einigt man sich, Lennon entledigt sich seiner Klamotten. Auch Yoko will ihr Oberteil ausziehen, Leibovitz ist jedoch dagegen. John kuschelt sich an Yoko, die Haltung wie ein Fötus. Das entstandene Foto wird zu einem der ikonischsten in der Popgeschichte – umso mehr durch das, was an diesem Tag noch geschieht.

Leibovitz ist kaum aus der Tür der 9-Zimmer-Wohnung im 7. Stock des Dakota Buildings, da steht bereits der nächste Gast vor der Tür. Aus San Francisco ist Laurie Kaye mit einem kleinen Team ihres Senders RKO eingeflogen, um mit Lennon ein Interview zu führen – ihrem Idol, wie sie sagt. Die Tatsache, dass er so lange aus der Öffentlichkeit verschwunden war, gibt dem Ganzen eine noch größere Bedeutung. Lennon ist guter Dinge. »Testing, testing«, checkt er gegen 14.30 Uhr das Mikro, die Aufnahme läuft, der Ton ist okay. »Let's try and make the 80s good«, so Lennons hoffnungsvoller Auftakt zu diesem Interview, das sein letztes werden sollte. »Ich hoffe, ich sterbe vor Yoko«, gesteht er, »Würde sie zuerst sterben, wüsste ich nicht, wie ich das überleben sollte. Ich könnte nicht weitermachen.«

Mark Chapman ist zu diesem Zeitpunkt bereits seit einigen Tagen in der Stadt. Ende Oktober war der 25-Jährige schon einmal in New York, kurz nachdem er seinen Job als Wachmann eines Hochhaus-Komplexes in Waikiki gekündigt hatte. Dass er mit »John Lennon« unterschrieb, schien niemanden so richtig zu wundern. Seit Kindertagen ist er Fan der Beatles, besonders Lennon hat es ihm angetan, seine Sympathie für ihn nimmt im Lauf der Jahre fast manische Züge an. Chapman galt als merkwürdiger Typ. In Teenager-Tagen griff er regelmäßig zu Drogen, durchlief als vermeintlich Wiedergeborener einiges an Kirchengruppen, sang mal Gotteslieder zur Gitarre, dann Evergreens. Er kümmerte sich um Kids im Ferienlager, um Vietnam-Veteranen und Geflüchtete. Immer wieder verfällt er in Depressionen, will sich 1977 sogar umbringen, doch der Versuch, sich mit den Abgasen seines Autos zu ersticken, geht schief. Der Schlauch, mit dem er die giftigen Dämpfe ins Wageninnere leitet, schmilzt, Chapman wird in die Psychiatrie eingeliefert, verdingt sich nach seiner Entlassung als Hausmeister. Seine Eltern lassen sich scheiden, sein geistiger Zustand verschlechtert sich. Inspiriert von Jules Vernes *In 80 Tagen um die Welt* geht er 1978 auf Reisen und besucht zahlreiche Länder, im Gepäck auch J.D. Salingers *Der Fänger im Roggen*. Die Geschichte des nachdenklichen Holden Caulfield ist so etwas wie seine weltliche Bibel, der vermeintlich missverstandene Protagonist im Ringen um seinen Platz in der Welt, für Chapman das perfekte Identifikationsmaterial – vom wiedergeborenen Christen zum wiedergeborenen Caulfield.

In all dem seelischen Chaos gibt es einen Lichtstreif am Horizont: Die Frau im Reisebüro. Gloria Hiroko Abe heißt sie, eine Amerikanerin japanischer Abstammung, sie hat Chapman bei den Buchungen der Flüge geholfen. Chapman kann sie unterwegs einfach nicht vergessen. Er schickt ihr Postkarten,

Blumen, sogar einen Riesenteddy von unterwegs. Als er nach Hawaii zurückkehrt, gehen die beiden miteinander aus. Am Strand macht er Gloria einen Antrag, das Paar heiratet. Doch die Bewunderung Chapmans für den Ex-Beatle bekommt Risse, als er vom berühmt-berüchtigten Zitat Lennons liest, die Beatles seien größer als Jesus. Chapmans Glaube ist stärker als seine Fanliebe, das Wort Gottes ungleich mächtiger als das eines Beatles. Aus Chapmans Liebe wird Abneigung wird Hass wird Mordlust. Zwischenzeitlich muss er wieder in die Nervenklinik, von wo aus er einer Freundin wirre Briefe schreibt, die er mit einem seiner literarischen Helden unterschreibt: Der Fänger im Roggen.

Die Umsetzung seiner Pläne ist schwieriger als gedacht. Eine Pistole hat er im Gepäck, auch einiges an Geld. Als er in New York keine Munition bekommt, lässt er von seinem Vorhaben zunächst ab. Dennoch zieht es ihn zum Dakota Building. Er will in der Nähe von John und Yoko sein, ihre Aura spüren – und weiß doch nicht einmal, ob sie überhaupt in der Stadt sind. Er verwickelt den Concierge des Hauses, Jay Hastings, ins Gespräch, um mehr zu erfahren. Doch Hastings ist ein Vertrauensmann und hält dicht. Der Troll trollt sich, Chapman reist zunächst nach Atlanta, wo er sich Anfang November bei einer Freundin aus dem Polizeibüro Munition besorgt – die Polizei, dein Freund und Helfer. Es handelt sich um Hohlspitzgeschosse, Kugeln der besonders tödlichen Art. Chapman fliegt anschließend wieder nach Haus, heim zu Gloria, doch der innere Tumult will sich nicht legen, die Stimmen in seinem Kopf werden immer lauter. Ende November eröffnet er ihr, wieder nach New York fliegen zu wollen. Am 6. Dezember landet er dort, mietet sich in einer Jugendherberge des YMCA, des Christlichen Vereins Junger Männer, ein, fußläufig keine Viertelstunde vom Dakota Building entfernt. Chapman macht einen Spaziergang dorthin, im Gespräch mit weiblichen Fans erfährt er zu seiner Erleichterung, dass Lennon vor Ort ist. In einem Plattenladen kauft er das neue Album von John Lennon und Yoko Ono, *Double Fantasy*. Beim YMCA gibt es schließlich Stress: Sein Zimmer in der Jugendherberge ist winzig, die Wände sind dünn, über die Flure hallt der Lärm, er gerät mit feiernden Nachbarn aneinander. Am nächsten Tag wechselt er ins Sheraton Hotel. Wieder treibt es ihn hin zum Dakota Building, unterm Arm die am Vortag erstandene Platte. Erneut versucht er, mit dem Concierge ins Gespräch zu kommen. Am Abend will er sich mit dem Wort Gottes beruhigen und nimmt in seinem Hotelzimmer die Bibel zur Hand. Er liest im Buch Johannes, schreibt »Lennon« neben den Namen »John«. Auch in seine Ausgabe vom *Fänger im Roggen*, die er dabeihat, kritzelt er etwas hinein. »This is my statement«, so lauten die Worte, unterzeichnet mit »Holden Caulfield«. Wie sein literarischer Held lässt auch er sich eine Prostituierte aufs Zimmer kommen, will jedoch keinen Sex. Als die Frau wieder geht, telefoniert Chapman noch einmal mit Gloria. Ihr Ratschlag, als sich das Gespräch um Chapmans seelische Zerrüttung dreht: Er möge an seiner Beziehung zu Gott arbeiten. Amen. Und gute Nacht.

Im Dakota Building endet die Interview-Session am späten Montagnachmittag, für John und Yoko geht es gleich weiter. Im Record Plant Studio wartet Produzent Jack Douglas, um mit den beiden an Yokos Song *Walking on Thin Ice* zu arbeiten. Die Leute von RKO packen ihre Sachen zusammen, müssen eigentlich direkt zum Flughafen. Als John sie jedoch um eine Fahrt zum Studio bittet, können sie nicht Nein sagen. Vor der Tür wartet ihr Fahrer in einem Lincoln Town Car, soviel Zeit muss sein. »Wo sind meine Fans?«, scherzt Lennon, als die Gruppe gemeinsam aus dem Dakota Building tritt, die Szenerie ist ungewohnt ruhig, fast menschenleer. Paul Goresh, ein junger

Amateurfotograf, spricht Lennon an, um ihm einige Aufnahmen zu zeigen. Die beiden kennen sich gut, Goresh ist ein Fan, gleichzeitig hat er bereits mit Lennon zusammengearbeitet – er steht oft vor dem Dakota, immer auf der Suche nach einem guten Schnappschuss des prominenten Bewohners. Ein junger Mann kommt auf sie zu, in der Hand das Album *Double Fantasy*. Es ist Mark Chapman. »Soll ich die signieren?«, fragt Lennon. Er unterschreibt mit »John Lennon 1980«, fragt Chapman, ob das so okay ist. Goresh fotografiert die beiden, Lennon und Chapman, vereint auf einem Bild, nur wenige Stunden vor ihrer nächsten, diesmal tödlichen Begegnung.

Die Arbeit im Studio ist von kreativer Spannung getrieben, Yokos sechsminütiger Track ist eine Kombination aus Discoversatz und Spoken Word. Lennon, der Douglas bei der Produktion unterstützt, ist zufrieden. »So etwas machen wir zukünftig nur noch. Das ist großartig«, jubelt er. »Genau das ist die musikalische Richtung.« Plattenlabel-Boss David Geffen kommt vorbei, um sich ein Bild vom Stand der Dinge zu machen. Lennon ist on fire, will den Song möglichst noch vor Weihnachten veröffentlichen. Geffen, ganz Geschäftsmann, bremst ihn. Die Zeit wird zu knapp, besser, man macht es Anfang des kommenden Jahres, dann aber richtig. Gegen 22.30 Uhr heißt es »It's a wrap«, Feierabend. John und Yoko wollen zunächst noch etwas essen gehen. Doch als sie aus dem Fahrstuhl kommen, um in die wartende Limousine zu steigen, haben sie es sich anders überlegt. Sie wollen lieber nach Haus, um Sean Gute Nacht zu sagen. Der hatte am Nachmittag einen Spaziergang mit seiner Nanny, Helen Seaman, gemacht. Als sie zum Dakota zurückkamen, näherte sich ihnen ein Typ mit Brille und Schallplatte. Später wird er behaupten, sogar die Hand des Jungen berührt zu haben. War ihm da schon klar, dass er diesem Kind den Vater nehmen würde?

Kurz vor 23 Uhr steigen John und Yoko vor dem Dakota aus dem Wagen. Vorbei an parkenden Autos bewegen sich die beiden Richtung Eingang. Mark Chapman ist immer noch da. Ursprünglich wollte er zurück ins Hotel, entschied sich dann jedoch anders, wollte lieber warten, bis das Paar zurückkommt. Die beiden passieren ihn, Lennon blickt kurz Richtung Chapman, er erkennt ihn womöglich wieder, den Autogrammjäger von Stunden zuvor. Zusammen mit Yoko ist er kaum an ihm vorbei, da zieht Chapman seine Waffe, Kaliber .38, und drückt ab, insgesamt fünf Mal. Eine Kugel verfehlt ihr Ziel, vier treffen Lennon in den Rücken und in die Schulter. Er stolpert die Stufen hinauf. »Ich bin getroffen«, entfährt es ihm, während er den Stapel Musikkassetten, den er bei sich trägt, zu Boden fallen lässt. Schließlich bricht er zusammen. Lennon wird umgehend ins Roosevelt Hospital gebracht, doch jede Hilfe kommt zu spät. Um 23.07 Uhr wird er für tot erklärt. Yoko bittet die Reporter, die Nachricht noch zurückzuhalten, sie will es Sohn Sean selbst sagen. Chapman macht währenddessen keine Anstalten zu fliehen, liest stattdessen in einem mitgebrachten Buch und lässt sich widerstandslos festnehmen. »Ich denke, ein großer Teil von mir ist Holden Caulfield, der Typ aus *Der Fänger im Roggen*«, faselt Chapman im nächtlichen Verhör. »Der kleinere Teil von mir muss der Teufel sein.«

Die Amerikaner erfahren die schreckliche Nachricht während einer Sportübertragung. Auf dem Sender ABC läuft »Monday Night Football«, es spielen die New England Patriots gegen die Miami Dolphins. Kommentator Howard Cosell zögert zunächst, stimmt sich mit seinem Sprecherkollegen ab, dann eröffnet er dem Publikum, dass John Lennon, »der wohl berühmteste Beatle«, kurz zuvor ermordet wurde.

Am Tag darauf betritt David Bowie die Bühne des Booth Theatre am Broadway, er spielt die Titelrolle in *The Elephant*

Man. Bowie blickt von oben aus in den Saal, sieht drei leere Plätze in der ersten Reihe. Drei Leute haben ihre Tickets nicht eingelöst, die Konstellation könnte kaum absurder sein. Es sind John Lennon, Yoko Ono – und Mark Chapman. »Ich war die Nummer 2 auf seiner Liste«, so erzählt es Bowie später, der sich an diesem Abend nur mit größter Mühe durch das Stück kämpft.

Weltweit stürzt die Nachricht vom Tode Lennons die Fans in tiefes Entsetzen. Am Ort des Geschehens haben sich tags darauf tausende Menschen eingefunden, um gemeinsam zu trauern. Vor dem Dakota Building wird gesungen, auch im Central Park ist die Trauer fast mit den Händen zu greifen. Kerzen flackern im Wind, die Menschen halten sich an den Händen, umarmen einander. Schluchzen ist zu hören, immer wieder klingen Songzeilen durch die Reihen. Ein junger Mann steht allein da. Er spürt eine Verbindung zu Chapman, zu diesem Typen mit der Brille. Auch er hat den *Fänger im Roggen* verschlungen, auch er fühlt sich Holden Caulfield ganz nah, ebenso wie seiner Lieblingsschauspielerin, der jungen Jodie Foster. Und John Lennon. Als er es am Vortag in den Nachrichten hörte, machte er sich sofort mit dem Zug nach New York auf. Er wollte seinen Schmerz mit Gleichgesinnten teilen, ganz nah dran sein, dort, wo alles geschah. Am nächsten Tag fliegt er zurück nach Hause. Die Zeitungen schreiben über nichts anderes, so scheint es. Titelseite um Titelseite, Schlagzeile um Schlagzeile, immer wieder Chapmans Pfannenkuchen-Visage und sein leerer Blick. »Der Teufel brachte mich dazu, es zu tun«, lautet eine der Headlines. Am Valentinstag 1981 ist der junge Mann ein weiteres Mal in New York. Er fährt zum Dakota Building, will sich dort das Leben nehmen, bringt es jedoch nicht übers Herz. Anderthalb Monate noch, dann würde er, wie Chapman im Jahr zuvor, für Schlagzeilen sorgen. Dann würden die Leute vom Attentat auf

Ronald Reagan in der Zeitung lesen. Der Name des Schützen: John Hinckley.

Aus dem Dakota Building nach rechts auf die Central Park West, weiter auf der 8th Avenue und von dort nach links in die West 23rd Street – und schon ist man am Schaupatz der nächsten Geschichte ...

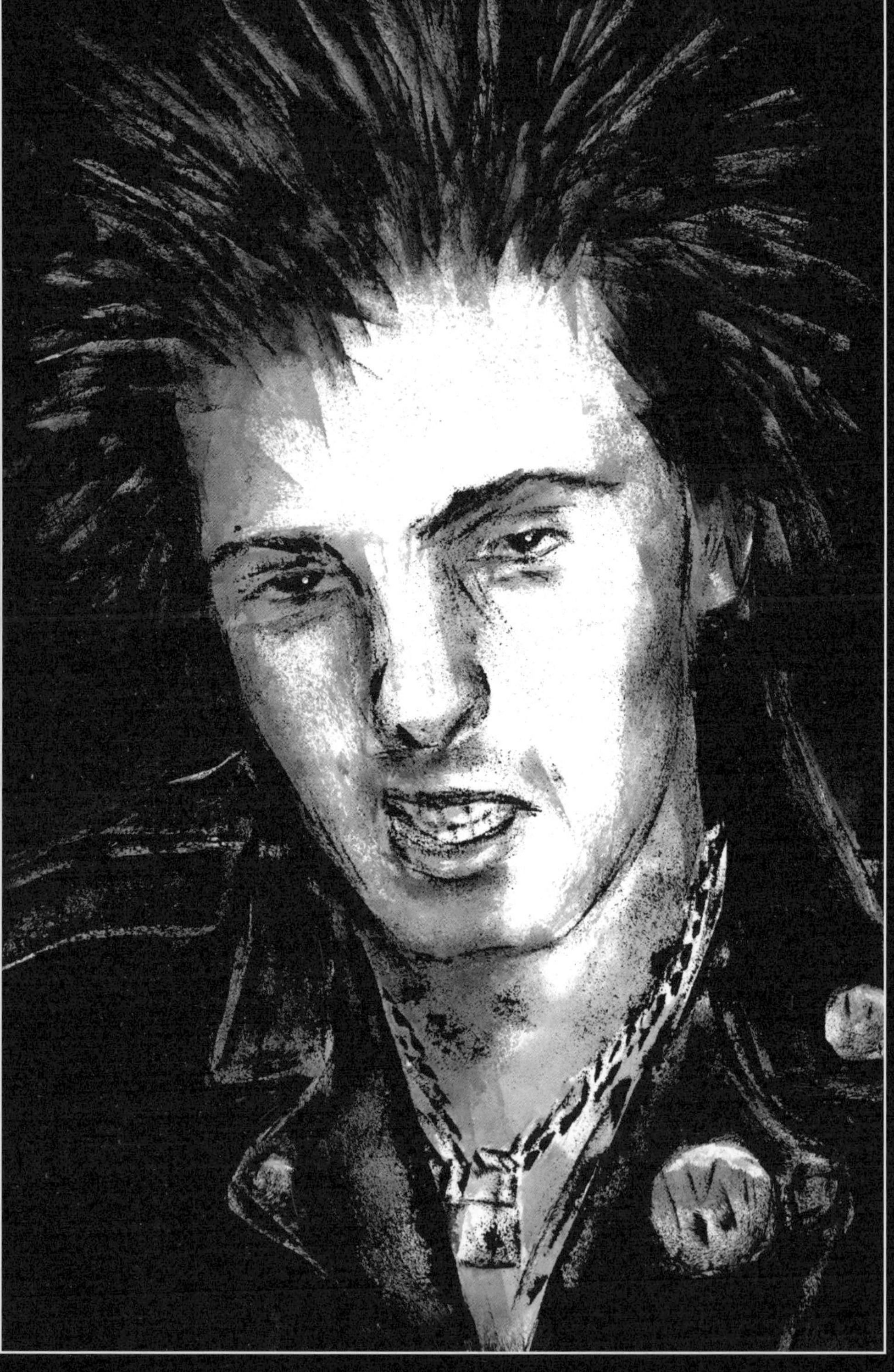

Sid & Nancy

»Yes, there were times I'm sure you knew
When I bit off more than I could chew
But through it all, when there was doubt
I ate it up and spit it out«
My Way

Ein angsteinflößendes, zugleich optimistisches Chaos herrsche dort, so beschrieb Schriftsteller Arthur Miller einst die Atmosphäre des Hauses in der 222 West 23rd Street von Manhattan. Miller will sich dort eigentlich nur etwas erholen, die Ehe mit Marilyn Monroe hat Kraft gekostet. 1956 gaben die beiden einander das Ja-Wort, 1961 folgte die Scheidung. Er braucht etwas Ruhe abseits von Schlagzeilen und Blitzlichtgewitter. Am Ende bleibt er sechs Jahre hier. Allein vom Haschgeruch, der durch den Fahrstuhlschacht zieht, würde man high werden, so Miller, das Chelsea Hotel gehöre nicht zu Amerika. Es gibt keine Staubsauger, keine Regeln, keine Scham. Der zwölfstöckige Bau mit seiner imposanten viktorianischen Fassade ist der perfekte Ort für Drogisten und Dropouts, für Kaputte und Kreative, Musiker, Maler, Meisterdiebe. William S. Bourroughs schreibt dort *Naked Lunch*, die Grateful Dead spielen auf dem Dach und Fotomodell Edie Sedgwick setzt ihr Zimmer in Brand. Dylan Thomas trinkt sich hier zu Tode, Janis Joplin sucht Kris Kristofferson und trifft stattdessen Leonard Cohen. »Staying up for days in the Chelsea Hotel«, schreibt Bob Dylan im Song *Sara*. Jenes Paar, das im Herbst 1978 Zimmer 100 bewohnt, ist weniger in der

Stimmung, irgendetwas zu schreiben. Die beiden sind ständig zugedröhnt. Wenn es an der Tür klopft, ist es ein Dealer, der frische Ware bringt. Mehr Stoff, um den Rausch, den Taumel, den inneren Nebel nur nicht enden zu lassen. Angsteinflößend, das alles? Bestimmt. Optimistisch? Eher nicht.

Im Dezember 1976 fliegt Nancy Spungen zusammen mit den Heartbreakers nach London. Ein Jahr zuvor war sie von zu Hause abgehauen, hatte sich von Philadelphia nach New York abgesetzt und mit lausig bezahlten Jobs über Wasser gehalten. Mal stand sie in einem Klamottenladen an der Kasse, dann wieder am Straßenrand, um Freiern zur Hand zur gehen und ein paar Dollar zu machen. Sie ist gerade mal siebzehn Jahre alt und hat doch schon ein bewegtes Leben hinter sich. Bei der Geburt erstickt sie fast an ihrer eigenen Nabelschnur, als kleines Mädchen ist sie gewalttätig gegenüber ihrer Schwester. Mit elf Jahren fliegt sie das erste Mal von der Schule. Ihre Eltern, Frank, ein fahrender Handelsmann, und Deborah, Hausfrau und Mutter, probieren es an anderen Schulen, ohne Erfolg. Mit fünfzehn Jahren sitzt sie im Behandlungszimmer eines Psychiaters, kurz zuvor hat sie sich die Pulsadern zum ersten Mal aufgeschnitten. Schizophrenie, so lautet die Diagnose. An der Uni von Colorado sieht es eine Weile danach aus, als könnten sich die Dinge zum Besseren wenden, doch lange hält der Frieden nicht. Als sie versucht, von einem Typen ein paar Gramm Marihuana zu kaufen, zückt der seine Dienstmarke und nimmt sie mit aufs Revier. Später wird sie ein weiteres Mal verhaftet, weil sie Diebesgut in ihrem Zimmer lagert. Vater Spungen bezahlt die Kaution, um sie vor einer längeren Haft zu bewahren. Doch sie fliegt von der Uni – und aus dem Staat Colorado. Sie setzt sich ab in die Stadt, die niemals schläft, sie besucht Konzerte der Ramones und der New York Dolls, von

Aerosmith und eben den Heartbreakers, der Band um Richard Hell und Johnny Thunders, die kurz zuvor die New York Dolls verlassen hatten.

In Großbritannien bekommt Malcolm McLaren Wind von den Heartbreakers. Er hatte für eine Weile bereits die Dolls unter seinen Fittichen und ihren Look mit den Rasierklingen, den zerfetzten Hemden und den Sicherheitsnadeln nach London exportiert, da passten die Herzensbrecher ihm bestens in den Kram. Mit den Sex Pistols hatte McLaren eine Band rekrutiert, wie er sie sich vorstellte: großmäulig, edgy, kontrovers. Punk war das große Ding der Stunde, das Quartett um Sänger Johnny Rotten das heißeste Besteck im Szene-Schrank, die Heartbreakers würden perfekt auf die geplante »Anarchy in the UK«-Tour passen. Wäre McLaren wohl anders vorgegangen, hätte er gewusst, dass Johnny Thunders nicht nur Nancy Spungen, sondern auch das Heroin mit in die Themse-Stadt bringen würde? Von den 19 Gigs der großangelegten Tour im Winter 1976 finden nur drei statt, der Rest wird von den jeweiligen Stadtbehörden verboten. »Die Leute denken oft, das wäre eine einzige Party gewesen«, erzählt Pistols-Bassist Glen Matlock später. »In Wirklichkeit war es einfach nur langweilig, keiner wusste, was abgeht.« Lange würde Matlock sich nicht mehr im Kreise der Pistols bewegen: Das erste Album ist noch nicht einmal eingespielt, da muss er wenige Wochen nach Ende der unglückseligen Anarchie-Rundreise Platz machen für einen Kumpel von Johnny Rotten. Er nennt sich Sid Vicious und hat in Sachen Optik jenes Starpotential, das McLaren ganz famos in die Karten spielt. Über dem mageren Oberkörper eine Lederjacke, ein Sicherheitsschloss um den Hals, das seine WG-Kumpanin Chrissie Hynde ihm vermacht hatte, die Drahtbeine in engen Jeans, die Haare nadelspitz gestylt – der Typ hier war ein T-Shirt-Motiv kommender Generationen, das war kaum zu übersehen. Dass er keine Ahnung davon hat, wie man einen Bass bedient? Fuck it.

Tatsächlich hört dieser Sid Vicious auf den Namen John Simon Ritchie, geboren ist er am 10. Mai 1957 in Lewisham, im Südosten Londons. Die Ehe seiner Eltern – John, ein Wachmann am Buckingham Palace, und Anne, bei der British Army angestellt – geht zügig nach seiner Geburt in die Brüche. Eine Weile lebt er mit seiner Mutter auf Ibiza, wo sie sich mit dem Verticken von Drogen über Wasser hält. Mitte der 1960er kehren die beiden nach Großbritannien zurück, Anne heiratet ein zweites Mal. John Ritchie nennt sich jetzt John Beverley, nach dem Stiefvater, sein Leben kommt jedoch nicht wirklich in die Spur. Seine Mutter verfällt dem Heroin, er probiert, am Kingsway College einen Abschluss zu machen, und lernt dort einen Typen namens John Lydon kennen – den zukünftigen Johnny Rotten. Zwei weitere Kumpels, die John heißen, komplettieren die Clique. Sie nennen sich The Four Johns, schmeißen bald die Schule und ziehen nach London. Unterschlupf finden sie in besetzten Häusern, es wird gefeiert, ständig ist irgendwo Party. Es finden sich erste Bands zusammen, lange dauert es nicht, bis sie Schlagzeilen machen. Rotten stößt als Sänger zu den frisch formierten Sex Pistols. Sid Vicious, wie Rotten ihn tauft, nachdem Sid, sein Hamster, den armen John Ritchie in den Finger gebissen hat, lärmt mit den Flowers of Romance und spielt auf einem Punkfestival im ikonischen 100 Club in der Oxford Street an der Seite von Siouxsie und Marco Pirroni. Auf der Setlist: eine brachiale Version des Vaterunser. Am zweiten Tag der Veranstaltung ist Vicious als Zuschauer im Publikum und legt sich mit Musikern von The Damned an. Als er versucht, Sänger Dave Vanian mit einem Glas zu treffen, erwischt er stattdessen eine junge Frau mitten im Gesicht. Sie erblindet auf einem Auge. Der Pistols-Manager sieht in ihm die perfekte Besetzung, und Rotten hätte gern einen Kumpel in der Band. Glen Matlock hat schlechte Karten, dabei ist er der wohl Versierteste unter ihnen, aber er steht auf die Beatles, kämmt sich die Haare und ist nett zu seiner Mama – für McLaren ein Unding. Ganz anders Sid Vicious: Der Mann dampft nur so vor Gefahr, pfeift auf alles und jeden und sieht zudem einfach großartig aus. Matlock zieht schließlich von dannen – ein großer Fehler, wie Gitarrist Steve Jones Jahrzehnte später mit bedeutungsschwangerer Stimme in einem Interview sagt – und Sid Vicious übernimmt den Viersaiter. Als er seinem Kumpel Lemmy Kilmister stolz erzählt, dass er jetzt zu den Sex Pistols gehört, lacht der scheppernd: »Als Roadie, oder was?«

Irgendwann in einer dieser Nächte im Frühjahr 1977 laufen sich Sid Vicious und Nancy Spungen über den Weg. Es ist nicht das erste Mal, doch jetzt funkt es zwischen den beiden. Vicious hatte von ihr gehört, sie als Groupie, als Junkie einsortiert und zunächst ignoriert. Nun schien es irgendwie zu passen. Vicious auf dem Weg zu kurzem Ruhm, Spungen als ewig kreisender Sputnik im Rock-Kosmos – eine Verbindung wie ein Drittel Heizöl, zwei Drittel Benzin. Keine zwei Jahre später würden sie verglüht sein. Ihre Liebe wird schnell zum Problem in der Band, die beiden hocken ständig aufeinander, im Vergleich dazu haben John und Yoko eine Fernbeziehung. Sie küssen und sie triezen sich, sind mal in süßlicher Harmonie vereint, dann wieder mit blauen Flecken übersät, die die Folge von Schlägen und Tritten sind – und von Einstichen, denn neben einer ausgeprägten Vorliebe für Spielchen mit dem Messer hängen die beiden nun auch zusammen an der Nadel. Das ist selbst für einen mit allen Wassern gewaschenen Strippenzieher wie Malcolm McLaren zu viel. Zeitweise spielt er mit dem Gedanken, Spungen entführen und zurück in die Staaten verschiffen zu lassen. Bei den Studioaufnahmen zu *Never Mind the Bollocks – Here's the*

Sex Pistols tritt Vicious' Talentvakuum vollends zu Tage, nur bei einem Song spielt er Bass, den Rest übernimmt Gitarrist Steve Jones. Auch die Konzerte werden immer erbarmungswürdiger. Rollte die Band zuvor mit Matlock noch wie eine tighte Maschine, verkommen die Pistols jetzt zu einer Art Kabaretttruppe. Im Mittelpunkt steht immer wieder Vicious, der sich mal den Oberkörper aufritzt, dann wieder mit dem schweren Bass durch die ersten Zuschauerreihen pflügt und Veilchen verteilt.

Als die Sex Pistols im Januar 1978 zu einer USA-Tournee aufbrechen, gerät das zum Schwanengesang der Band. Die Stimmung im inneren Zirkel könnte kaum schlechter sein. Rotten ist isoliert, Cook und Jones, schon seit Kindertagen beste Freunde, halten sich an Dosenbier und Groupies schadlos, Sid und Nancy sind ständig darum bemüht, ausreichend Saft in die Kanüle und von dort in den Arm zu bekommen. In den Staaten erwartet sie ein aufgebrachter Mob, die Zeitungen sind voll von Verwünschungen, überall, wo die Band aufläuft, ist Polizei. Dass Rotten die Zuschauer im Saal als dämliche Rednecks beschimpft, verbessert die Stimmung nicht gerade. Als McLaren schließlich der Kragen platzt und er Nancy Spungen von der Tour verbannt, dreht Vicious endgültig frei. »Gimme A Fix« ritzt er sich vor einem Gig in Dallas mit der Rasierklinge in den Oberkörper, einem Fan haut er mit dem Hals seines Instruments den Schädel ein. Mit einer Show im Winterland zu San Francisco endet dieses Himmelfahrtskommando am 14. Januar 1978, »Ever get the feeling you've been cheated?«, fragt Rotten am Ende des Konzerts. Hattet ihr jemals das Gefühl, verarscht worden zu sein? Rotten ist es, der sich betrogen fühlt, eine Marionette im Machtspiel seines Managers. Rotten hat genug, die Sex Pistols sind am Ende. Vicious landet danach mit einer Überdosis Methadon im Krankenhaus. Während Rotten wieder nach Hause fliegt und von seiner Mutter am Flughafen abgeholt wird, reisen Cook und Jones an die Copacabana, um den Posträuber Ronnie Biggs zu besuchen. Sid und Nancy bleiben zunächst in New York. Vicious versucht, aus dem schnell implodierten Ruhm mit den Sex Pistols weiter Kapital zu schlagen, doch es ist schwierig, als Vollzeit-Junkie – noch dazu in einer chronisch fordernden Beziehung – an Karriereplänen zu schrauben. Zwischenzeitlich jettet das Paar nach Paris, wo Regisseur Julian Temple am Film *The Great Rock'n'Roll Swindle* arbeitet. Temple erweist sich als kreativer Alchemist, schafft mit *C'mon Everybody*, *Something Else* und vor allem der ikonischen Version von Sinatras *My Way* drei Vicious-Visitenkarten für die Ewigkeit. Nancy hat wenig Verständnis dafür, dass Sid derart beschäftigt ist und schneidet sich während seiner Abwesenheit die Pulsadern auf. Auf dem Rückweg nach New York machen sie einen Stopp in London, spielen dort sogar einen Auftritt. Vicious White Kids, so nennt sich die Band, in ihren Reihen auch Glen Matlock, der vor allem auf eins achtet, als Nancy sich anschickt, bei einem Lied mitzusingen – dass ihr Mikrokabel nicht eingestöpselt ist.

Zurück in den Staaten ziehen sie am 24. August 1978 ins Chelsea Hotel in New York. Das erste Zimmer setzen sie versehentlich in Brand, anschließend geht es in Zimmer 100 und dort direkt ins Bett. Ihren Drogenkonsum finanzieren sie mit sporadischen Gigs. Musiker von den Heartbreakers und den New York Dolls sind dabei, einmal ist Mick Jones von The Clash in der Stadt und steigt mit ein. In der 222 West 23rd Street ist es ein Kommen und Gehen, befreundete Junkies schnorren Stoff, Dealer klopfen und bringen Nachschub in Pulverform, immer wieder gibt es irgendwelche Gelage. Eine dieser Feiern steigt auch am 11. Oktober, niemand weiß so genau, wer da eigentlich Party macht. Vicious scheint ohnehin nicht in Feierlaune zu sein und schluckt zwei bis drei Dutzend Tuinal, ein verschreibungspflichtiges Schlafmittel, »Rainbows«, so nennt man die bunten Pillen, oder auch

»Double Trouble«. Vicious schläft ein und aus dem doppelten Trubel wird über Nacht eine One-Man-Show. Als er am nächsten Morgen erwacht, so erzählt er es später, findet er Spungen tot im Badezimmer unter dem Waschbecken, blutüberströmt und mit einem Stich in der Magengegend. Die Ereignisse der Nacht lassen sich, wenn überhaupt, nur mühsam rekonstruieren. Gegen 2.30 Uhr soll Spungen einen Typen namens Rockets Redglare, Stand-up-Comedian und zeitweise Vicious' Bodyguard, losgeschickt haben, um Dilaudid, ein Schmerzmittel, zu besorgen. Gegen 7.30 Uhr hätten Zimmergäste des Chelsea Hotel das Wimmern einer Frau gehört. Als die Polizei eintrifft, legt Sid Vicious zunächst ein Mordgeständnis ab, später widerruft er seine Aussage. Seine Mutter, Anne Beverley, schaltet einen Anwalt ein, Vicious wird gegen eine Kaution von 50.000 Dollar auf freien Fuß gesetzt. Zurück im Chelsea Hotel schlitzt er sich mit den Scherben einer Glühbirne das Handgelenk auf, später versucht er, aus dem Fenster zu springen, wovon er nur knapp abgehalten werden kann. Ende November gibt Vicious dem irischen Journalisten Bernard Clarke ein Interview und behauptet darin, dass Nancys Tod unvermeidbar gewesen sei – sie sei immer schon überzeugt gewesen, vor ihrem 21. Geburtstag zu sterben. Ende Dezember kommt es bei einem Musikfestival im Hurrah-Nightclub wieder einmal zu einem Handgemenge, in dessen Verlauf Vicious dem Bruder von Patti Smith, Todd, eine abgebrochene Bierflasche ins Gesicht rammt. Vicious wird nach Rikers Island in den Knast verschifft, startet dort einen Entzug und steht Mitte Januar 1979 vor dem Kadi. Judge James Leff scheint Pistols-Fan zu sein, sein mildes Urteil überrascht alle Anwesenden. Am 1. Februar beendet Vicious seine Entgiftungskur auf der Gefängnisinsel und ist wieder ein freier Mann – zumindest für ein paar weitere Stunden, denn es dauert nicht lang und Sid Vicious folgt Nancy Spungen hinüber ins tiefe schwarze

Nichts. Im Apartment von Michele Robinson in der 63 Bank Street wird wieder mal gefeiert, was auch sonst. Vicious und Robinson waren sich nähergekommen, doch das Gefängnis hat der jungen Liebe einen Strich durch die Rechnung gemacht. Jetzt musste die neugewonnene Freiheit entsprechend begossen werden. Auch Sids Mutter ist dabei, ebenso Jerry Only von den Misfits und Jerry Nolan, Heartbreakers- und Dolls-Drummer. Man trinkt und kocht und injiziert, irgendwann kickt Vicious ein paar Quaaludes – und wird am nächsten Morgen, am 2. Februar 1979, von seiner eigenen Mutter tot aufgefunden, neben sich ein Spritzbesteck, einen Löffel und Reste von Heroin.

Weder Spungens Tod noch Vicious' Exitus werden schlussendlich geklärt. Wäre der völlig weggetretene Vicious überhaupt in der Lage gewesen, Spungen zu überwältigen und zu töten? Oder hatte einer der Dealer sie umgebracht? Was war mit dem Selbstmord-Pakt, von dem die beiden zu Lebzeiten gesprochen hatten? Anne Beverley hatte ein Schriftstück darüber in Vicious' Lederjacke gefunden. Der Mutter von Nancy, Deborah Spungen, schrieb Vicious aus der Entzugsklinik einen Brief: »Ich habe meinem Baby geschworen, dass ich mich umbringen würde, wenn ihr jemals etwas passieren sollte, und sie hat mir dasselbe versprochen. Dies ist meine letzte Verpflichtung gegenüber unserer Liebe.«

Mitte der 1980er Jahre verfilmt der britische Regisseur Alex Cox die Geschichte der beiden, Gary Oldman ist in der Rolle des Sid Vicious zu sehen, Chloe Webb als Nancy Spungen. Ein Part, den auch Courtney Love nur zu gern gespielt hätte. Cox schrieb ihr zum Trost eine kleine Nebenrolle als Nancys Freundin Gretchen ins Drehbuch. Im nächsten Kapitel spielt sie zweifellos eine größere Rolle ...

Kurt Cobain

»I'm so happy 'cause today I found my friends
They're in my head
I'm so ugly, that's okay, 'cause so are you«
Lithium

Als Gary Smith am Morgen des 8. April 1994 das Haus im 171 Lake Washington Blvd E erreicht, reagiert man dort nicht auf sein Klingeln. Der Mann von der VECA Electric Company ist gekommen, um ein neues Sicherheitssystem zu installieren, doch nun öffnet niemand die Tür. Smith schaut sich ein wenig um und beginnt mit seiner Arbeit. Er folgt den Drähten Richtung Hausdach und späht durch ein Fenster des Gewächshauses über der Garage. Auf dem Boden des Raumes liegt eine regungslose Gestalt, direkt daneben ein Gewehr. In einer Pflanzenschale steckt ein roter Kuli, der einen Zettel durchbohrt – es ist der Abschiedsbrief des Mannes, der dort liegt, in Jeans und langärmligem Hemd, mit Turnschuhen von Converse an den Füßen.

Wo fing das an und wann? Vielleicht etwas mehr als einen Monat zuvor, am 1. März im Süden Deutschlands? Nirvana spielen eine Show im Terminal 1 des ehemaligen Flughafens Riem, Nähe München. Sie beginnen ihr Set mit *My Best Friend's Girl*, im Original von den Cars, und während Klassiker wie *Come as You Are* und *About a Girl* folgen, wartet das Publikum vergeblich auf ihren größten Hit, *Smells Like Teen Spirit*. Am Ende spielen sie *Rape Me* und *Territorial Pissings*, in der Zugabe, die mit Bowies *The Man Who Sold the World* beginnt, beschließt *Heart-Shaped Box* das Konzert. Nirvana werden danach nie wieder zusammen auf einer Bühne stehen.

Fünf Jahre zuvor sieht die Welt noch ganz anders aus. Nirvana touren erstmals durch Deutschland, zusammen mit einer Band namens Tad, benannt nach ihrem wuchtigen Frontmann Tad Doyle. Sie spielen in Mönchengladbach und Enger, in Oldenburg, Hamburg und im Circus Gammelsdorf, einem ehemaligen Dorfkino, etwa eine Autostunde nordöstlich von München. Niemand ahnt, dass eine dieser beiden Formationen die Musikwelt binnen kürzester Zeit auf links drehen wird. Dass sie ein Album und einige Singles veröffentlicht, nach denen nichts mehr ist, wie es war, kein Stein mehr auf dem anderen bleibt und es einen von ihnen das Leben kostet. Für den Moment klingen Nirvana und Tad noch ziemlich ähnlich. Sie lieben brachiale Gitarren und feiste Drums, haben aber auch eine Schwäche für gute Melodien. Würde man Punk und Metal und Garage Rock, eine Prise Pop, ein Achtelliter Classic Rock, einen Eimer Batteriesäure, etwas Honig, drei mittelgroße Stahlfedern, zwei Kilo Sägespäne, ein paar rostige Rasierklingen und eine Kanne schwarzen Kaffee zusammen in eine alte Wäscheschleuder geben und bei halbgeöffnetem Deckel auf Stufe 3 laufen lassen, es klänge ungefähr so wie ihre Musik, die bald schon einen eigenen Namen hat: Grunge. In Seattle, der Heimatstadt dieses Sounds, gibt es etliche Bands, die so ticken wie Tad und Nirvana. Sie nennen sich Mudhoney und U-Men, Skin Yard und Soundgarden, Love Battery, Malfunkshun und 7 Year Bitch. Mit Bruce Pavitt und Jonathan Poneman haben sich zwei Typen gefunden, die zur kulturellen Schaltzentrale der Szene werden. Sub Pop nennen sie ihr Fanzine, eine DIY-Zeitschrift mit Berichten über lokale Bands. Bald machen sie aus der Postille

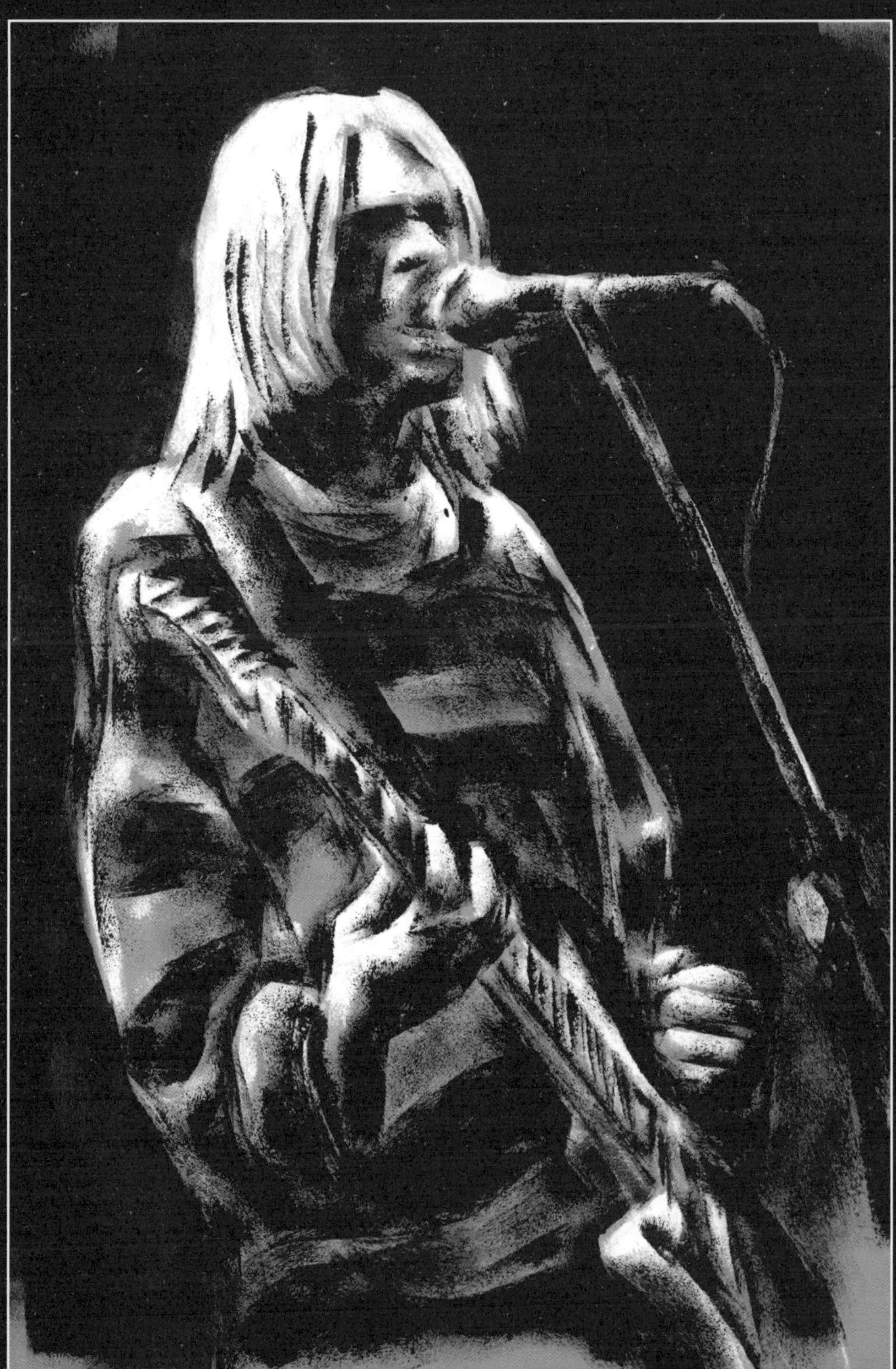

ein Plattenlabel, es wird eines der einflussreichsten aller Zeiten. Auch Nirvana, 1987 von Kurt Cobain und seinem Kumpel Krist Novoselic in Aberdeen, Washington, gegründet, veröffentlichen hier fortan Platten. *Love Buzz*, ihre Debütsingle, im Original von der holländischen Gruppe Shocking Blue, bildet den Auftakt zum Sub Pop Singles Club. Im Sommer 1989 erscheint ihr Debütalbum *Bleach*, eine energetische Songsammlung, die einiges an guten Kritiken einbringt, letztlich jedoch kaum mehr als ein Vorbote dessen ist, was da noch kommen wird. Im Frühjahr 1990 beginnt die Band mit der Arbeit am Nachfolger, produzieren soll diesmal Butch Vig, der zuvor bereits mit angesagten Bands wie Killdozer, Die Kreuzen und Urge Overkill zusammengearbeitet hat. Doch Nirvana sind unzufrieden mit ihrem Drummer Chad Channing. Der wiederum ist genervt, weil die Songs ohne ihn entstehen, und verlässt die Band. Dan Peters von Mudhoney springt ein, am 22. September 1990 spielen Nirvana in der Motor Sports International Garage von Seattle ihr einziges Konzert mit ihm. Sounds-Fotograf Ian Tilton macht an diesem Abend zahlreiche Aufnahmen, eine davon voll prophetischer Schwere: Kurt Cobain backstage nach dem Gig auf dem Fußboden sitzend, Rotz und Wasser heulend.

Schon als Steppke interessiert sich Kurt Donald Cobain, geboren am 20. Februar 1967, für Musik. Er singt und spielt Piano, noch bevor er in die Schule kommt, er steht auf ELO und die Beatles. Der große Bruch in seinem Leben vollzieht sich mit der Scheidung der Eltern, da ist Cobain neun Jahre alt. Er lebt beim Vater, der entgegen seines Versprechens ein zweites Mal heiratet. Anfangs läuft es okay, dann aus dem Ruder. Cobain verändert sich, zieht sich zurück, er gerät mit Schulkameraden aneinander und nimmt zum ersten Mal Drogen. Liebe auf den ersten Blick, eine offene Beziehung: Acid, LSD, Oxycodon, Heroin. Rein damit. Reicht nur nicht. Gesundheitlich macht ihm schon früh eine chronische Bronchitis zu schaffen, zudem leidet er unter chronischen Magenschmerzen, die nie richtig diagnostiziert werden. Zum 14. Geburtstag bekommt er seine erste Gitarre. Er schafft sich Lieblingssongs drauf und spielt sie mit den Kids aus der Nachbarschaft nach. Cobain lernt Novoselic kennen, gemeinsam hängen sie im Proberaum einer befreundeten Band ab, den Melvins. Die beiden probieren musikalisch einiges aus, nennen sich erst Sellouts, dann Fecal Matter, im März 1988 treten sie das erste Mal unter dem Namen Nirvana auf. In Seattle steht der Wind für die Rockhistorie in diesen Tagen ausgesprochen günstig. Einige der Beteiligten würden das heute, mit Blick auf die gelichteten Reihen der einstigen Protagonisten, womöglich anders sehen, aber was die Kreativität, die Ideen, das Aus-dem-Boden-sprießen der Bands im Sog dieser einzigartigen Szene angeht, verteilt die Muse in jenen Monaten Zungenküsse klafterweise.

Mit dem Achtungserfolg von *Bleach* steigen die Ansprüche, gleichzeitig sieht Cobain die aufkommende Popularität schon jetzt kritisch und hätte nichts dagegen, in dieser überschaubaren Größenordnung weiterzumachen. Doch die Sterne stehen in einer Jahrtausendkonstellation. Mit Dave Grohl stößt ein Hardcore-erprobtes Powerhouse am Schlagzeug zur Band, Butch Vig hat eine ganz spezielle Idee vom Sound und Kurt Cobain einige der besten Rocksongs aller Zeiten im Köcher. Als das Album *Nevermind* am 24. September 1991 erscheint, am selben Tag wie *Blood Sugar Sex Magik* von den Red Hot Chili Peppers und A Tribe Called Quests *The Low End Theory*, hört man die Gischt des Gezeitenwechsels buchstäblich heranrauschen. Am 11. Januar 1992 verdrängt das Album Michael Jacksons *Dangerous* von Platz 1 der US-Charts, spätestens jetzt ist die Welle nicht mehr aufzuhalten. Cobain schwimmt ganz oben. Es ist ein Platz, der ihm Übelkeit bereitet, als wenn die Sache mit dem ständigen

Magendrücken nicht schon schlimm genug wäre. Mit Courtney Love, der er zuvor immer mal wieder auf Konzerten und Partys begegnet ist, wird es jetzt ernst. Die beiden sind fortan ein Paar, teilen Tisch und Bett und einige Arten von Besteck miteinander. Am 24. Februar 1992 heiraten sie am Waikiki Beach von Hawaii, kaum ein halbes Jahr danach kommt die gemeinsame Tochter Frances Bean zur Welt. Cobains Sucht nimmt immer heftigere Formen an. Bereits 1987 hatte er zum ersten Mal Heroin genommen, zunächst zur Entspannung, mittlerweile ist er abhängig. Am 23. Juli 1993 erwischt er unmittelbar vor einem Nirvana-Konzert in New York eine Überdosis. Courtney verpasst ihm eine Portion Naloxon, ein höchst effektives Gegenmittel, das umgehend seine Wirkung tut. Cobain spielt anschließend das Konzert, ohne dass jemandem etwas auffällt.

Ein Vierteljahr später, am 21. September 1993, erscheint mit *In Utero* ein neues Album von Nirvana, Cobain legt es als klingendes Protestschreiben an. Von der *Nevermind*'schen Zugänglichkeit kaum eine Spur, Produzent Steve Albini verbaut die gegen den Strich gebürsteten Songs zu einer kratzigen Melange, die vorwärtslaufende Botschaft hinter Songs wie *Rape Me*, *Serve the Servants* oder *Dumb*: Fick dich, Mainstream. Die Kritiken fallen dennoch positiv aus. Als würde ein dankbares Seufzen durch die Reihen der Redaktionsetagen und Hinterzimmer gehen – die Band gehört bald wieder uns allein, die Masse soll doch bitte schön bei den Stone Temple Pilots – Sorry, Scott! – und Candlebox bleiben. Als »Triumph des Willens« bezeichnet David Fricke vom Rolling Stone das Werk. Fraglich, ob er wirklich Leni Riefenstahl zitieren will, dennoch weiß man ungefähr, was er meint. Einziger Haken an der Sache: Cobain verspürt keine Katharsis, er bleibt mental im Auge des Hurrikans, mitten im Ozean steht er mitten im Feuer. Sein Image hat sich längst von ihm gelöst, in Sachen Ikonenstatus schwirrt er zwischen

Che-Guevara-T-Shirt, Coca-Cola-Logo und Warhols Banane. Die Konsequenz: Es geht mit ihm weiter bergab, und das in immer schnellerem Tempo. Mitte Oktober 1993 beginnt die US-Tour, bis Ende des Jahres sind es fast 60 Shows. Man mag sich kaum ausmalen, wie es in Cobain rumort. Inzwischen ist es auch für das Publikum nicht mehr zu übersehen, dass der Typ da vorn vollends auf Reserve läuft. Anfang Februar landet der Nirvana-Tross in Europa, die Tour beginnt in Frankreich, von dort geht es nach Spanien, zurück nach Frankreich. Die Show am 15. Februar in Paris fällt aus. Über Rennes und Modena geht es am 23. Februar nach Rom. Diesmal steht ein TV-Auftritt bei der RAI, der öffentlich-rechtlichen Rundfunkanstalt Italiens, an. Zwei Shows in Mailand folgen, eine in Ljubljana, dann steht München auf dem Tourplan. Cobain ist vollends neben der Spur, Novoselic scherzt mit dem Publikum. »Grunge is dead«, ruft er ins Mikro. »Thank you for just being Munich«, sagt er zum Abschied. Cobain hat kaum noch Stimme, er ist körperlich am Ende. Eine chronische Bronchitis diagnostizierten die Ärzte schon vor der Show, zudem eine schwere Kehlkopfentzündung. Cobain wollte dennoch auftreten, nun jedoch geht nichts mehr. Die kommenden Shows sind abgesagt. Weitere wird es nicht geben.

Am nächsten Tag fliegt er nach Rom, am 3. März ist auch Courtney Love vor Ort. Eigentlich soll Cobain sich ausruhen, aber Schampus und Rohypnol ... diese Mischung klingt einfach zu verlockend. Der Mix wird zur Überdosis, Love findet ihn bewusstlos vor, der Notarzt bringt ihn ins Krankenhaus. Vorschnelle Reporter verkünden bereits Cobains Tod, doch er kommt wieder zu sich und verlässt nach einigen Tagen das Krankenhaus, um nach Seattle zurückzukehren.

Am 18. März 1994 folgt der nächste Zwischenfall, der an die Öffentlichkeit dringt. Courtney Love ruft die Polizei, sie hat

Angst, Cobain könnte sich jeden Moment das Leben nehmen. Den Vorfall in Rom hat sie bereits als missglückten Selbstmordversuch gesehen, jetzt ist sie erneut in Panik. Cobain hat sich samt Knarre in seinem Zimmer eingesperrt. Nur unter gutem Zureden stellt er sich, behauptet vor der Polizei, keinerlei Selbstmordabsichten zu hegen, er habe sich lediglich vor seiner Frau verstecken wollen. Die folgenden Tage sind geprägt von intensiven Gesprächen. Aus dem Reha-Zentrum Anacapa by the Sea ist Director Steven Chatoff angereist, um Cobain und Love die Möglichkeiten einer Therapie darzulegen, aber es kommt zu keiner Entscheidung. Am 25. März versammelt man sich im Haus am Lake Washington Boulevard. Novoselic und Pat Smear, der Nirvana seit einiger Zeit als viertes Mitglied verstärkt, sind vor Ort, natürlich Courtney Love, ebenso ein paar Freunde, darunter auch Cobains Kumpel Dylan Carlson von der Band Earth, dem kurze Zeit später eine tragische Rolle zukommt. Cobain muss eine Therapie anfangen, sonst geht alles den Bach hinunter – das ist das wenig überraschende Ergebnis dieses Treffens. Courtney Love setzt sich kurz darauf nach Los Angeles ab, um sich ihrem eigenen Entzug zu widmen. Cobain will es ihr gleichtun, ist jedoch erst einmal wieder allein zu Hause. Am 30. März bittet er Dylan Carlson, ihm eine Waffe zu kaufen. Carlson hat ihm zuvor schon mal die eine oder andere Pistole geliehen, außergewöhnlich war das also nicht. Cobain hat einen Hang zum Paranoiden, er will gewappnet sein, sollte er auf der Straße einmal angegriffen oder überfallen werden. Sie gehen zu Stan's Gun Shop, wo Carlson ein Gewehr der Marke Remington kauft und es Cobain überlässt. Der verstaut es zu Hause und fliegt anschließend nach Los Angeles, wo er im Exodus Recovery Center in Marina del Rey eincheckt, während Love zwecks Detox immer noch im Peninsula Hotel von Beverly Hills weilt. Die beiden telefonieren, Cobain äußert sich kryptisch. Er lobt Loves neues Album *Live Through This*, das in wenigen Tagen erscheinen soll und versichert ihr seine Liebe. I love you, ganz egal, was noch passiert. Ende des Gesprächs. Love wird unruhig, lässt seine Kreditkarten sperren, aber es ist zu spät. Cobain ist bereits wieder in Seattle, wo er nun langsam von der Bildoberfläche verschwindet. Anfang April sehen ihn noch einige Augenzeugen, seine Mutter gibt am 4. April eine Vermisstenanzeige auf.

Irgendwann am 5. April, so rekonstruiert man später, zieht Cobain sich ins Gewächshaus über der Garage zurück. Er hat das Remington-Gewehr dabei, einiges an harten Drogen und Valiumtabletten. Er klemmt einen Stuhl unter die Türklinke, fährt Pillen und Heroin ein. Er schreibt einen Abschiedsbrief, bezeichnet sich darin als launischen Typen, dem die Leidenschaft verloren gegangen ist. Courtney bittet er, sich gut um Tochter Frances Bean zu kümmern, die ohne ihn, ihren Vater, so viel besser dran sein würde. »It's better to burn out than to fade away«, zitiert er Neil Young. Es gibt kein Zurück mehr. Cobain legt die Jägerkappe beiseite, drapiert seine Brieftasche mit dem Ausweis darin auf dem Fußboden, sodass man ihn besser identifizieren kann, nachdem er das getan hat, was er nun zu tun gedenkt.

Als Gary Smith am Morgen des 8. April 1994 das Haus im 171 Lake Washington Blvd E erreicht, reagiert dort niemand auf sein Klingeln.

Auch der Held des nächsten Kapitels kennt sich auf den Straßen Seattles gut aus. Er ist dort geboren, gut ein halbes Jahrhundert vor den Ereignissen rund um Kurt Cobain …

Jimi Hendrix

»After all the jacks are in their boxes
And the clowns have all gone to bed
You can hear happiness
Staggering on down the street«
The Wind Cries Mary

»Wir wissen, dass das Wetter gut sein wird. Das haben uns alte Fischer gesagt. Und die Wissenschaft (langfristiges meteorologisches Gutachten bestätigt es).« So schreiben es die Macher des Fehmarn-Festivals in ihrer Presseinformation vom 18. August 1970. Drei Seiten umfasst das auf der Schreibmaschine verfasste Papier, es geht um eine großangelegte Musikveranstaltung auf der Nordsee-Insel. Am ersten Septemberwochenende soll es stattfinden, das Motto: Love and Peace. Helmut, Christian und Tim, drei Musikfans aus Kiel, hatten sich im Vorjahr wie so viele andere junge Leute für das Woodstock-Festival begeistert. Ihr Traum war es, ein ähnliches Großereignis auf die Beine zu stellen. Die Idee klang simpel: Ende August sollten einige der angesagtesten Acts auf der Isle of Wight spielen, denen würde man einfach das nächste Wochenende mit einer weiteren Inselparty versüßen – ihnen ein Angebot machen, das sie auf keinen Fall ablehnen konnten. Ort des Geschehens: eine etwa 50 Hektar große Wiese in der Nähe des Flügger Leuchtturms. Der Besitzer heißt Störtebecker, das passt doch. Von einer Mammutbühne ist in der Presseinfo die Rede, darauf sollen die Big Names der Stunde stehen. Auch die sind fein säuberlich aufgelistet, nicht immer ganz korrekt geschrieben, aber eindeutig zu identifizieren: Munge Jerry, Procul Harum und Emerson, Lake & Palmer – in Klammern dahinter: »die neue CREAM« –, außerdem Acts wie Colosseum, Witthüser und ein gewisser Ulf aus Graz. Neben der optimistischen Wetterprognose gibt es noch einiges an Zahlen und Fakten, so ist von zu erwartenden 60.000 Popfans die Rede, von 600 Vorverkaufsstellen, von zehn poppig bemalten Bussen, die durchs Land rollen, um für das Festival zu werben. Etwaigen Vergleichen mit dem übergroßen Original nimmt das Planungstrio den Wind aus den Segeln, auf typisch norddeutsche Art: »Klar: Woodstock bleibt Woodstock. Aber: Fehmarn wird Fehmarn. Klar.« Klare Sache, das versteht sich doch von selbst. Die Ähnlichkeiten mit tatsächlichen Begebenheiten sind dennoch alles andere als zufällig, denn sowohl Woodstock als auch Fehmarn setzen auf den wohl größten Namen, der in jenen Tagen durch den Rock-Kosmos gitarrisiert: Jimi Hendrix. Der wird mit dem Fehmarn-Auftritt für ganz besondere Schlagzeilen sorgen und das nicht etwa, weil er – klar, wie in Woodstock – wieder einmal mit Verspätung auftritt.

In Bands hatte Hendrix bereits Ende der 1950er Jahre gespielt, die Musik ist für ihn auch eine Fluchtmöglichkeit aus schwierigen Verhältnissen. Als er am 27. November 1942 in Seattle geboren wird, sitzt sein Vater Al gerade im Knast, Lucille, seine Mutter, ist dem Alkohol verfallen und kommt mit der neuen Verantwortung nur schwer zurecht. Immer wieder müssen sich Verwandte um den kleinen Jungen kümmern, 1948 kommt mit Leon ein weiterer Bruder zur Welt, es wird nicht leichter. Drei Geschwister erblicken nach ihnen das Licht der Welt, alle werden zur Adoption freigegeben. Hendrix ist neun Jahre alt, als die Eltern sich scheiden lassen, er und sein Bruder Leon bleiben beim Vater. In der Grundschule beginnt er, einen Besen mit sich herumzutragen, auf dem er das Gitarrenspiel

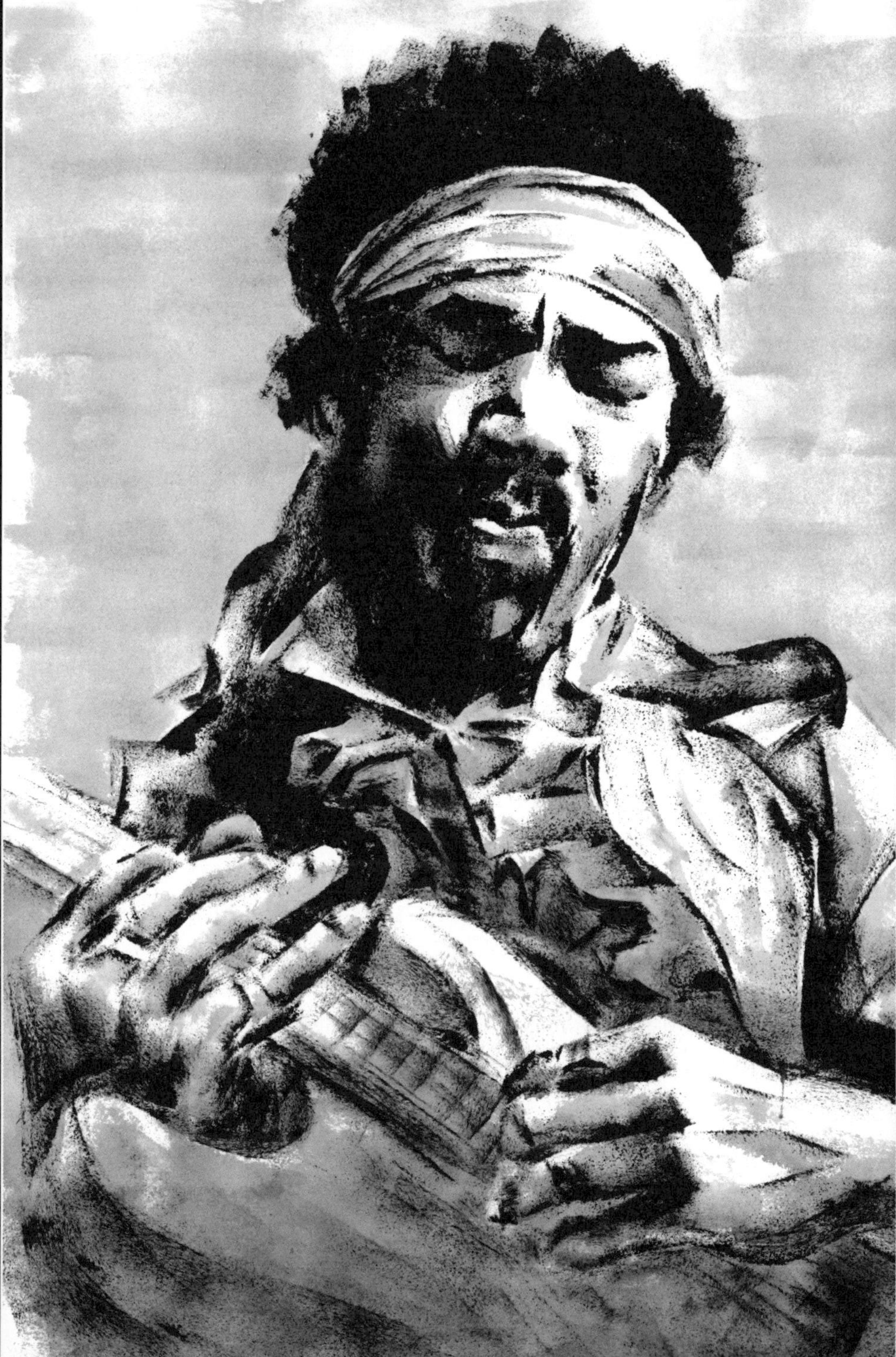

imitiert. Die Sozialarbeiterin der Horace Mann Elementary School versucht vergeblich, Geld für eine echte Gitarre aufzutreiben. Als er seinem Vater bei einer Wohnungsentrümpelung hilft, findet er eine einsaitige Ukulele, auf der er fortan Songs von Elvis nachspielt. 1958 stirbt seine Mutter an Leberzirrhose, der Alte nimmt die Söhne nicht mal mit zur Beerdigung, stattdessen gibt es Hochprozentigen zum Trost.

Mit 15 Jahren kauft Hendrix seine erste Akustikgitarre, vertieft sich fieberhaft in die Musik, spielt Bluesstücke von Größen wie Muddy Waters und Howlin' Wolf. Velvetones nennt er seine erste Band, sein Vater schenkt ihm bald die erste elektrische Gitarre, eine Supro Ozark 1560 S. Später spielt Hendrix bei den Rocking Kings. Um der Strafe für einen Autodiebstahl zu entgehen, schließt er sich der Armee an, aber der Dienst an der Waffe, das Training und der raue Ton sind nichts für ihn. Sein Vater schickt ihm die Gitarre hinterher, es ist bereits die zweite elektrische, eine rote Silvertone Danelectro – die Supro Ozark war im Anschluss an einen Gig gestohlen worden. Hendrix lenkt sich mit Sessions und kleinen Auftritten ab. 1962 haben seine Vorgesetzten endlich ein Einsehen und entlassen ihn vorzeitig aus der Armee.

Zurück in Seattle spielt Hendrix in zahlreichen Ensembles und ist auf dem Chitlin' Circuit unterwegs, einer Reihe von Musiktheatern im Süden und Osten der USA, die Künstlern afroamerikanischer Herkunft sichere Auftritte gewährleisten. Doch Hendrix ist dieser Art des Musizierens irgendwann überdrüssig und spielt stattdessen eine Weile in der Backing-Band der Isley Brothers. Anschließend steigt er zum Gitarristen der Band von Little Richard auf. Mit den Upsetters, wie sie sich nennen, ist er zum ersten Mal auch im Fernsehen zu sehen. 1966 geht Hendrix nach New York und gründet dort wiederum eine Band, Jimmy James and the Blue Flames. Doch die Luft in der

Szene wird dünner, die Konkurrenz ist riesig, selbst für einen wie Hendrix, dessen herausragendes Talent sich bereits jetzt abzeichnet. Chas Chandler, der Ex-Bassist der Animals, sieht Hendrix in einem Club in Greenwich, der Zufall will es, dass er an diesem Abend ausgerechnet einen von Chandlers Lieblingssongs auf der Setlist hat: *Hey Joe* aus der Feder von Billy Roberts. Dass daraus ein Hit werden könnte, hat Chandler schon immer gedacht, hier nun war der passende Interpret für den Song: Jimi Hendrix. Chandlers Näschen liegt goldrichtig. Hendrix macht sich auf den Weg nach London, wo der Song am 1. Dezember 1966 beim Polydor-Label als seine erste Single erscheint, mit *Stone Free* auf der B-Seite, durchzogen von Hendrix' betörender Verve, seinem famosen Gitarrenspiel, einem Groove, der konkurrenzlos ist. Der Erfolg gibt Chandler und Hendrix recht: Die Single schafft es bis auf Platz 6 der UK-Single-Charts. Im Jahr darauf veröffentlicht er mit seiner Band The Jimi Hendrix Experience reihenweise Ikonisches, darunter Singles wie *Purple Haze*, *The Wind Cries Mary* und *Foxy Lady*, zudem mit *Are You Experienced* und *Axis: Bold As Love* zwei Studioalben, 1968 würde mit *Electric Ladyland* nur noch ein weiteres folgen. Die Welt schaut auf Hendrix wie auf einen Gesandten aus der Zukunft des Rock'n'Roll. Seine knalligen Jacketts, das Stirnband, die Rüschenhemden ... all das ein Look, der in die Zeit passt und ihr doch voraus ist, ebenso wie sein Spiel, in dem sich unter lautem Kreischen der Blues mit dem Rock vereint, der Funk Funken schlägt, das Feedback im Handstreich erfunden wird, die Songs zuweilen am Abgrund taumeln und doch nicht abstürzen – ein Verdienst auch seiner musikalischen Komplizen, Noel Redding am Bass und Mitch Mitchell am Schlagzeug.

Als die Band im Sommer 1967 beim Monterey Pop Festival auftritt, setzt Hendrix ein fürwahr flammendes Zeichen, als er gegen Ende des Auftritts seine Gitarre in Brand setzt, eine Geste, eine Momentaufnahme, ein ewiges Feuer. Als er 1969 in Woodstock das *Star-Spangled Banner* dekonstruiert und gleichzeitig neu erschafft, gerät das zu einer kollektiven außerkörperlichen Erfahrung. Montagfrüh gegen neun Uhr haben sich die meisten Leute schon wieder – buchstäblich – vom Acker gemacht und sind nach Hause gefahren, gelaufen, gekrochen, um sich vom größten Rausch der verlöschenden Dekade zu erholen. Vielleicht sind es noch 40.000 Zuschauer, die ausgeharrt haben, bis Jimi ihnen endlich den Weg zum Regenbogen zeigt. Mit *Message of Love* beginnt sein Set, es folgen Songs wie *Foxy Lady* und *Fire*, die zersägte Version der amerikanischen Nationalhymne, bis schließlich *Hey Joe* nicht nur den Auftritt, sondern das Woodstock-Festival als solches beschließt. »Das war es also, es ist vorbei«, kommentiert Reporter Richard O'Brien von der CBS mit Blick auf das verwüstete Gelände, »abgesehen davon, dass es hier natürlich so einiges aufzuräumen gibt.« Die Schneise, die Hendrix in die Musikwelt reißt, ist fast zu schnell für einige, selbst zu Hause in Seattle kommen sie kaum nach.

Als »Jimmy Hendricks« wird er angekündigt, nicht nur auf Fehmarn drückt man bei der Rechtschreibung mal ein Auge zu, auch in jener Stadt, in der der Gitarrengott einst dem Schaum entstieg. Überhaupt Fehmarn: Dass es Hendrix noch einmal in den Norden zieht, liegt womöglich nicht nur an der Aussicht auf eine stattliche Gage. Dort oben hatte er sich seit jeher wohlgefühlt. Im Kieler Star-Palast, im Arbeiterstadtteil Gaarden gelegen, ist er 1967 aufgetreten, hat sich am örtlichen Eiche-Bier schadlos gehalten und auf abgerissenen Tapetenfetzen bereitwillig Autogramme gegeben. In Hamburg wohnte er zeitweise beim Fotografen Günter Zint, der mit Hendrix und Band Aufnahmen für Plattencover machte. Nun also Fehmarn im September 1970. Keiner konnte ahnen, dass Hendrix hier ein unwiderruflich letztes Kapitel schreiben würde. Das Festival selbst steht unter keinem guten Stern, unvergesslich wird es dennoch. Womöglich haben sich Helmut, Christian und Tim die Sache etwas einfacher vorgestellt. Eines der größeren Probleme ist sicherlich, dass auf die Wettervorhersage der Fehmarner Fischer dann doch kein Verlass ist: Es schüttet wie aus Eimern, Störtebeckers Acker wird zu einer Schlammkuhle, Örtlichkeiten sind Mangelware, Essen und Trinken sowieso, nicht nur die Hutschnur der anwesenden Rocker wird zusehends kürzer. Im Presseschreiben hatte noch der Name von Canned Heat gestanden, der Gig sollte jedoch nicht zustandekommen. Einen Tag vor Festivalbeginn stirbt Gitarrist und Sänger Alan »Blind Owl« Wilson an einer Überdosis Barbiturate, im Alter von 27 Jahren. Zahlreiche Bands schaffen es ebensowenig auf die Insel, auch Taste und Joan Baez, Ten Years After und Colosseum, John Mayall und Procol Harum treten nicht an, was die Stimmung im Publikum zusätzlich verschlechtert. Auf seine Lordschaft jedoch, den Earl of Stratocast, ist Verlass: Jimi Hendrix und Band sind am Start. Ursprünglich sollen sie am Samstag spielen, aber die Bühne steht unter Wasser. Die Angst vor einem Stromschlag ist zu groß, also legt man die Show auf Sonntag, den 6. September. Es wird Jimi Hendrix' letzte Festival-Performance, sein letzter großer Auftritt. Ihren ersten dieser Art feiert kurz nach ihm eine junge Band namens Ton Steine Scherben. Und während die entnervten Zuschauer zu deren Song *Macht kaputt, was euch kaputt macht* mit dem Veranstaltungsbüro so verfahren, wie einst Jimi mit der Klampfe in Monterey, geht es für den Gitarristen zurück nach London.

Zusammen mit seiner Freundin Monika Dannemann, die er bei einem Konzert in Düsseldorf kennengelernt hat, wohnt er im Hotel Samarkand im Stadtteil Notting Hill. Die beiden vertreiben sich die Zeit in den Szenevierteln, gehen shoppen und dinieren. Am 16. September tritt Hendrix an der Seite von Eric Burdon noch einmal auf, in Ronnie Scott's Jazz Club, dem legendären Kellerclub in der Gerrard Street in Soho. Beim zweiten Set von Burdon und seiner kurz zuvor gegründeten Band War entert Hendrix unter dem Jubel des Publikums die Bühne, verziert Klassiker wie *Mother Earth* und *Tobacco Road* mit seinem wahnwitzigen Spiel. Den nächsten Tag verbringt Hendrix größtenteils mit seiner Freundin, gegen Abend essen sie zusammen, trinken zu später Stunde ein Fläschchen Rotwein. Es ist schon weit nach Mitternacht, als sie Hendrix noch zu einem Bekannten fährt, wo sie ihn gegen drei Uhr morgens wieder abholt. Erst als die Londoner Morgensonne fast schon wieder aufgeht, legen die beiden sich schlafen. Hendrix, über Jahre Acid-User, Cannabis-Konsument und offen für harte Drogen, leidet unter chronischer Schlaflosigkeit. Später heißt es, er hätte neun von Dannemanns Tabletten gekickt. Vesparax, ein schweres Barbiturat – der Beipackzettel empfiehlt lediglich eine halbe Tablette. Als Hendrix schließlich Teile des Rotweins erbricht, schläft er zu fest, um das Bewusstsein zu erlangen. Um elf Uhr bemerkt Dannemann, was mit Hendrix los ist, vergewissert sich, dass er noch atmet. Sie ruft einen Krankenwagen, der kurze Zeit später eintrifft und Hendrix, dessen Zustand sich rapide verschlechtert, ins St. Mary Abbots Hospital bringt. Dort kommt jede Hilfe zu spät, Dr. John Bannister kann nur noch seinen Tod feststellen. Um 12.45 Uhr am 18. September 1970 wird Jimi Hendrix für tot erklärt. Die Ursache: Ersticken infolge einer Überdosis Schlafmittel in Kombination mit Alkohol.

Der Club 27 hat nach Kurt Cobain, Alexandra, Alan Wilson und Brian Jones ein weiteres Mitglied in seine Reihen aufgenommen. Keine drei Wochen später würde die Sängerin, die uns auf den nächsten Seiten begegnet, ihm folgen …

Janis Joplin

»And didn't I give you nearly everything
that a woman possibly can?
Honey, you know I did«
Piece Of My Heart

Die Auftritte von Jimi Hendrix und Janis Joplin in Woodstock liegen so um die dreißig Stunden auseinander. Joplin ist bereits in der Nacht zum Sonntag dran, endlich. Stunde um Stunde hat sie gewartet, immer wieder wird sie vertröstet. Der Zeitplan war völlig aus dem Ruder gelaufen, wie so vieles an diesem Wochenende im August 1969. Menschenmassen, Wassernot, Hungergefühle – warum sollte ausgerechnet auf etwas so Profanes wie eine Auftrittszeit Verlass sein? Der inneren Unruhe zum Trotz hat Janis Joplin es sich einigermaßen kommod gemacht und sich mit ihren Leuten in ein Backstage-Zelt zurückgezogen, auch wenn sie nichts lieber möchte, als endlich raus auf die Bühne zu gehen. Es fließt der Bourbon, womöglich auch Southern Comfort, Janis' Leib- und Magenlikörchen. So vernarrt war sie in den Whiskey-Mix, dass sie eines Tages persönlich beim Hersteller angerufen hatte, um zu fragen, ob man ihr die Werbebotschafterei nicht ein wenig versilbern wolle. 6.000 Dollar überweist die Company in retour, Janis gönnt sich von dem Geld einen Luchspelzmantel. Vielleicht landet der eine oder andere Dollar auch bei den Dealern des Festivals, die Heroin und einige andere Substanzen verticken, die den Horizont erst erweitern und dann stark verengen.

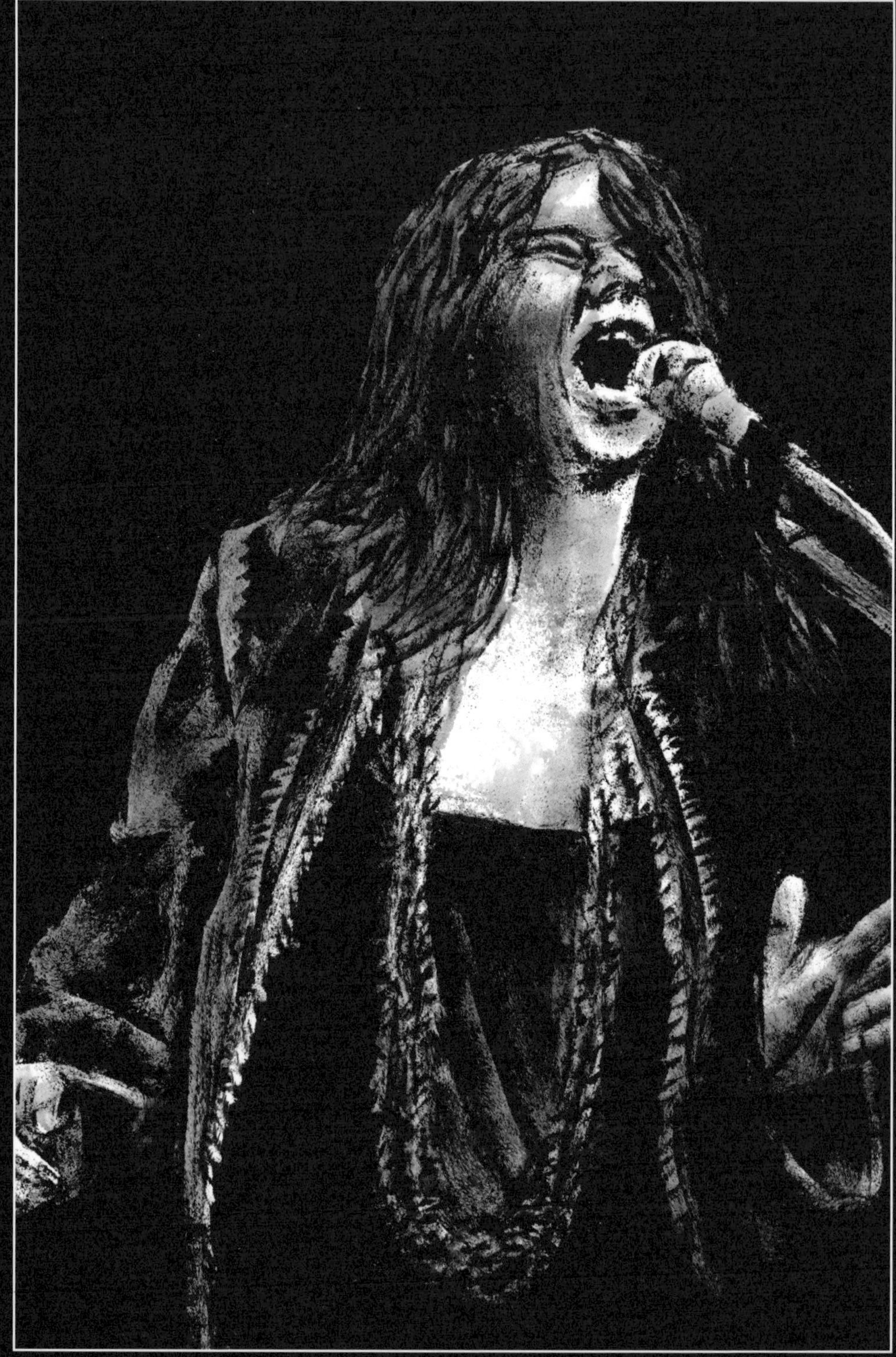

Gegen 2.00 Uhr morgens betritt Janis zusammen mit der Kozmic Blues Band endlich die Bühne, *Raise Your Hand* ist der programmatische Beginn ihres Sets: Hoch die Hände, Wochenende. Joplins Stimme ist ein zerfeiertes Kratzen, eine kaputtgespielte Gitarrensaite, dabei aber so voller Blues und Seele und funkelnder Emotion, wie es kaum eine andere Sängerin ihrer Zeit zu liefern imstande wäre. Nüchtern betrachtet sieht sie ihre Performance später kritisch, verlangt, weder im Film noch auf dem Soundtrack aufzutauchen.

Zum ersten Mal von sich reden macht Janis Lyn Joplin bereits an der Universität von Texas. »Sie traut sich, anders zu sein«, schreibt die Campus-Zeitschrift *The Daily Texan* in einem Porträt. »Sie geht barfuß, wenn ihr danach ist. Sie kommt in einer Levi's in die Klasse, weil sie es so am bequemsten findet und hat immer ihre Mundharmonika dabei, falls sie Lust bekommt, einen Song zu spielen.« Hinter der selbstbewussten jungen Frau, die hier beschrieben wird, verbirgt sich ein sensibles, seelisch angeschlagenes Mädchen. In der Schule wird sie gemobbt, aufgrund ihrer Akne oder weil man sie für zu dick hält. Früh schon ist sie mit den Außenseitern des Ortes unterwegs, mit denen, die sich ebenfalls trauen, anders zu sein. Sie liebt die Musik von Bessie Smith und Ma Rainey, seelenvollen Blues, aus dem schmerzenden Herzen auf die Zunge und von dort in die Welt getragen, authentisch, nahbar, existentiell. So wollte Janis Joplin selbst auch klingen. »Ich wünschte, ich wäre schwarz. Schwarze haben mehr Gefühl«, sagt sie einmal.

In den frühen 1960ern setzt sie sich das erste Mal nach San Francisco ab. Sie ist zwanzig und will endlich etwas anderes sehen als ihre Heimatstadt. Sie macht Studioaufnahmen, zieht viel um die Häuser, ist den Drogen zugetan. Einen Speed Freak, so nennt man sie. Als es zu hart wird und sie kurz davor ist, den Boden unter den nackten Füßen zu verlieren, sammeln ihre Freunde Geld für den Bus zurück nach Texas. Zu Hause kommt sie wieder auf die Beine, ist zwischenzeitlich verlobt, doch die Ehe kommt nicht zustande. Sie tritt solo auf, träumt von einer Karriere, scheut aber vor allem die halluzinogenen Verlockungen, die draußen lauern. In ihren Therapiestunden redet ihr ein offensichtlich optimistischer Psychiater gut zu: Ein Leben als professionelle Musikerin sei auch ohne Drogen möglich.

Mitte der 1960er startet sie den nächsten Versuch und macht sich erneut auf nach San Francisco, wo sie die Musiker von Big Brother and the Holding Company kennenlernt, einer aufstrebenden Psychrock-Band aus der Szene rund um den Stadtteil Haight-Ashbury, dem Epizentrum der Counterculture. Es klickt zwischen ihnen, erste Auftritte folgen. Die Locations sind legendär, darunter der Avalon Ballroom, das Fillmore West und die Hollywood Bowl. Im August 1967 erscheint das Debütalbum, das zu einem ersten Achtungserfolg wird. Die Band tritt im landesweiten Fernsehen auf, immer mehr Leute werden nun aufmerksam auf diese weiße Lady, die wie eine schwarze Lady singt. Mit dem zweiten Album *Cheap Thrills*, darauf das George-Gershwin-Cover *Summertime*, schafft die Band, schafft Janis Joplin den Durchbruch. Der Song *Piece of My Heart* schafft es in den US-Single-Charts nach ganz oben. Doch der Ruhm weckt Begehrlichkeiten. Und triggert einige andere Bedürfnisse. Eine Karriere ohne Drogen mag möglich sein, für Janis Joplin ist es jedoch kaum eine Option. Der Whiskey fließt, der Southern Comfort sorgt für seelischen Komfort und für das härtere Zeug braucht sie bald um die 200 Dollar am Tag. Joplin hat die Band schnell über, will weg vom rockigen Sound und hin zum Blues. Sie gründet die Kozmic Blues Band, ihr Debütalbum *I Got Dem Ol' Kozmic Blues Again Mama!* erscheint wenige Wochen nach der Woodstock-Premiere. Doch die Sache mit der Band ist immer noch nicht optimal gelöst. Der musikalische Richtungswechsel sei gelungen, schreibt John Burks im Rolling Stone, aber irgendwann müsse sie, Joplin, den Punkt erreichen, an dem sie die Band zurücklässt. Derweil gerät Janis immer mehr aus der Spur, die unablässige Zufuhr von Rauschmitteln aller Couleur fordert ihren Tribut. Bei einem Konzert im New Yorker Madison Square Garden ist sie völlig stoned, während einer Show in der Curtis Hixon Hall von Tampa wird sie festgenommen – der Grund: ihre vulgäre Ausdrucksweise. Zwischenzeitlich setzt sie sich nach Brasilien ab, ist eine Weile clean, kehrt in die Staaten zurück und ist schnell wieder dort, wo sie vorher war: drauf.

Eine neue Band nimmt Formen an, die Full Tilt Boogie Band, und nun scheint es zu passen. Dies ist meine Band, so Joplin, endlich meine Band. Ihren eigenen Namen kann Janis nicht mehr hören, sie nennt sich jetzt Pearl. Die Gruppe tourt, spielt einige Shows und Joplin verzichtet sogar auf die harten Drogen, öffnet dafür ein paar Whiskey- und Likörflaschen mehr. Auf der Festival Express Tour fährt sie im Sommer 1970 mit dem Zug durch die Staaten, an Bord Größen wie Buddy Guy, Ten Years After und Grateful Dead. Die Stimmung ist prächtig, während der Shows ebenso wie unterwegs. In allen Wagons wird gejammt, gesungen, gefeiert. Ausstieg in Fahrtrichtung nach oben, thank you for travelling mit der Hippie-Bahn.

Ende August checkt Janis alias Pearl im Landmark Motor Hotel in Hollywood ein. In den Sunset-Sound-Studios will sie mit der Full Tilt Boogie Band ein neues Album aufnehmen. Sie ist zu dieser Zeit mit Seth Morgan verlobt, einem 21-jährigen Studenten und Koksdealer, auch Peggy Caserta, Joplins On-Off-Beziehung, ist in der Stadt. Die beiden gehen einander aus dem Weg, um nicht in alte Drogen-Gewohnheiten zu verfallen und die Injektionsnadel zu teilen, am Ende sind sie Kundinnen beim selben Dealer. In der letzten Septemberwoche gehen die

Aufnahmen produktiv vonstatten, Joplin singt Songs wie *Half Moon* und *Cry Baby* ein und nimmt mit ihren Musikern ein Tonband für John Lennon anlässlich seines 30. Geburtstages auf. Am 1. Oktober bannt sie *Mercedes Benz* auf Band, die Geschichte von den vielen Porsches ihrer Freunde, diesen Klassiker in spe. Zwei Tage danach ist sie wieder im Studio, hört diesmal nur zu, statt zu singen. *Buried Alive in the Blues* will sie am Tag danach einsingen, doch dazu wird es nicht mehr kommen. Sie kehrt ins Landmark Hotel zurück, bittet den Portier, nach Mitternacht keine Gespräche mehr durchzustellen.

Im Studio kommen am nächsten Tag die Musiker zusammen. Wer nicht auftaucht, ist Janis Joplin, dabei sollte sie längst vor dem Mikro stehen. Produzent Paul Rothchild verständigt John Cooke, Joplins guten Freund und Roadmanager, der sich sofort auf den Weg ins Hotel macht. Cooke kommt zu spät: Janis Joplin liegt tot auf dem Boden ihres Zimmers, in der einen Hand eine Zigarettenschachtel, in der anderen einiges an Kleingeld. Was in den 24 Stunden zuvor geschehen sein mag, erweist sich als rätselhaft. Peggy Caserta hat wohl eine Verabredung mit Janis sausen lassen und später versucht, sie anzurufen, wurde jedoch vom Portier abgewiesen. Von Seth Morgan hörte man, dass er bereits eine neue Bekanntschaft gemacht hätte, mit der er nicht nur am Pool lag, sondern sie auch in puncto Rauschmittel wohl zuvorkommend betreute. Als Joplins Todesursache wird eine Überdosis Heroin festgestellt, es heißt, in Hollywood sei zu jener Zeit besonders reiner Stoff im Umlauf gewesen. Caserta, die Erfahrungen aus erster Hand hat, zweifelt dies später an. Besonders die Tatsache, wie geradezu entspannt Joplin dagelegen hatte, gab ihr zu denken. Würde eine Überdosis nicht eine Art Krampf oder Todeskampf zur Folge haben? Überhaupt: Janis gönnt sich eine etwas zu große Portion von dem verdammten Zeug, flaniert gemächlich in die Lobby und an den Zigarettenautomaten und kehrt mit der Schachtel aufs Zimmer zurück, um sich dort dem Drogentod zu ergeben? Die Theorie, die Caserta selbst in ihrer Autobiografie *I Ran Into Some Trouble* darlegt, mag nicht eben einleuchtend klingen, dafür aber durchaus fantasievoll: Janis Joplin könnte sich demnach mit den schmalen Absätzen ihrer Sandalen im dicken Teppich vor dem Bett verhakt haben, anschließend mit dem Gesicht zuerst auf den Nachtschrank gestürzt, sich dabei das Nasenbein gebrochen und das Bewusstsein verloren haben. Am Blut, das ihr anschließend in den Hals sickerte, sei sie danach erstickt. Ob das wahrscheinlicher ist? Eine Antwort auf diese Frage wird es wohl nicht mehr geben.

Bleiben wir bei den weiblichen Legenden der Sixties. Bei Janis' Performance auf dem Monterey Pop Festival 1967 hatte sie im Publikum gestanden, begeistert wie alle Fans um sie herum. Dabei war sie selbst doch ebenso mit einer unglaublichen Stimme gesegnet …

»Mama« Cass Elliot

»You know who I am
You've stared at the sun
Well, I am the one who loves
Changing from nothing to one«
You Know Who I Am

Es gibt im Film *Austin Powers – Das Schärfste, was Ihre Majestät zu bieten hat* (1997) diese Szene, in der Mike Myers, der den Titelhelden spielt, auf dem Sofa sitzt und eine Liste abarbeitet. Sie ist mit »People I Know« überschrieben, der Name von Jimi Hendrix steht ganz oben. Myers liest ihn vor und streicht ihn anschließend durch, »Gestorben, Drogen«, ergänzt er. Janis Joplin, durchgestrichen. »Gestorben, Alkohol.« Mama Cass, durchgestrichen. »Gestorben, Schinken-Sandwich.« Wie heißt es so schön: Nichts ist so dauerhaft wie ein Provisorium – außer ein gutes Gerücht. Mama Cass, oder besser Cass Elliot, ist zu diesem Zeitpunkt fast ein Vierteljahrhundert tot. Die Mär von der vermeintlichen Todesursache, das Gerücht, sie sei an einem Schinken-Sandwich erstickt, hält sich seither ebenso hartnäckig wie die Liebe zu jenen wunderbaren Liedern, die sie einst sang.

Cass Elliot erblickt am 19. September 1941 als Ellen Naomi Cohen in Baltimore, Maryland, das Licht der Welt. Den Vornamen borgt sie sich später von einer ihrer Lieblingsschauspielerinnen, Peggy Cass, den Nachnamen von einem verstorbenen

Freund. In der Schule spielt sie bereits Theater, tritt danach in Musicals wie *The Music Man* (1962) auf. Als sich ihre erste Gesangsgruppe Big 3 auflöst, singt sie bei den Mugwumps. Auch diese Formation ist nicht von langer Dauer. Denny Doherty, einer ihrer Mitmusiker, tut sich schließlich mit John und Michelle Phillips zusammen, sie nennen sich The New Journeymen. Doherty möchte seine frühere Bandkollegin dazuholen, doch John Phillips hat seine Zweifel. Ihre Stimmlage sei nicht hoch genug, so ein Kritikpunkt, und schlimmer noch: Sie sei einfach zu dick.

Im Urlaub auf den Virgin Islands schließlich, anno 1965, hat Doherty Phillips endlich weichgekocht: Cass Elliot ist in der Band. Zwei Männer, zwei Frauen, ein neuer Name muss her. Die zündende Idee kommt ihnen vor dem Fernseher. Es werden Whiskey, Wein und Brandy getrunken, eine Menge Joints geraucht, ein paar Seconal eingeworfen. Im TV läuft Dick Carsons Talkshow, zu Gast sind die Hells Angels. Angesprochen auf die Rockerbräute, kommt es zum entscheidenden Ausspruch: »Manche Leute meinen, unsere Girls seien billig«, so einer der Angels. »Wir sind da anderer Meinung, wir nennen sie unsere ›Mamas‹«. Cass Elliot fühlt sich sofort angesprochen. »Das ist es«, jubelt sie. »Ich will auch eine Mama sein.« Michelle stimmt mit ein: »Wir sind die Mamas! Wir sind die Mamas!« Die Frage nach der anderen Hälfte ist schnell beantwortet. »Dann sind wir die Papas«, sagt John Phillips. So weit, so gut. Dekaden später beschreibt Denny Doherty freimütig, wie es an jenem schicksalhaften Abend weiterging. Als Cass Elliot und John Phillips im Brandy-Nebel auf der Couch eindösen, kommen Doherty und Michelle einander näher, es ist der Auftakt zu einem jener Ränkespiele, jener intimen Interna, die später auch die Reihen von Fleetwood Mac durchschütteln würden – Seitensprünge, Flirts und Liaisons. Elliot macht Doherty eines Tages einen Hochzeitsantrag, aus der schönen Vorstellung von zwei Ehepaaren, einer Art amourösen Balance, wird jedoch nichts. Der Legende nach ist Doherty viel zu breit, um zu antworten.

Was bei den Herzensangelegenheiten holprig läuft, funktioniert in puncto Kreativität umso besser. Cass Elliot erweist sich als entscheidende Personalie. Standen das Duo Phillips und Doherty zuvor noch knietief im Folk-Duktus der Sixties, bringt Elliot jene Ideen ins Studio, die den Sound der Mamas & Papas auf die entscheidende Bewusstseinsstufe heben: Sie steht auf die Beatles, auf Motown, ihr Herz schlägt für die Großtaten, die man in den Songwriter-Stuben des Brill Buildings ersinnt. Auch beim Image kommt ihr eine Schlüsselposition zu. Die Gruppe als solches ist ohnehin ein optischer Gegenpol zum geschniegelten Style anderer Bands: John Phillips mit seinen latent grotesken Mützen, Doherty als psychedelischer Preacherman, Michelle Phillips als Inbegriff des kalifornischen Beachgirls, dazu die wuchtige Cass Elliot, die Empowerment und Engagement ausstrahlt, zudem mit einer Stimme ausgestattet ist, die ganze Hochhäuser heizen könnte. Hatte John Phillips noch Elliots Erscheinung als Argument gegen eine Zusammenarbeit angeführt, wird sie nun zur Lichtgestalt des Ensembles, zur Identifikationsfigur für eine ganze Generation.

The Mamas & the Papas landen in der Folgezeit reihenweise Hits, mit Songs wie *Monday, Monday*, *Dedicated to the One I Love* und dem ikonischen *California Dreaming* installiert sich die Gruppe auf immer und ewig im großen Pop-Almanach. Doch ihre Zeit ist begrenzt, nicht nur der universelle Sommer der Liebe geht zu Ende. Die Manson-Morde erschüttern den Laurel Canyon, das finstere Family-Oberhaupt war mit John Phillips befreundet, wollte unbedingt mit ihm Musik aufnehmen. Überhaupt ist der Erfolg mit einer derartigen Geschwindigkeit über die Band hinweggefegt, dass es im Auge des Hurrikans schwerfällt, karrieretechnisch in der Spur zu bleiben. Die amourösen Verwicklungen tun ihr Übriges. Als John Phillips, hinter den Kulissen der dominante Drahtzieher der Gruppe, seine Frau und Doherty in flagranti erwischt, reagiert er ironisch-kühl. »Du kannst mir alles Mögliche antun«, soll er zu »Mich«, wie er seine Gattin nennt, gesagt haben, »aber du fickst nicht mit meinem Tenor.« Zwischenzeitlich wird Michelle Phillips aufgrund einer Affäre mit Gene Clark von den Byrds sogar durch Jill Gibson ersetzt. Summer of Love? Not entirely true. And over much too soon. Der Song *Dream a Little Dream of Me* wird im Juni 1968 veröffentlicht, gegen den Willen von John Phillips mit dem Interpreten-Vermerk »Mama Cass With The Mamas & The Papas«. Der Evergreen in spe entpuppt sich als Hit und Schlüsselwerk – für The Mamas & the Papas wird es der Sargnagel ihrer Karriere, auch wenn sie aus vertraglichen Verpflichtungen heraus bis 1971 weiterhin gemeinsam Platten veröffentlichen. Für Cass Elliot ist es der Auftakt zum nächsten Kapitel. Ihr Label Dunhill Records bringt den Song ein weiteres Mal heraus, als Titeltrack von Cass Elliots Solodebüt, veröffentlicht im Oktober 1968.

Zur selben Zeit startet ihr dreiwöchiges Engagement im Caesars Palace in Las Vegas, sie soll zwei Shows pro Abend spielen, das Ganze für eine Wochengage von 40.000 US-Dollar, was heute einem Betrag von 360.000 US-Dollar entsprechen würde. Elliot beginnt schon Monate zuvor mit einem strengen Diätregime, isst nur an drei Tagen die Woche und verliert auf diese Weise um die 50 Kilo – ein Drittel ihres Körpergewichts. Die Proben zur Show finden ohne sie statt. Cass Elliot ist zu geschwächt, sie verbringt die Tage im Bett. Später gesteht sie, dass es nicht nur die Diät war, die sie so umhaute, sie will auch einiges an harten Drogen gekickt haben. Raus mit den Kohlehydraten, rein mit dem Koks, keine unübliche Kombi im Showbiz. Gerüchten zufolge setzt sie sich unmittelbar vor dem ersten Vegas-Konzert einen Schuss. Sie absolviert nur eine Probe. Am Abend des 16. Oktober findet die Premiere statt, im Saal des Circus Maximus, wo sich illustre Größen wie Jimi Hendrix, Liza Minnelli, Mia Farrow und Joan Baez vor ihr die Ehre gegeben haben. Doch Cass Elliot ist völlig außer Form. Bei der ersten Show – Elliot mit brüchiger Stimme und verkürzter Setlist – gibt es noch wohlwollenden Applaus, bei der zweiten am selben Abend verlässt das genervte Publikum in Teilen den Saal. Das Abenteuer Las Vegas hat gerade begonnen, da ist es bereits wieder vorbei – nach nur einem Abend. »Sink Along With Cass«, so spottet der Kritiker vom Esquire-Magazin, die New York Times vergleicht ihren Auftritt gar mit dem Untergang der Titanic.

Doch so schnell läuft Cass Elliot nicht auf Grund. In den frühen 1970ern versucht sie einen Kurswechsel, orientiert sich Richtung Film und Theater, tritt in zahlreichen Shows und TV Specials auf. Ihr Gewicht bleibt fortwährend ein Thema, ihre Unzufriedenheit mit dem eigenen Image als mütterliche Matrone, als Frau, die von allen »Mama« genannt wird, ein seelischer Tinnitus. *Don't Call Me Mama Anymore* nennt sie ihr Livealbum, das im September 1973 erscheint. Es wird das letzte zu Lebzeiten sein. Doch so erfolgreich die Shows sind, so sehr ihre Rückkehr nach Las Vegas zum Triumphzug wird: Die Schallplatten-Aufnahme der Live-Sause stößt nur auf mäßiges Interesse.

Im Frühjahr 1974 bricht sie während einer Produktion der »Tonight Show« mit Johnny Carson unmittelbar vor ihrem Auftritt zusammen, doch sie fängt sich wieder und nimmt den Erfolgsfaden direkt wieder auf. Im Sommer reist sie nach Großbritannien, um ein zweiwöchiges Engagement im London Palladium anzutreten. Die Auftritte sind umjubelt, die Kritiken bestens, am 27. Juli feiert sie den Abschluss der Konzertreihe mit einem ausgiebigen Zug um die Häuser. Zu Hause bei Mick Jagger, in der Tite Street im Stadtteil Chelsea, nimmt sie an der Party zu dessen 31. Geburtstag teil, später ist sie Ehrengast bei einem Brunch, zu dem Sängerin und Schauspielerin Georgia Brown geladen hat. Beim US-Autoren Jack Martin leert sie noch ein paar Cocktails, dann ist Bettzeit. Der Sänger Harry Nilsson, nicht nur ein vorzüglicher Songschreiber, sondern als Mitglied der legendären Hollywood Vampires, in deren Reihen so illustre Partylöwen wie Alice Cooper, John Lennon und Elton John auch ein Promille-erprobtes Feierbiest, hat ihr ein Gästebett in seiner Bude am Curzon Place in Mayfair zur Verfügung gestellt. Am nächsten Morgen sind einige Freunde zu Besuch, wollen die vermeintlich Schlafende jedoch nicht stören und sehen davon ab, an ihre Zimmertür zu klopfen. Erst als Dot McLeod, ihre Sekretärin, sie auch nach zahlreichen Versuchen nicht ans Telefon bekommt, öffnet man die Tür – und findet Cass Elliots Leichnam. Noch bevor Professor Keith Simpson vom Londoner Guy's Hospital die Obduktion durchführt, gibt Elliots Privatarzt, Dr. Anthony Greenburgh, ein Interview, das in die Annalen eingeht: »Ich denke, die pathologische Untersuchung wird wohl zeigen, dass sie sich an einem Sandwich verschluckt hat, während sie im Bett lag, und anschließend an ihrem Erbrochenen erstickt ist. Sie ist eine gewichtige Lady, daher ist die Möglichkeit einer Herzattacke nicht auszuschließen.« Patientengeheimnis my ass, wer solche Ärzte hat, braucht keinen Druckverband mehr. Damit ist das Gerücht in der Welt – und bleibt dort für immer. Die Tatsache, dass vom besagten Schinkensandwich, das auf ihrem Nachttisch lag, nicht einmal abgebissen wurde, scheint irrelevant. Doktor Greenbaum kümmert es jedenfalls wenig. Austin Powers ebenso.

Mama Cass, gestorben. Schinken-Sandwich.

Cass Elliots offizielles Todesdatum: 29. Juli 1974. Die wahre Todesursache: Herzversagen. Der sich von der linken Herzkammer auf den gesamten Herzmuskel ausbreitende Infarkt war wohl auch eine Folge ihrer strapaziösen Diäten.

Etwas mehr als vier Jahre später, am 7. September 1978, liegt erneut ein Toter im Bett von Harry Nilssons Mayfair-Apartment. Wiederum ein bekannter Musiker, am Ende einer Partynacht, diesmal nicht mit Mick Jagger, sondern mit Paul McCartney. Das Alter des Toten ist dasselbe wie das von Cass Elliot: 32 Jahre ...

Keith Moon

»Hope I die before I get old«

My Generation

Der Blitz würde doch nicht zweimal an derselben Stelle einschlagen, scherzt Keith Moon. Harry Nilsson nimmt es mit Humor, was bleibt ihm anderes übrig. Vier Jahre zuvor war Mama Cass in seiner Wohnung, dem Flat 12 am 9 Curzon Place in der Nähe des Londoner Shepherd Market, gestorben. Verständlich, dass Nilsson Bedenken hat, seine Bude nun ausgerechnet an den chronisch am Abgrund taumelnden Genussmenschen Keith Moon zu vermieten. Doch der Schlagzeuger von The Who scheint im September 1978 zurück in der Spur – zumindest für seine Verhältnisse. Er hat den Drogenkonsum reduziert, versucht zudem, endlich seine Alkoholsucht in den Griff zu bekommen. Ein Blick auf die vergangenen zehn Jahre seines Lebens macht klar, warum. Beim amerikanischen TV-Debüt von The Who in der Sendung »The Smothers Brothers Comedy Hour« jagte er 1967 sein Schlagzeug in die Luft. Mit einem umgebauten Auto raste er durch englische Kleinstädte, um die Bewohner mit Sirenen und Lautsprecher-Durchsagen vor Flutwellen und giftigen Schlangen zu warnen. Alles Nonsens natürlich, genau wie die Kostüme, die er nachts trug, wenn er mit Saufkumpanen wie Schauspieler Oliver Reed, Schockrocker Alice Cooper oder eben Nilsson um die Häuser zog – mal war er Priester, dann wieder zackiger Nazi-Offizier. Legendär auch das Konzert am 20. November 1973, bei dem er von einem Fan ersetzt werden musste, weil er hinterm Drumkit kollabiert war. Ein anderes Mal zerstörte er das Wasserbett in seiner Luxussuite, nur um sich beim Hotelmanager darüber zu beschweren, dass seine gesamte Bühnengarderobe bei dieser Aktion zu Schaden gekommen sei. Moon verfügte wohl über einen ganz besonderen Charme, eine Art kollaterale Zauberkraft – wie sonst ist es zu erklären, dass ihm der Hotelchef, quasi als Wiedergutmachung, im Gegenzug die Präsidentensuite zur Verfügung stellte? Und wenn Moon es mal nicht selbst erledigte, dann zerkloppte eben Bandkumpan John Entwistle das Hotelzimmer-Interieur. Wobei der Mann ausreichend Gründe hatte, um sauer zu sein: In der Nacht zuvor war ein völlig benebelter Moon ins Zimmer gestürmt, wo Entwistle es sich gerade mit seiner Liebsten kommod gemacht hatte, nagte an seinem Steak, verschüttete eine Flasche guten Bordeaux auf dem nicht minder guten Teppich und pinkelte zum krönenden Abschluss an die Tapete. Rache muss sein. Am Morgen danach erwachte Moon in der Trümmerlandschaft seiner Suite und ging im Dunstnebel des Filmrisses schlicht davon aus, dass er es war, der hier – wie so oft – Hand angelegt hatte. Doch diese Zeiten scheinen vorbei, so denkt es sich Harry Nilsson, und überlässt seinem Kumpel, zusammen mit dessen schwedischer Modelfreundin Annette Walter-Lax, im Sommer 1978 seine Wohnung. Klingt doch auch irgendwie einleuchtend, die Sache mit dem Blitz.

Wie wenig Verlass auf ein angebliches, zudem noch von Keith Moon zitiertes Naturgesetz ist, das sollte sich schließlich einige Monate später zeigen. Der Entzug hat bei dem Schlagzeuger zu diesem Zeitpunkt bereits massive Nebenwirkungen ausgelöst. Die Medikamente, die er schluckt, wie etwa Heminevrin, das auf dem starken Beruhigungsmittel Clomethiazol basiert, dürfen eigentlich nur unter ärztlicher Aufsicht eingenommen wer-

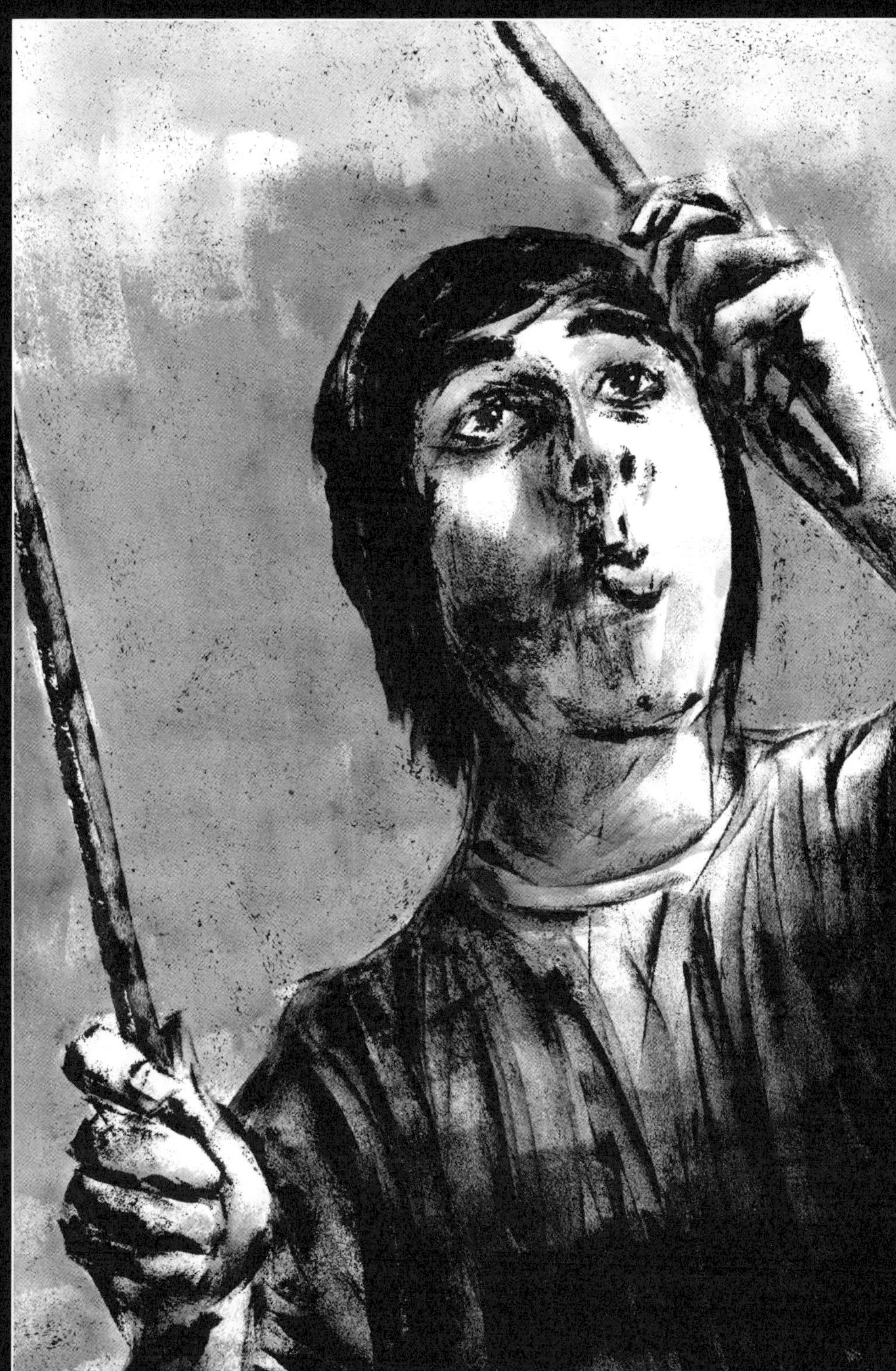

den. Moon überredet seinen Doc, den unerfahrenen Geoffrey Dymond, ihm das Mittel zu verschreiben. Dymond stellt Moon ein Rezept über hundert Pillen aus. Wann immer es ihn nach einem Drink dürstet, möge er eine Pille nehmen, höchstens jedoch drei am Tag. Drei Drinks am Tag? Die schüttet Moon sich normalerweise zwischen Aufwachen und erstem Klogang rein, aber davon scheint Dymond nichts zu ahnen. Nach einem zwischenzeitlichen Hoch ist Moon jetzt also wieder einigermaßen angezählt: Nicht die Drogen, nicht der Alk, die Tabletten fordern ihren Tribut. Bei einer Aufnahmesession zum Album *The Kids Are Alright* ist Moon so kaputt, dass er kaum die Sticks halten kann und keinen vernünftigen Take zustande bekommt. Zu diesem Zeitpunkt hat der Drummer keinen Monat mehr zu leben.

Am 6. September schließlich steht in Londons Society Großes an. Paul und Linda McCartney haben anlässlich einer Preview des Films *The Buddy Holly Story* geladen. Es ist der Abend vor Hollys Geburtstag und McCartney hat sich die Verlagsrechte an dessen Songs gesichert, das muss gefeiert werden. Im Peppermint Park in Covent Garden wird sich das »Who is Who« der Kultur-Schickeria zur Einstimmung ein Stelldichein geben, um Mitternacht soll der Film im Odeon Cinema am Leicester Square gezeigt werden. Annette Walter-Lax will sich das auf keinen Fall entgehen lassen, Moon jedoch ist eher skeptisch. Er weiß um den Durst, den so ein Event auslöst, er will kein Rückfallrisiko eingehen. Aber Walter-Lax lässt nicht locker, und so ordert Moon beim Vertrauensmann eine Prise kolumbianischen Marschierpulvers. Koks statt Cognac, den Teufel mit dem Beelzebub austreiben, so nennt man es wohl. Einige Nasen später sitzen die beiden im Peppermint Park, mit ihnen am Tisch die Eheleute McCartney. Es gibt Cocktails und Rum-Cola. Walter-Lax wird zu Protokoll geben, Moon hätte sich lediglich zwei Champagner-Flöten gegönnt. Kinkerlitzchen für einen wie ihn – wären da nicht die Tabletten. Im Peppermint Park ist Moon, in Lederjacke und mit massig Kettchen um den Hals, noch gutgelaunt, sein Sitzfleisch ist allerdings nicht das Beste. Eine Stunde halten sie es im Kino aus, dann wird Moon müde, hat Hunger. Vielleicht ist der Film auch einfach zu öde.

Zu Hause am Curzon Place angekommen, übermannt Moon der Kohldampf so richtig. Walter-Lax brät ihm ein paar Lammkoteletts, seine Leib- und Magenspeise. Moon schaufelt sich das Kurzgebratene hinein, während die Röhre läuft. *The Abominable Doctor Phibes*, so der Titel des Films, den die beiden schauen. Doch Moon ist satt, müde, es reicht. Er trinkt ein Glas Wasser, spült eine Handvoll Tabletten runter und nickt irgendwann zwischen drei und vier Uhr ein. Wenige Stunden später erwacht er ein weiteres Mal, die zweite Hungerwelle rollt an. Mehr Lamm, fordert Moon, doch Walter-Lax sträubt sich. »If you don't like it, you can fuck off!«, so entfährt es dem ungehaltenen Drummer. Wenn du darauf keinen Bock hast, dann kannst du dich verpissen. Walter-Lax gibt klein bei und brutzelt Moon noch ein paar Koteletts. Wieder spült er mit Wasser nach, wieder gibt es einiges an Tabletten. Jetzt kehrt erneut Ruhe ein, auch Annette Walter-Lax legt sich im Zimmer nebenan schlafen, wacht erst am Nachmittag gegen 15.30 Uhr wieder auf. Als sie das Schlafzimmer betritt, findet sie Moon auf dem Bauch liegend. Keine Atemgeräusche sind zu hören. Sie ruft den Arzt Geoffrey Dymond an. Ein Krankenwagen bringt Moon ins Middlesex Hospital, für den Schlagzeuger jedoch kommt jede Hilfe zu spät. Um 5.50 Uhr wird Keith Moon offiziell für tot erklärt. Es ist der 7. September 1978, Buddy Hollys Geburtstag. Zwei Wochen zuvor feierte Keith Moon seinen 32. Geburtstag, es war sein letzter. Bei der Obduktion finden sich etliche Heminevrin-Tabletten in seinem Magen – 32, um genau zu sein, eine für jedes Lebensjahr. Das tragische Ende eines unfassbar talentierten Schlagzeugers und nebenbei auch das eines Sprichworts: Der Blitz schlägt nicht zweimal an derselben Stelle ein. Wirklich nicht?

Der Lebensstil eines Keith Moon könnte sich von dem jenes Musikers, der uns auf den nächsten Seiten begegnet, kaum mehr unterscheiden. Der Name Moon findet sich auch in seiner Vita, als Teil seines wohl größten Songs ...

Nick Drake

»Would you love me for my money?
Would you love me for my head?
Would you love me through the winter?
Would you love me 'til I'm dead?
Oh, if you would and you could
Come blow your horn on high«

Northern Sky

Die Mauern des La Mamounia in Marrakesch könnten wohl so einiges an Geschichten erzählen. Winston Churchill flüchtete in den 1930er Jahren dorthin, um dem tristen englischen Winter zu entkommen. »Dies ist ein wunderbarer Ort«, schrieb er zwischen zwei Zigarrenzügen in einem Brief an die Gattin, später zog er sich in das Hotel zurück, um seine Memoiren zu verfassen. Mitte 1950er nutzte Alfred Hitchcock den prunkvollen Bau in der Avenue Bab Jdid für Dreharbeiten zu seinem Film *Der Mann, der zuviel wusste*. Marlene Dietrich stand hier einst vor der Kamera und Paul McCartney widmete dem Mamounia während eines Aufenthalts im Jahre 1973 gleich einen ganzen Song. Auch die Rolling Stones wussten um die Schönheit dieses Ortes, sie pflegten in den Sixties dort abzuhängen. An einem Abend im Jahr 1967 bekommen sie Besuch in einem der edlen Speisesäle. Es sind Landsleute aus Großbritannien, einer sieht aus wie Bob Dylan, ein anderer hat eine Gitarre dabei. Die Typen fragen die Stones, ob es okay sei, ihnen ein paar Songs vorzuspielen – ihr Kumpel mit der Gitarre sei zwar etwas schüchtern, aber er habe wirklich Talent. Die Stones sind einigermaßen dicht, aber nicht unfreundlich. Sie bieten ihren ungeladenen Gästen von den vielen Speisen auf der langen Tafel an. Der junge Mann mit der Gitarre setzt sich an das Tischende gegenüber von Mick Jagger – und greift in die Saiten.

Mit 16 Jahren spielt Nick Drake zum ersten Mal Gitarre. Er hat zu diesem Zeitpunkt, als Schüler des Marlborough College im englischen Wiltshire, schon einige Instrumente durchprobiert, darunter Klarinette, Klavier und Saxophon. Sogar eine erste Band hat er gegründet: Mit den Perfumed Gardeners spielt er Blues- und Jazzstücke, aber auch angesagte Songs von Manfred Mann und den Yardbirds. Als ein junger Musiker namens Christopher Davison anfragt, ob er bei ihnen einsteigen könne, lehnen sie ab. Zu poppig finden sie seinen Stil. Es sollten einige Jahre vergehen, dann würde sich dieser poppige Typ einen anderen Namen zulegen und ziemlich erfolgreich von Fährmännern, die man nicht zu früh bezahlen sollte, und von Frauen in roten Kleidern singen.

Drakes Talent an der Gitarre fällt sofort auf, vielleicht liegt es in seinen Genen: Auch seine Mutter war ungemein musikalisch. Kennengelernt haben sich seine Eltern – Rodney, ein Ingenieur aus Großbritannien, den es berufsbedingt nach Rangun verschlagen hatte, und Molly, die Tochter eines indischen Regierungsbeamten – 1934 in Burma. Zwei Jahre später heiraten die beiden, 1944 kommt Tochter Gabrielle zur Welt, vier Jahre danach freut sie sich über ein Brüderchen: Nicholas Rodney, genannt Nick, geboren am 19. Juni 1948. Als die Familie einige Jahre später nach Großbritannien zurückkehrt, taucht Drake zunächst in ein behütetes Middle-Class-Leben ein. Die Familie lebt in der Nähe von Birmingham, in Tanworth-in-Arden. Der hochaufgeschossene Drake entwickelt sich zu einem selbstbewussten Typen, er spielt Rugby, ist überhaupt sehr sportlich, seine Mitschüler nehmen ihn als ruhig und souverän wahr, der Kreis enger Freunde ist eher klein. Seine schulischen Leistungen jedoch lassen zu wünschen übrig, mit sieben O-Levels enttäuscht er die Erwartungen seiner Lehrer. Dennoch gelingt es ihm, ein Stipendium für das Fitzwilliam College in Cambridge zu ergattern. Er hat bis zum Antritt im Herbst 1967 einige Monate Zeit und tut, was man genau jetzt erst einmal tun sollte: Er schaut sich die Welt an. Im französischen Aix schreibt er sich zunächst an der Uni ein, vertieft sich weiter ins Gitarrenspiel, musiziert in Fußgängerzonen und macht nähere Bekanntschaft mit Cannabis. Mit Freunden geht es schließlich auf einen Trip, im doppelten Sinne. Die Reise führt nach Marokko, die Rauchwaren sind hier gleich noch ein wenig geschmacks-, oder sollte man besser sagen: wirkungsintensiver. Der Zufall will es, dass eine der größten Bands ihrer Zeit, die Rolling Stones, zur selben Zeit in diesen Breiten unterwegs ist. In Tanger wohnen sie im El Minzah. Auf Drängen seiner Freunde versucht Drake, in der Hotelbar ein paar Songs zu spielen, wird jedoch abgewiesen. Im Koutoubia Palace probieren sie es noch einmal und haben diesmal mehr Glück: Drake spielt ein Viertelstündchen, die Publikumsreaktionen seien großartig gewesen, schreibt er nach Hause. Das nächste Ziel ihrer Reise ist Marrakesch. Wieder spielt der Zufall mit – die Rolling Stones haben die gleiche Idee. Auf einem Souk, einem der großen Märkte, sehen Drake und seine Freunde die Musiker in der Menschenmenge. Brian Jones hat einen Kassettenrecorder dabei und nimmt Straßenlärm auf, um damit einem seiner kommenden Songs eine stimmungsvolle Ambient-Note zu verpassen. Der kleine Reisetross um Nick Drake – seine Freunde Julian Raby und Dylan-Lookalike Rick Charkin – macht wenig später einen weiteren Annäherungsversuch und diesmal haben sie mehr Glück: In den Straßen von Tanger war Drake noch mit Mick Jagger verwechselt worden, nun sitzt er dem Original im La Mamounia gegenüber und greift in die Saiten. Es sei eine Szene wie aus Boccaccios *Dekamerone* gewesen, erzählt Raby in Richard Morton Jacks Biografie *Nick Drake: The Life*. Weinflaschen, Obstschalen, Gläser, ein dezent vernebeltes Miteinander, 2000 Lichtjahre entfernt von zu Hause.

Drake nimmt den Schwung dieser Erfahrung mit. Das ist cool, was du da machst, hatte Jagger gesagt, komm' uns doch mal besuchen, wenn du in London bist. Tatsächlich zieht er nach seiner Rückkehr für eine Weile dorthin, wohnt zusammen mit seiner Schwester Gabrielle in Hampstead und nimmt später das Studium in Cambridge auf. Doch irgendetwas hat sich da bereits verändert. Eine Folge der vielen Joints? Auch von LSD-Erfahrungen wird gemunkelt, Drake jedenfalls entkoppelt sich vom Alltag auf dem Campus, baut eine Tüte nach der anderen und ist lieber in fremden Sphären unterwegs, als sich beim Rugby in den Morast zu werfen. Seinem Talent an der Gitarre tut das kaum einen Abbruch, im Gegenteil: In London ist er in Clubs und Cafés unterwegs, Ende 1967 spielt er auf einem Festival im Roundhouse in Camden. Unter den Zuschauern ist auch ein begeisterter Ashley Hutchings, Bassist von Fairport Convention. Jetzt kommen die Dinge ins Rollen. Hutchings empfiehlt Drake dem US-Produzenten Joe Boyd, auch der erkennt Drakes Talent und bringt ihn bei der Plattenfirma Island unter. Die Produktion des ersten Albums erweist sich als zäh, es gibt unterschiedliche Meinungen, was die Herangehensweise betrifft. Erst als Drake seinen College-Kollegen Robert Kirby für die Arrangements hinzuzieht, nimmt das Debütalbum *Five Leaves Left* Gestalt an. Klanglich scheint man hier in einen verwunschenen Parallelkosmos einzutauchen, die Verbindung seiner exakten Gitarren-Pickings, seiner unverkennbaren Stimme mit den zuweilen fast geisterhaften Streichersätzen entfaltet eine flirrende Magie. *River Man* etwa klingt wie süßliches Quecksilber, das über den Boden fließt, Musik, wie durch eine regennasse Fensterscheibe gespielt. Die Ideen sind wunderbar, aber die Welt einfach noch nicht bereit. Am 3. Juli 1969, dem Tag, an dem *Five Leaves Left* erscheint, passiert etwas Schreckliches: Brian Jones stirbt. Überhaupt stehen die Sterne ungünstig. Das Innencover der Platte ist fehlerhaft, die Songs sind nicht in der richtigen Reihenfolge. Drake überreicht seiner Schwester wortkarg sein erstes Werk. Ist das die Erfüllung eines Traumes? Es sieht nicht danach aus. Das Album biete zu wenig Abwechslung, um auch nur annähernd unterhaltsam zu sein, greint es im New Musical Express. Euphorie buchstabiert sich anders. Der Karrierestart, wenn man es denn so nennen will, erweist sich fast als programmatisch. Im Song *Fruit Tree* gibt Drake den Nostradamus in eigener Sache, singt vom widerspenstigen Ruhm, der seine eigenen Vorstellungen von Timing hat: »So men of fame / can never find a way / 'til time has flown / far from their dying day.«

Ende 1969 bricht Drake sein Studium ab und zieht ganz nach London. Ihn erwartet ein unstetes Leben zwischen der Untermiete bei Gabrielle und den Sofas seiner Freunde. In langen Briefen versucht Rodney Drake seinen Sohn davon zu überzeugen, wieder nach Hause zu kommen – vergeblich. Trotz immer stärkerer Abneigung gegenüber Live-Auftritten wagt Drake sich ab und zu auf die Bühne. Ein schöner Ort wird es für ihn nicht. Im Vorprogramm von Fairport Convention, deren Musiker an seinen Plattenaufnahmen beteiligt sind, begegnet das Publikum ihm mit gepflegter Langeweile. Nur noch wenige Male tritt er auf, bei einem seiner letzten Gigs im Ewell Technical College von Surrey verlässt er mitten im Song – es handelt sich um *Fruit Tree*, ausgerechnet – die Bühne und kehrt nicht zurück.

Sein zweites Album *Bryter Later* erscheint im Frühjahr 1971. Musikalisch etwas dichter an den Mainstream geschmiegt, doch unverändert durchzogen von einem Zauber, der nicht von dieser Welt scheint. Wie etwa *At the Chime of the City Clock* dahinschwebt, erst die Streicher sich erheben, dann ein Saxofon den Ton verändert ... man wüsste nicht, »ob man einen Werbespot schaut oder sich vielleicht selbst in einem befindet«, schreibt David Hepworth in seinem Buch *Never a Dull Moment: 1971 – The Year that Rock Exploded* und klingt dabei fast so rätselhaft-faszinierend wie das Lied selbst.

Als Drakes Mentor Joe Boyd wieder in die USA zieht, geht es für ihn mental immer weiter bergab. Drake besucht Boyd noch einmal in seinem Office, die Haare zerzaust, die Kleidung schmutzig. Boyd redet ihm gut zu. Auch Drakes Eltern können es nicht mehr mitansehen und überzeugen ihn schließlich davon, einen Psychiater aufzusuchen. Der verschreibt ihm Antidepressiva, doch Drake ist skeptisch: Würden sich die Pillen mit dem Hasch vertragen, das er raucht und raucht und raucht? Fast unglaublich, dass Drake mit *Pink Moon* ein weiteres Album schafft. Er nimmt es in zwei Nächten allein mit John Wood auf, der auch schon an *Bryter Later* beteiligt war. Klangen Drakes Lieder zuvor nach philosophischer Teestunde und melancholischer Ruderpartie auf einem Seitenarm der Themse, dann war dies hier das bis auf die Grundmauern abgenagte Fundament seiner Kunst. Allein der Titelsong, am Rande der Nacht taumelnd, ein beinah spukhaftes Klavier, wie von einem angetrunkenen Gespenst gespielt, dabei so zugewandt, als würde es seinen Hörer kennen ... Als *Pink Moon* im Februar 1972 erscheint, hat Nick Drake London bereits den Rücken gekehrt und ist wieder nach Tanworth-in-Arden gezogen, zurück in sein altes Zimmer im Haus der Eltern. Keine sinnstiftende Entscheidung, vielmehr die Wahl zwischen schlimm und schlimmer. Ich mag es hier nicht, sagt er eines Tages zu seiner Mutter, aber woanders halte ich es ebensowenig aus. Zwischenzeitlich erleidet er einen Nervenzusammenbruch und liegt für mehrere Wochen in einer psychiatrischen Klinik. Wieder daheim verbringt er Tage in seinem Zimmer; er schleicht sich nur hinaus, um nachts in der Küche Cornflakes zu essen. Eine Zeit lang gibt es einen wöchentlichen Scheck von der Plattenfirma. Als der schließlich ausbleibt, reicht es für Drake nicht einmal für ein neues Paar Schuhe. Manchmal schnappt er sich das Auto seines Vaters und fährt durch die Gegend, bis der Tank leer ist und er aus irgendeinem Dorf abgeholt werden muss. Mit Sophia Ryde, einer Freundin, gibt es zeitweise die leise Ahnung dessen, was man eine Beziehung nennen könnte, doch Ryde hält es bald nicht mehr aus. Zu rätselhaft ist Drakes Verhalten, zu fordernd das Beisammensein. Sie braucht eine Pause, sagt sie.

Eine Woche später, am 25. November 1974, betritt die Haushälterin der Drakes das Zimmer im oberen Stock. Drake liegt quer über dem Bett, regungslos. Seine langen Beine ragen heraus. Es ist ganz still, stiller noch als sonst. Sie eilt zu seiner Mutter. Molly lässt alles stehen und liegen, folgt ihr, ahnt womöglich bereits, dass alles zu spät sein würde. Und tatsächlich: Dort auf dem Bett in seinem alten Zimmer liegt ihr geliebter Sohn Nick, tot, mit nur 26 Jahren. Eine Überdosis Antidepressiva, so steht es später auf dem Totenschein. Gabrielle, seine Schwester, hält es weniger für einen Selbstmordversuch, als vielmehr ein fatalistisches »Hopp oder Top«, wie sie in Jeroen Berkvens wunderbarer Dokumentation *A Skin Too Few* (2002) erzählt: »Ich stelle mir vor, er nahm sich eine Handvoll Pillen und dachte, jetzt reicht es. Und sollte es doch nicht klappen, dann starte ich einen Neuanfang, dann wird alles besser.« Anzeichen für eine Art von Aufbruch hatte es wohl gegeben, Nicks Stimmung sei in den letzten Wochen positiver geworden, schreibt Vater Rodney in sein Tagebuch. Sogar am Beginn eines neuen Albums hatte Drake sich versucht. Im Sommer 1974 nahm er einige Songs auf, darunter auch *Black Eyed Dog*. Die Depression ist darin ein düsterer Hund, Nick Drakes Gitarre sind Funken sprühende Drähte und seine mit fragiler Stimme gesungenen Worte ein einziges Ringen um Ruhe:

I'm growing old and I wanna go home,
I'm growing old and I don't wanna know.

Das Älterwerden war Nick Drake nicht vergönnt. Auch die tragische Heldin des nächsten Kapitels starb einen frühen Tod, ebenfalls im Bett, im Herzen jener Stadt, in der Nick Drake vergeblich um Erfolg gekämpft hatte ...

Amy Winehouse

»I knew I hadn't met my match
But every moment we could snatch
I don't know why I got so attached
It's my responsibility«

Tears Dry On Their Own

Ruhig sei sie gewesen, erzählt Dr. Christina Romete bei einer Anhörung Anfang des Jahres 2013 vor dem offiziellen Ausschuss der Londoner Gerichtsmedizin in St. Pancras. Die Ärztin hatte Amy Winehouse am Abend des 23. Juli 2011 in ihrer Camdeener Wohnung besucht. Die Sängerin war unübersehbar angetrunken, aber durchaus bei Sinnen. Im Mai war Dr. Romete schon einmal bei ihr gewesen, da ging es um Fressattacken und die anschließenden Intermezzi mit der Kloschüssel. Schon als Teenagerin hat Amy Winehouse immer wieder bulimische Phasen, sie entwickelt früh eine Essstörung. Sie habe die perfekte Diät entdeckt, sagte sie eines Tages zu ihrer Mutter: Einfach alles essen, wonach ihr der Sinn steht und anschließend alles wieder auskotzen. Von der Mutter ist Jahre danach zu hören, dass sie wohl früher hätte dagegenhalten sollen – eine späte Einsicht. An diesem Abend im Sommer 2013 geht es nicht ums Essen, sondern ums Trinken, oder sollte man besser sagen: ums Saufen, ums Binge-Drinking, wie es in Großbritannien heißt? Drei Wochen sei sie trocken gewesen, erzählt Amy Winehouse Dr. Romete, doch dann sei der Durst einfach wieder zu groß geworden, die Wodkaflasche zu verlockend.

Juliette Ashby, eine von Amys besten Freundinnen, kann den Moment, da sich der Wind drehte und der Durst unstillbar und unkontrollierbar wurde, genau festmachen: Es war der Umzug nach Camden, sagt Ashby in Asif Kapadias oscarprämierter Doku *Amy*. Das war im Jahre 2003, Amy ist zu diesem Zeitpunkt gerade mal 20 Jahre alt. 1993 hatten sich ihre Eltern, die Apothekerin Janis und der Taxifahrer Mitch, getrennt – für die damals zehnjährige Amy ein einschneidendes Erlebnis, das Spuren hinterlassen sollte. Schon in der Schule ist zu merken, dass sie von einem unruhigen Geist beseelt ist, gleichzeitig aber auch über ein ganz besonderes Talent verfügt: eine fantastische Stimme. Mit elf Jahren ist sie Teil eines Rap-Duos, Sweet 'n' Sour nennen sich die beiden Mädchen, ihre Vorbilder sind Salt-N-Pepa. An der Theaterschule legt sie sich mit den Lehrern an, das gleiche Bild an der renommierten Londoner BRIT-School. Sie probiert es auf eigene Faust und gründet eine Jazzband. Ihr enger Freund Nick Shymansky übernimmt früh eine Art Management, 2002 wird die Agentur von Musik- und Fernsehproduzent Simon Fuller auf sie aufmerksam, im Jahr darauf singt sie beim Label Island Records vor. Das Ganze dauert nur wenige Minuten – eine Gitarre, ein Lied –, mehr braucht es nicht. Applaus in dem kleinen Büro, Begeisterung unter den wenigen Zuhörern. Da ist er, der erste Plattenvertrag, ein Jahr später erscheint ihr Debütalbum *Frank*, ein Geniestreich, der Amy Winehouse und ihre unvergleichliche Stimme endgültig auf dem öffentlichen Radar installiert. Sie klinge schon mit 18 wie eine 65-jährige Jazz-Sängerin, konstatiert Produzent Salaam Remi und fragt sich vor allem eins: Wie wird sie erst mit 25 klingen?

Für das Album streicht sie den angesehenen Ivor-Novello-Award ein, die Verkaufszahlen allein in Großbritannien überschreiten die Platin-Marke, stilistisch bewegt sich Amy Winehouse in klassischen Jazz- und Soul-Gefilden, ein Vintage-

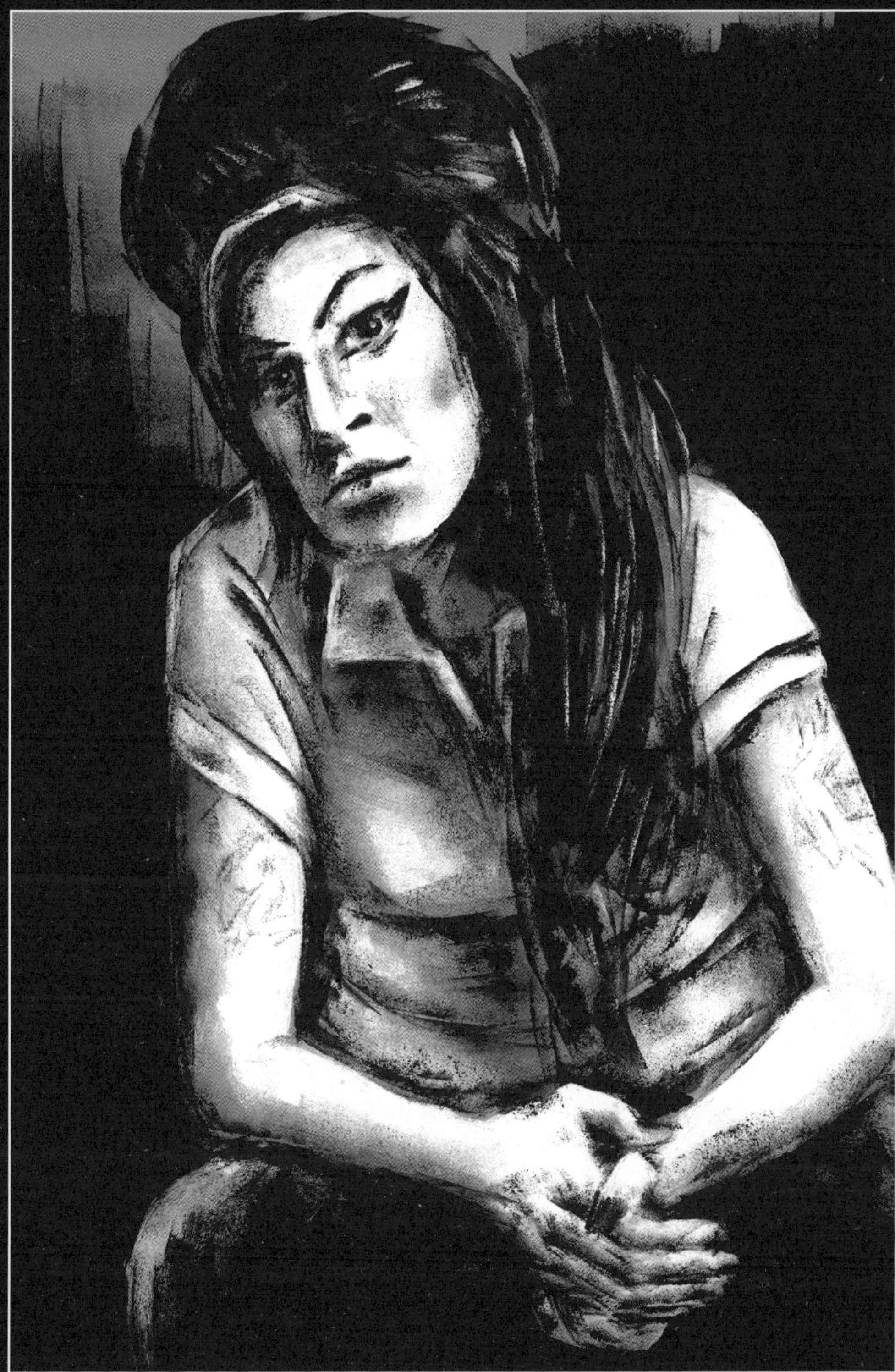

Sound zwischen Samt, Suff und Sünde. Ihre Texte sind wie vertonte Tagebucheinträge zwischen himmelhochjauchzend und zu Tode betrübt. Camden ruft, Amy kommt, sie zieht in den chronisch angesagten Londoner Stadtteil, wo sie mit offenen Armen empfangen wird – und mit vollen Gläsern. In Pubs wie The Good Mixer oder The Dublin Castle hat sie einen Deckel, auf dem die Striche bald keinen Platz mehr finden, sie spielt Billard, raucht Kette, feiert, flucht und feixt, macht die Nächte durch.

Kurz gesagt: Sie hat die Zeit ihres Lebens und lernt mit Blake Fielder-Civil auch gleich noch die große Liebe kennen. Unter einem guten Stern steht das nicht: Fielder-Civil ist ein egozentrischer Szenelöwe, ständig drauf, ein Durchlauferhitzer für Drogen aller Art. Die beiden verkeilen sich förmlich ineinander, mal ziehen sie gemeinsam um die Häuser, dann wieder verschanzen sie sich, um das nie enden wollende Wochenende mit Crack & Co. adäquat zu vernebeln. Die englischen Paparazzi sind dabei stets präsent, lauern mit schnellen Schuhen vor der Haustür, dokumentieren alles vom kleinsten Kratzer in Blakes Gesicht bis zu Amys blutigen Schuhen. Das wandelnde Elend bleibt auch Management und Label nicht verborgen, umso mehr, da man in den Chefetagen schon nervös mit den Fingern auf der Tischplatte trommelt. Wann kommt endlich das nächste Album, oder anders gesagt: Wann klingeln wieder die Kassen? Zwischenzeitlich macht Fielder-Civil die Biege, kehrt zu seiner Ex zurück, die er ohnehin nie so richtig verlassen wollte, wie es plötzlich heißt. Amy Winehouse haut es von den Füßen, doch sie bekommt noch einmal die Kurve. Mit Mark Ronson trifft sie auf den richtigen Mann zur richtigen Stunde. Der junge Londoner kennt sich nicht nur in Hip-Hop, Jazz und Soul bestens aus, er weiß auch, wie man Mainstream-Hits produziert, hat sich schon früher als eigenständiger Klang-Alchemist erwiesen, der maßgeschneiderte Soundwelten ersinnt. Gemeinsam gehen sie ins Studio und entwickeln flugs einen Song nach dem anderen. In nur wenigen Stunden entsteht mit *Rehab* der wohl größte Hit in spe. Als das Album *Back to Black* 2006 erscheint, ist die Sängerin endgültig ganz oben angekommen. War das Debüt schon ein in vielen Belangen beachtlicher Erfolg, dann ist dies eine Superstar-Werdung in Echtzeit. Derlei Glanz und Gloria dringen auch zu Blake Fielder-Civil durch, der plötzlich wieder auf der Matte steht, um sein bleiches Gesicht in Amys Ruhm zu sonnen. Derweil geht das Album in Großbritannien fast zwei Millionen Mal über den Tresen, auch in den USA stehen die Zeichen auf Erfolg. Bei der Grammy-Verleihung im Februar 2008, die sie aufgrund von Ausreise-Problemen von der Bühne eines Londoner Clubs aus verfolgt, erhält sie sagenhafte fünf Preise. Privat tun sich ebenfalls große Dinge. Zur Entzugsklinik hat Amy noch »No, no, no« gesagt, zu Fielder-Civil sagt sie nun »Yes, yes, yes«. Lange sollte die Ehe nicht halten, diverse Konzertabsagen und Zusammenbrüche, Festnahmen und Schlagzeilen später sind die beiden 2009 schon wieder geschieden. Zwischenzeitlich flüchtet sie nach St. Lucia, will auf der Karibikinsel endlich mal Abstand gewinnen und zu neuen Kräften kommen. Sie streicht Crack und Konsum von der To-do-Liste und erhöht dafür zwischenzeitlich den Promillepegel. Eine zumindest fragwürdige Maßnahme, doch fast scheint es, als könne sie vielleicht noch einmal die Kurve bekommen. Als ihr Vater sie jedoch auf der Karibikinsel besucht, hat er ein Kamerateam dabei, um jeden Schritt vor Ort für eine Reality-Show zu dokumentieren. Hell is other people, zuweilen auch der eigene Dad.

Überhaupt weht im geschäftlichen Umfeld ein zunehmend rauer Wind. Nick Shymansky, ihr alter Kumpel, ist von der Bildfläche verschwunden – unfreiwillig. Mittlerweile hat Show-Promoter Raye Cosbert das Management übernommen. Der

Mann ist alte Tourschule, die Show muss weitergehen, koste es, was – und wen – es wolle. 2010 arbeitet Amy Winehouse noch einmal mit Mark Ronson zusammen, es geht um ein Tribute-Album für Quincy Jones. Im Jahr darauf gibt sie einige Konzerte in Brasilien. Doch die Vorkommnisse der vergangenen Jahre haben tiefe Spuren hinterlassen, in und auf Amy selbst, aber auch im Auge der Öffentlichkeit. Die Presse bezeichnet sie mittlerweile als »Skandalsängerin«, Comedians zerreißen sich das Maul, Show-Hosts nennen sie »Säuferin« und haben mit miesen Gags die Lacher auf ihrer Seite. Alle Welt erwartet den nächsten Zusammenbruch, einen Hit dagegen kaum noch jemand. Und doch kämpft Amy Winehouse sich ein weiteres Mal zurück ans Mikro. 2011 arbeitet sie mit Entertainment-Ikone Tony Bennett zusammen, die beiden treffen sich in den legendären Abbey Road Studios. Die ersten Takes zum Song *Body and Soul* klingen noch etwas schief, dann jedoch wird das Duett zu einer Sternstunde. Die beiden umarmen sich anschließend, halten inne, ein Moment für die Ewigkeit. Bennett wird Jahre später davon sprechen, dass er sie vielleicht hätte retten können.

Tatsächlich jedoch rollt der Zug unaufhaltsam Richtung Abgrund. Dabei sieht es bis zum Sommer 2011 einigermaßen vielversprechend aus: Vom Comeback ist die Rede, Amy Winehouse geht ein weiteres Mal ins Trockendock, eigentlich ist der Boden bereitet. Doch dann kommt der 18. Juni, ein Konzert in Belgrad steht an, der Auftakt ihrer Europatour. Amy Winehouse will nicht auftreten, schon gar nicht touren, sie fühlt sich zu schwach. Und womöglich zu durstig. Am Abend vorher betrinkt sie sich und schläft am nächsten Morgen so tief, dass sie nicht zu wecken ist. Cosbert und seine Handlanger schleppen sie schlafend ins Taxi, erst am Flughafen wacht sie auf. Unter Tränen bittet sie, nicht auftreten zu müssen. Ihre Worte werden nicht erhört. Am Abend stakst sie im Kalemegdan-Park der Belgrader Festung auf die Bühne. Erst klatscht das Publikum eine Weile, dann beginnt es zu pfeifen. Amy Winehouse zieht sich erst einmal die Schuhe aus, umarmt einige ihre Musiker. Ihr Gesicht ist ein einziges Flehen: Ich möchte nicht singen. Ich will nach Hause. Die verwackelten Handyaufnahmen machen auch Jahre danach noch fassungslos, man würde ihr am liebsten einen Becher warme Milch und einen Teller Kekse hinstellen, ihr eine Wolldecke um die Schultern legen und sagen, dass alles wieder gut wird. Doch nichts wird gut, die Tour stattdessen abgesagt, den allerletzten Vorhang kann man fast schon mit den Fingerspitzen berühren.

Und noch einmal reißt Amy Winehouse sich zusammen, hält sich von Drinks und Drogen fern – zumindest eine Weile. Als sie am 20. Juli nach Hause kommt, bemerkt ihr Bodyguard Andrew Morris, dass sie unter dem Einfluss von was auch immer steht. Die nächsten Tage spricht sie weiteren Drinks zu, schaut fern, hört Musik. Am Abend des 22. Juli kommt ihre Ärztin vorbei, Dr. Romete. Die beiden unterhalten sich. Romete hat ihr schon vor einiger Zeit Librium verschrieben, um die Alkoholsucht zu bekämpfen, doch Amy bekommt es einfach nicht in den Griff. Als Romete das Haus am Camden Square 30 verlässt, gucken Morris und Winehouse noch YouTube-Videos. »Verdammt, ich kann singen!«, sagt Winehouse beim Anschauen ihrer eigenen Clips. Irgendwann zieht Morris sich zurück. Es wird ruhig im Haus. Am Vormittag des 23. Juli schaut Morris nach Winehouse, unbewegt liegt sie auf dem Bett, für ihn kein Grund zur Sorge. Ein paar Stunden später, gegen 15 Uhr, immer noch dasselbe Bild, diesmal checkt Morris ihren Puls – nur um festzustellen, dass er eben diesen nicht findet. Wenig später treffen zwei Krankenwagen ein, dazu die Polizei. Der Arzt kann nur noch den Tod von Amy Winehouse feststellen. Versehentliche Alkoholvergiftung, so heißt es im Obduktionsbericht. Das Ergebnis der Blutuntersuchung: 4,16 Promille. Das Ende mit 27 Jahren, eine Karriere als Chronik eines angekündigten Todes. Dabei wollte sie genau das auf keinen Fall, wie sie Stunden, bevor ihr Herz für immer aufhörte zu schlagen, der Ärztin voller Hoffnung auf eine bessere Zukunft gesagt hatte: »I don't wanna die.«

Vom Camden Square zur Holloway Road ist man zu Fuß etwa eine halbe Stunde unterwegs, etwas schneller geht es mit dem Bus der Linie 29, Richtung Wood Green. 304, das ist die Nummer des Hauses, in dem sich folgende Geschichte zuträgt ...

Joe Meek

»I hear a new world
Calling me, calling me
So strange, I'm sorry
So strange, I'm sorry
Haunting me, haunting me«
I Hear A New World

»Joe sagte mir ein ums andere Mal, ich möge doch bitte nicht so dicht am Mikro stehen. Wenn ich mit der Stimme hochgehe, wird es zu laut für die Aufnahme«, so erzählt es Sänger Tom Jones. »Irgendwie vergaß ich das immer wieder, bis er plötzlich aus dem Regieraum zu mir stürmt und mich mit einer Knarre vorm Gesicht anbrüllt: Weg vom Mikro! Das war schon schräg. Es stellte sich heraus, dass es eine Startschuss-Pistole war. Aber man kann es nicht anders sagen: Joe Meek hatte sein ganz eigenes Ding am Laufen.« Sein eigenes Ding – so muss man es wohl ausdrücken. Klangtüftler, Studio-Freak, Innovator, Pionier, Hitschmied, Mörder, Selbstmörder ... Joe Meek war so manches. Nicht für alle in seinem Umfeld würde es so glimpflich ausgehen wie für Tom Jones.

Sein erstes Grammofon bekommt er schon mit fünf Jahren. Eric und Arthur, seine beiden Brüder, toben über die Wiesen rund um Newent, eine kleine Ortschaft im englischen Gloucestershire, Joe sitzt lieber im Schuppen und schraubt an technischen Geräten. Es ist nicht nur das weite Feld der Elektronik, das den 1929 geborenen Jungen magisch anzieht, auch

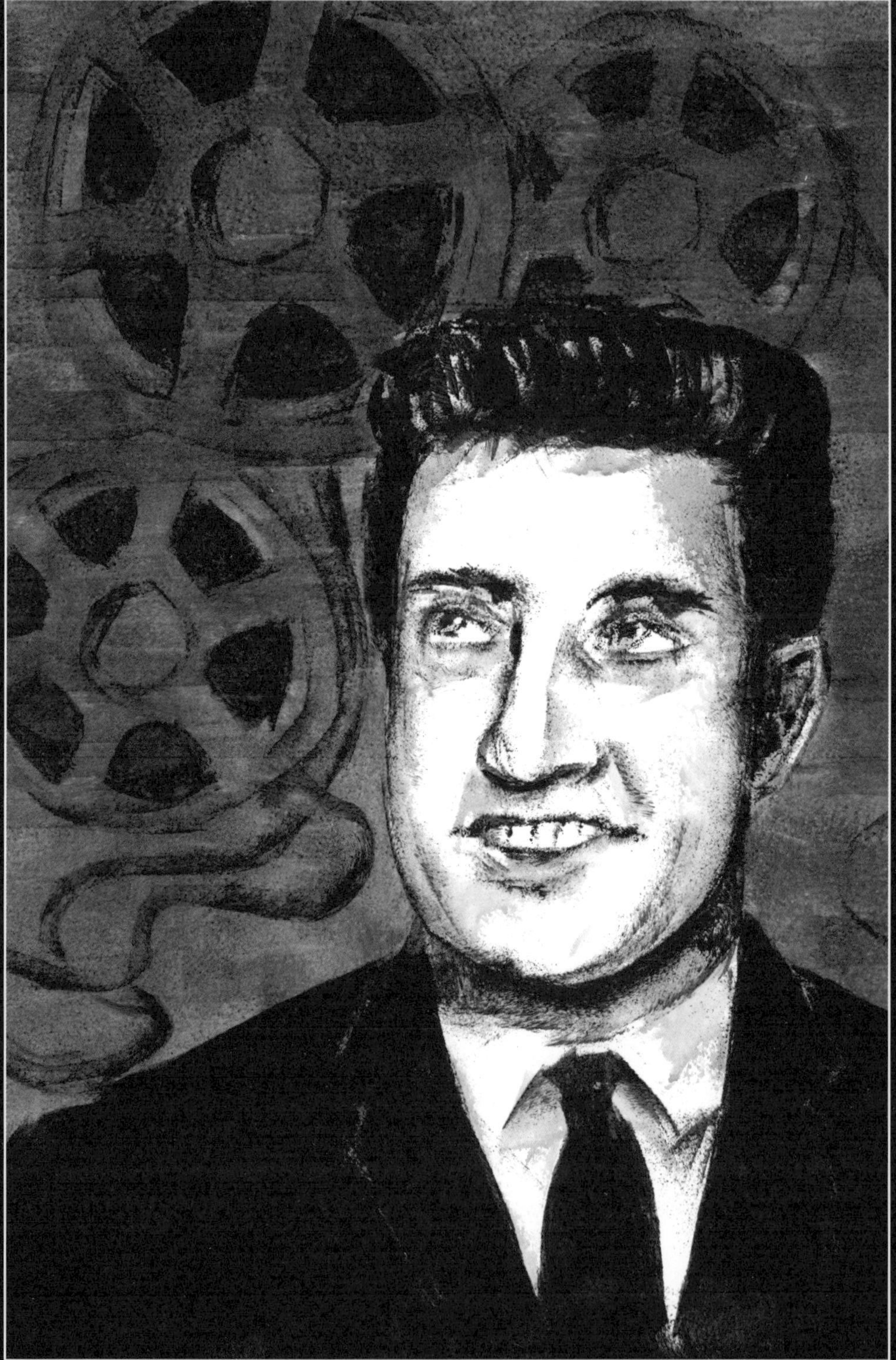

die Musik, alles was mit Kunst, mit der Performance zu tun hat, bringt sein junges Hirn zum Bitzeln, ein geistiger Zustand, der von Dauer sein würde. Während der Schulzeit jobbt er in einem Elektrogeschäft, Ende der 1940er Jahre findet er einen Job als Radartechniker bei der Royal Air Force. Seine Kenntnisse nutzt er auch privat, um Fernseher und Tonbandgeräte zu bauen, 1954 landet er schließlich bei der BBC und agiert als Toningenieur bei einer Show mit dem Titel »People Are Funny«. Sein Gehör ist für Töne und ihre Höhen kaum ausgeprägt, er hat kein Gespür für Melodien, aber in Sachen Produktionstechnik und beim Gefühl für einen ganz bestimmten Sound macht ihm niemand etwas vor. Meek bringt das Studio der BBC technologisch auf den neuesten Stand, er ist an Produktionen für Jazzgrößen wie Chris Barber und Humphrey Lyttelton beteiligt. Schon hier zeigt sich sein unkonventioneller Umgang mit Instrumenten und Klängen: Das Schlagzeug bekommt bei ihm Hall und Raum, wirkt viel voluminöser als auf anderen Veröffentlichungen des Genres.

Zusammen mit William Barrington-Coupe gründet er 1959 Triumph Records, ein unabhängiges Plattenlabel – in Zeiten solcher Industrie-Dickschiffe wie EMI oder Decca ein schier revolutionärer Move. Umso spektakulärer, weil mit Michael Cox und dessen Song *Angela Jones* direkt die Top Ten der UK-Charts geknackt werden. Ein Erfolg, der nicht nur Anlass zum Jubeln gibt. Vielmehr bricht ein erster Konflikt mit den großen Labels auf. Man hat Meek als unliebsame Indie-Konkurrenz auf dem Schirm, umgekehrt stellt Meek fest, dass er auf die Presswerke der Majors angewiesen ist, wenn er denn in einer chartfähigen Größenordnung produzieren will. Das Album *I Hear a New World*, laut Meek eine »Outer Space Music Fantasy«, hat kein so schönes Schicksal wie die Miss Jones des Mister Cox: Es landet, abgesehen von einer Singleauskopplung im EP-Format, direkt im Archiv, wo es bis zu seinem vollständigen Release im Jahre 1991 bleiben wird. Das Wire-Magazin nimmt es später in seine »100 Records That Set the World on Fire (While No One Was Listening)«-Liste auf. Die Platte selbst, darauf Titel wie *Orbit Around the Moon*, ist ein audiovisionärer Vorgeschmack auf Meeks größten Wurf. Verhallte Klänge, spukhafte Stimmen ... tatsächlich eine Platte wie von einem anderen Planeten. Meek gründet mit RGM Sound Ltd., später umbenannt in Meeksville Sound Ltd., ein weiteres Label. Er bezieht in der 304 Holloway Road im Londoner Stadtteil Islington eine kleine Wohnung im dritten Stock, oberhalb eines Lederwarengeschäfts, das von einer Dame namens Violet Shenton geführt wird. Mit der Todesballade *Johnny Remember Me*, gesungen von Johnny Leyton, landet Meek einen weiteren Hit, seine gesamte Wohnung ist jetzt zum Studio umfunktioniert – ein selbstgebautes Mischpult, etliche Mikrofone, ein Schlagzeug. Der Sound einer Treppenstufe seines zweistöckigen Apartments hat einen so wuchtigen Klang, dass Meek ein Stampfen auf ebendiese Stufe als verstärkte Bass-Trommel einbaut, Backing Vocals werden vom Badezimmer aus gesungen. Ein ständiges Kommen und Gehen, Trommeln und Tanzen. Immer wieder klopft Miss Shenton mit dem Besen von unten gegen die Zimmerdecke und verlangt von Meek, die Geräuschkulisse doch endlich mal zu reduzieren.

Für den 1959 bei einem Flugzeugabsturz verunglückten Sänger Buddy Holly entwickelt Meek eine geradezu manische Schwärmerei. Er hält nach dessen Tod Séancen ab, um Holly im Jenseits zu erreichen, empfängt vermeintliche Botschaften über das Ouija-Bord. Nächtens treibt er sich auf Friedhöfen herum, macht Tonaufnahmen, die er im Studio zu entschlüsseln versucht. Über das Miauen einer Katze meint er, Hilferufe aus dem Reich der Toten zu empfangen. Mit dem Sänger Mike Berry nimmt er den Song *Tribute to Buddy Holly* auf. Die BBC weigert sich, das Stück zu spielen. Der Grund: Es sei ihnen zu morbide. Als die USA mit dem »Telstar 1« einen ersten Kommunikations-Satelliten ins All schicken, legt das bei Meek einen Schalter um. Für die Band The Tornados – in ihren Reihen ein blonder Rock'n' Roller namens Heinz, in den Meek unglücklich verliebt ist – schreibt er ein Instrumentalstück namens *Telstar*. Die Band spielt den Song ein und geht wieder nach Hause, Meek knöpft sich die Bänder vor, manipuliert die Sounds, spielt Overdubs mit einer Clavioline, einer batteriebetriebenen Orgel, ein. Der Legende nach bringt er auch das Geräusch einer Klospülung unter, um den Klang des Raketenstarts zu imitieren. Das Plattenlabel Decca ist zunächst irritiert, aber veröffentlicht den Song schließlich doch. Am 4. Oktober 1962 steht er auf Platz 1 der englischen Hitparade. In den USA erscheint die Single mit einiger Verzögerung und erreicht auch dort – Premiere für eine Single aus UK – die Pole-Position der Charts. Sieben Millionen Exemplare gehen weltweit über die Ladentheke, als »meistverkaufte A-Seite des Jahres 1962« erhält Meek den prestigeträchtigen Ivor-Novello-Award. Doch so erfinderisch der eigenwillige Klangforscher hier vorgeht, so populär das ist, was er abseits gängiger Konventionen zusammenschraubt, so schief liegt er an anderer Stelle, wenn es darum geht, zu entscheiden, was hitfähig ist und was nicht. Als ein junger Musikmanager namens Brian Epstein ihm eine Band namens The Beatles vorstellt, winkt Meek nur ab, einer anderen Gruppe empfiehlt er, sich von ihrem Sänger – sein Name ist Rod Stewart – zu trennen und nach Ersatz zu suchen. Nach Meeks Tod wird man eine alte Teekiste finden, darin um die 2.000 Bänder mit Aufnahmen, unter anderem von Größen wie David Bowie, Jimmy Page, Gene Vincent und Ritchie Blackmore.

Auch abseits seiner Produktionen wird es zunehmend erratischer in der Welt des Joe Meek. Er leidet an einer bipolaren

Störung, hat manisch-depressive Schübe, fühlt sich verfolgt. Mal meint er, die Außerirdischen würden durch die Tapete mit ihm kommunizieren, dann hat er das Decca-Label im Verdacht, ihn abzuhören. Am Telefon kommt es zu einer heftigen Auseinandersetzung mit Phil Spector, dem er vorwirft, seine Ideen geklaut zu haben. Erschwerend kommt hinzu, dass er seine Homosexualität nicht ausleben kann, ein Umstand, der ihn zunehmend in die Schizophrenie treibt. Als die Polizei ihn beim Sex mit einem Mann in einer öffentlichen Toilette erwischt, wird er zu einer Geldstrafe von 15 Pfund verurteilt. Er wird erpresst, zudem befürchtet er, im aufsehenerregenden Fall um einen vergewaltigten und anschließend ermordeten 17-Jährigen verhört zu werden. Auch seiner Mutter verheimlicht er, dass er schwul ist. Auf die Straße traut er sich zuweilen nur in Verkleidung. Geschäftlich bahnt sich eine Katastrophe an: Jean Ledrut, ein französischer Komponist, erstattet Anzeige, es kommt zu einer Plagiatsklage. Ledrut behauptet, Meek habe sich bei seinem Stück *La Marche d'Austerlitz* bedient, *Telstar* würde so ähnlich klingen. Der Prozess zieht sich über Jahre, ohne dass es zu einer Entscheidung kommt. Während dieser Zeit werden die Tantiemen für das Musikstück eingefroren, Meek erhält keinen Schilling.

Am 3. Februar 1967 kommt es erneut zum Streit mit seiner Vermieterin. Violet Shenton beschwert sich ein weiteres Mal über den Lärm, zudem ist Meek mit der Miete in Rückstand. Er zieht ein Gewehr unterm Bett hervor, dass er Heinz Burt weggenommen hat, um zu verhindern, dass dieser während der Tornados-Tourneen auf Vogeljagd geht. Meek erschießt erst seine Vermieterin, unmittelbar danach sich selbst. Es ist der achte Todestag von Buddy Holly. Der Plagiatsprozess wird erst im Jahr danach entschieden. Ledrut erhält mehrere tausend Pfund, gleichzeitig heißt es, Meek habe nicht abgekupfert –

die melodischen Ähnlichkeiten würden sich lediglich auf vier Takte belaufen. Ohnehin sei der Sound von Meeks Produktion ein gänzlich anderer als der von Ledruts Musikstück. »Er war einfach sehr gestresst«, so sagt es Meeks Bruder Arthur 25 Jahre später in einem Interview. »Joe hätte nach Hause kommen sollen, um sich etwas auszuruhen. Dann wären die Dinge schon wieder in Ordnung gekommen.«

Für Joe Meek blieb der große Durchbruch am Ende ein unerfüllter Traum. Zum Zeitpunkt seines Todes haben andere Künstler längst bewiesen, wie gut sich visionäre Studioarbeit mit einer Handvoll talentierter Musiker verbinden ließ. Ganz vorn dabei natürlich jene Band, für die der Protagonist des folgenden Kapitels auch mal zum Hammer griff, wenn es darauf ankam ...

Mal Evans

»But as the words are leaving his lips
A noise comes from behind«
Maxwell's Silver Hammer

»Einer der bizarrsten, brutalsten und originellsten Italo-Western, die je gedreht wurden«, so beschreibt der Autor Ulrich P. Bruckner den Film *Blindman, der Vollstrecker* in seinem Buch *Für ein paar Leichen mehr. Blindman* geht an die Grenzen und darüber hinaus. Formal ein Western, ist der 1972 in deutschen Kinos gestartete Film, dessen Titelheld eine Adaption des japanischen Samurais Zatōichi ist, nicht zuletzt aufgrund seiner Besetzung interessant: Tony Anthony, einer der unbesungenen Helden des Spaghetti-Westerns, gibt den *Blindman*. Bis ins hohe Alter leidet der Mann aus Virginia an den Folgeerscheinungen der Kontaktlinsen, die er während der Dreharbeiten trägt, um den blinden Vollstrecker möglichst glaubwürdig zu verkörpern. Sein Gegenspieler Domingo wird gespielt von Lloyd Batista, dessen Filmbruder Candy von keinem geringeren als Ringo Starr. In seiner Zeit bei den Beatles hatte der Schlagzeuger bereits sein komödiantisches Talent in Filmen wie *Yeah Yeah Yeah* und *Help!* unter Beweis gestellt und war zudem in Frank Zappas *200 Motels* zu sehen. Hier nun gibt Starr den hemdsärmeligen Cowboy, mit ihm zusammen sind weitere Größen aus der Beatles-Ära beteiligt. Produzent Allen Klein, einst Manager der Fab Four und der Stones, ist als namenloser »Fat Rifleman« zu sehen. Als »Bearded Skunk Henchman« ist Mal Evans dabei, einst umtriebiger Assistent –

Handlanger, wenn man so will – der größten Band der Welt, hier nun als zerzauster Typ in langen Unterhosen und Cowboystiefeln in Aktion. In seiner Hand: eine Knarre. Keine fünf Jahre später würde ihm genau dieses Detail zum Verhängnis werden.

Am 27. Mai 1935 kommt Malcolm Frederick Evans in Liverpool zur Welt. Er hat drei Geschwister, spielt in seiner Freizeit Banjo. Anfang der 1960er lernt er Lily kennen, die beiden heiraten, ziehen in den Vorort Allerton und freuen sich über ihr erstes gemeinsames Kind, einen Sohn, den sie Gary nennen. 1966 folgt eine Tochter, Julie, zu diesem Zeitpunkt ist Evans, Spitzname Mal, längst Teil des Trosses rund um die Beatles. Das Abenteuer beginnt überaus alltäglich: Evans arbeitet als Telefontechniker in einer Liverpooler Postfiliale, er verbringt seine Mittagspausen regelmäßig draußen – kehrt zum Lunch in einem der umliegenden Pubs ein oder vertritt sich ein wenig die Beine. Als er eines Tages durch die Matthew Street schlendert, entdeckt er den Cavern Club. Von unten dringt Musik nach oben, schon zur Mittagszeit finden hier die ersten Konzerte statt. Evans wird neugierig, bezahlt einen Schilling Eintritt und steht im Kellergewölbe vor jener Band, die nicht nur das Kontinuum der Pophistorie, sondern auch Mal Evans' Leben entscheidend beeinflussen sollte. Mal und George Harrison freunden sich als erstes an, kurz darauf wird Evans Türsteher des Cavern. Eine perfekte Besetzung für den Posten: Evans ist das, was man wohl einen Schrank nennt, fast zwei Meter groß, eine wuchtige Erscheinung wie eine Mischung aus Peter Sellers und Shrek, zudem mit Nerven wie Drahtseilen und einer ausgesprochenen Freundlichkeit ausgestattet. »Gentle Giant«, so wird er bald genannt, der freundliche Riese.

Vom Türsteher steigt er bald zum Assistenten der Fab Four auf, die Stellenbeschreibung trifft es jedoch nur im Ansatz.

Evans wird so etwas wie ein Universalschlüssel, ein Dietrich, ein Schweizer Messer, in Tweed gehüllt und von einer stoischen Erfüllungsgabe beseelt. Als Kommunikationstechniker kümmert er sich um die elektrischen Aspekte des Beatles-Equipments, gleichzeitig agiert er als Fahrer der Band, springt als Bodyguard ein, und wenn Ringo Starr neue Unterhosen braucht, ist es Evans, der sie besorgt. Evans ist dabei, als die Beatles in New York mit Dylan kiffen, er dreht mit Lennon Runden im Pool und wenn John, George und Ringo nach einem anstrengenden Studiotag bereits im Bett liegen, zieht es ihn zusammen mit Paul und Neil Aspinall, einem weiteren Assistenten im Team der Band, zum Absacker nach Soho in ihren Lieblingspub, das Bag O'Nails. Mit McCartney wohnt er in St. John's Wood zeitweise sogar zusammen. Auch was das Kreative angeht, ist Evans regelmäßig beteiligt – im Studio ist er ohnehin ständig dabei. Bei *Maxwell's Silver Hammer* ist er es, der den besagten Hammer auf den Amboss schlägt, in *Yellow Submarine* gehört er zum Chor, er arbeitet an *Sgt. Pepper* mit, und obwohl McCartney ihm wohl einiges an Royalties in Aussicht stellt, streicht Evans diese nie ein. Es ist die Crux all dieser Freundschaftsdienste, dass deren unschätzbarer Wert doch nie in Verträge gegossen wird. Während die Führungsetage die Heuer einfährt und sich entsprechende Karossen, Klamotten und Chalets zulegt, bleibt es unter Deck honorartechnisch übersichtlich. Evans' Wochenlohn: Knapp 40 Pfund, heute so etwa um die 1.000 Euro. Beim letzten Gig der Beatles auf dem Dach des Apple-Gebäudes in der Londoner Savile Row installiert er Mikros und Kameras im Eingangsbereich, um die schon im Vorfeld erwartete Ankunft der Polizei zu filmen. Als die Beamten schließlich eintreffen, zur Mittagszeit an diesem 30. Januar 1969, und um Ruhe bitten, dreht Evans als erstes den beiden Gitarrenverstärkern den Saft ab. Da wird selbst der ruhigste Pilzkopf sauer, George Harrison schaltet seinen Amp wieder an. Eigentlich hatten sich die Beatles einen telegenen Konzertabbruch erhofft, doch die Polizei erliegt der Strahlkraft des epochalen Ensembles und lassen die Dinge ihren Gang gehen. Den Fab Four den Stecker ziehen? Selbst für den hartgesottensten Bobby ein Unding. Stattdessen ist es Evans, der zwischenzeitlich in Gewahrsam genommen wird, so lange jedenfalls, bis Paul seinen Macca-Charme spielen lässt und ihn wieder befreit.

Mit dem Split der Beatles geraten auch Evans' Leben und Karriere ins Schlingern. Zunächst folgt er ihnen noch auf ihren Solopfaden, als ungebrochen präsenter und einflussreicher Wegbegleiter. An Lennons erster Single nach dem Ende der Band, *Instant Karma*, arbeitet er ebenso mit wie an Harrisons *All Things Must Pass* und Ringos *Ringo*. Die 1970er schreiten fort, Evans ist auf dem Weg nach unten. Seine Ehe geht in die Brüche, mit Fran Hughes, seiner neuen Freundin, zieht er in ein Motel in Los Angeles. Evans leidet unter Depressionen, gleichzeitig arbeitet er unentwegt an seinen Memoiren. Ständig hat er während seiner Zeit mit den Beatles Tagebuch geführt und alltägliche Dinge ebenso aufgeschrieben wie die großen Ereignisse. Kleine Einkäufe finden sich hier wieder, daneben Skizzen des legendären Albumcovers für *Abbey Road*. Ein Zeitdokument der Extraklasse, der Arbeitstitel: *Living The Beatles' Legend*. Die Erscheinung des Buches sollte bis 2023 auf sich warten lassen, *The Untold Story of Mal Evans*, so die Unterzeile dieses fast 600 Seiten starken Werks, das Autor und Beatles-Experte Kenneth Womack auf der Grundlage von Evans' Tagebüchern, Notizen und Fotos in Form gebracht hat.

Dabei hat Mal Evans längst eine Deadline, eigentlich zwei, wenn man so will. Die seines Buches und die seines Lebens. Am 12. Januar 1976 soll er sein fertiges Manuskript beim New Yorker Verlag Grosset & Dunlap einreichen. Doch Evans findet keine

Ruhe. Er ist zu kaputt für die Schreibarbeit und bittet seinen Co-Autor John Hoernie darum, das Werk zu Ende zu bringen. Eine Woche ist es noch bis zur Abgabe, da findet Evans' Lebenskrise ihren tragischen Tiefpunkt: Hughes, seine Freundin, bittet John Hoernie zu ihrem Haus in der 8122 West 4th Street zu kommen, weder sie noch die Valium-Tabletten können Evans beruhigen. Als Hoernie eintrifft, kommt es zum Handgemenge. Evans hat plötzlich ein Gewehr in der Hand – ob es ein echtes ist, ein Luftgewehr oder nur eine Attrappe, wird nie ganz geklärt. Hoernie ruft in seiner Verzweiflung die Polizei, eine schicksalsträchtige Entscheidung. Vier Cops treffen kurze Zeit später ein, drei von ihnen stürmen das Zimmer, in dem Evans sich befindet. Als er die Waffe auf die Polizisten richtet, ziehen diese selbst ihre Revolver. Sechs Schüsse geben sie ab, vier davon treffen Evans. Für ihn kommt jede Hilfe zu spät. Er stirbt im Alter von gerade mal 40 Jahren. Bei der Trauerfeier zwei Tage später ist keiner der Beatles anwesend, Freunde wie Neil Aspinall, Produzent George Martin und Sänger Harry Nilsson sind jedoch gekommen, um ihrem Weggefährten das letzte Geleit zu geben. Als Evans' Asche in seine Heimatstadt Liverpool überführt werden soll, geht sie zwischenzeitlich auf dem Postweg verloren und kommt erst Wochen später bei seiner Familie an. Evans, der ehemalige Postler, hätte angesichts dieser Ironie wahrscheinlich leise gekichert.

War Mal Evans aufgrund einiger Schlenker des Schicksals aus der Spur geraten, so hatte sich der durchgeknallte Typ, um den es im Anschluss geht, den nackten Wahnsinn schon früh ins Stammbuch geschrieben. Parental Advisory, Explicit Habits – auf den nächsten Seiten wird es unappetitlich ...

GG Allin

»Stay out of my path, stay out of my way
You don't want to make my fucking day
When I bust your shit, you'll know where I'm from
I'll blow your brains out with a gun«

Bastard Son of a Loaded Gun

Allein die Worte auf seinem Grabstein, zu lesen auf dem Saint Rose Cemetery in Littleton, New Hampshire, lassen posthum frösteln: LIVE FAST DIE, so steht es da in großen Lettern, darüber ein dramatischer Abschiedsgruß: »For my mission ends in termination, vicinity of death«. Allins Mission, von der hier die Rede ist, fand am 28. Juni 1993 ihren Abschluss. Letzte Ausfahrt: Tod. Live fast die! Leb schnell, stirb! Das ist kein romantisch verklärtes »Live fast, die young«, keine Rock-'n'-Roll-Saga vom strahlenden Helden, der nicht altert, einfach, weil seine Leiche ewig jung bleibt. Kein Club 27, keine Ahnengalerie, kein Morphium-Märchen. Everybody loves a heavy ending. Das hier duftet nicht nach einem letzten Southern Comfort oder Räucherstäbchen neben der Badewanne, das riecht nach Blut, Schweiß und Scheiße. Leb, Alter, und dann kneif den Arsch zusammen. GG ALLIN, so steht es oben am Gedenkstein, unten rechts sein bürgerlicher Name, Kevin M. Allin, dazu die Stellenbeschreibung qua Selbstbezichtigung:

Rock 'n' Roll Terrorist

Am 29. August 1956 kommt er in Lancaster, New Hampshire, auf die Welt. Sein Vater Merle, ein religiös verdrehter Fanatiker, tauft ihn auf den Namen Jesus Christ, weil er in ihm den kommenden Messias sieht. Als sein älterer Bruder Merle junior den Namen nicht richtig aussprechen kann, wird daraus erst eine Art »Jeje« und später jenes Akronym, das auf Konzertflyern und Plattenhüllen, T-Shirts, Tattoos und seinem Grabstein stehen wird: GG.

Die Familie Allin lebt in einer kleinen Hütte ohne fließend Wasser. Merle senior, der Herr des Hauses, führt ein wahnwitziges Regiment. Er schlägt um sich, hat fiebrige Erweckungsvisionen, predigt die Worte des Herrn, um dann wieder Gräber auszuheben, droht seiner Frau Arleta und den Kindern, sie allesamt umzubringen. Er hasst Tageslicht und Vergnügungen jeglicher Art. Finden die Kinder doch etwas zum Spielen, nimmt er es ihnen weg und vergräbt es im Wald. Wenn seine Frau ihm den Sex verweigert, setzt er das Bett in Brand. Kommt doch einmal Besuch, müssen sich die Kinder verstecken. Fünf Jahre geht das so, bis der Mutter und den Söhnen die Flucht gelingt. Viel besser wird es nicht. Arleta, die GG, oder besser: Jesus Christ, nun auf den Namen Kevin Michael umtaufen lässt, hat eine Schwäche für kaputte Typen. Die beiden Jungen leben in der Folge weiterhin unter prekären Bedingungen. GG Allin verarbeitet es auf seine Weise: »Ich entwickelte sehr früh die Seele eines Kriegers«, so sagt er später. Er verbündet sich mit seinem Bruder, die beiden dealen früh mit Drogen, halten sich mit Diebstählen über Wasser. Ihren ersten Sex haben sie miteinander. GG Allin trägt heimlich die Kleider seiner Mutter, ihre getragene Unterwäsche wird zum Fetisch. Wenn weiblicher Besuch kommt, manipuliert er vorher die Klospülung, um später über dem Urin und den Exkrementen zu masturbieren.

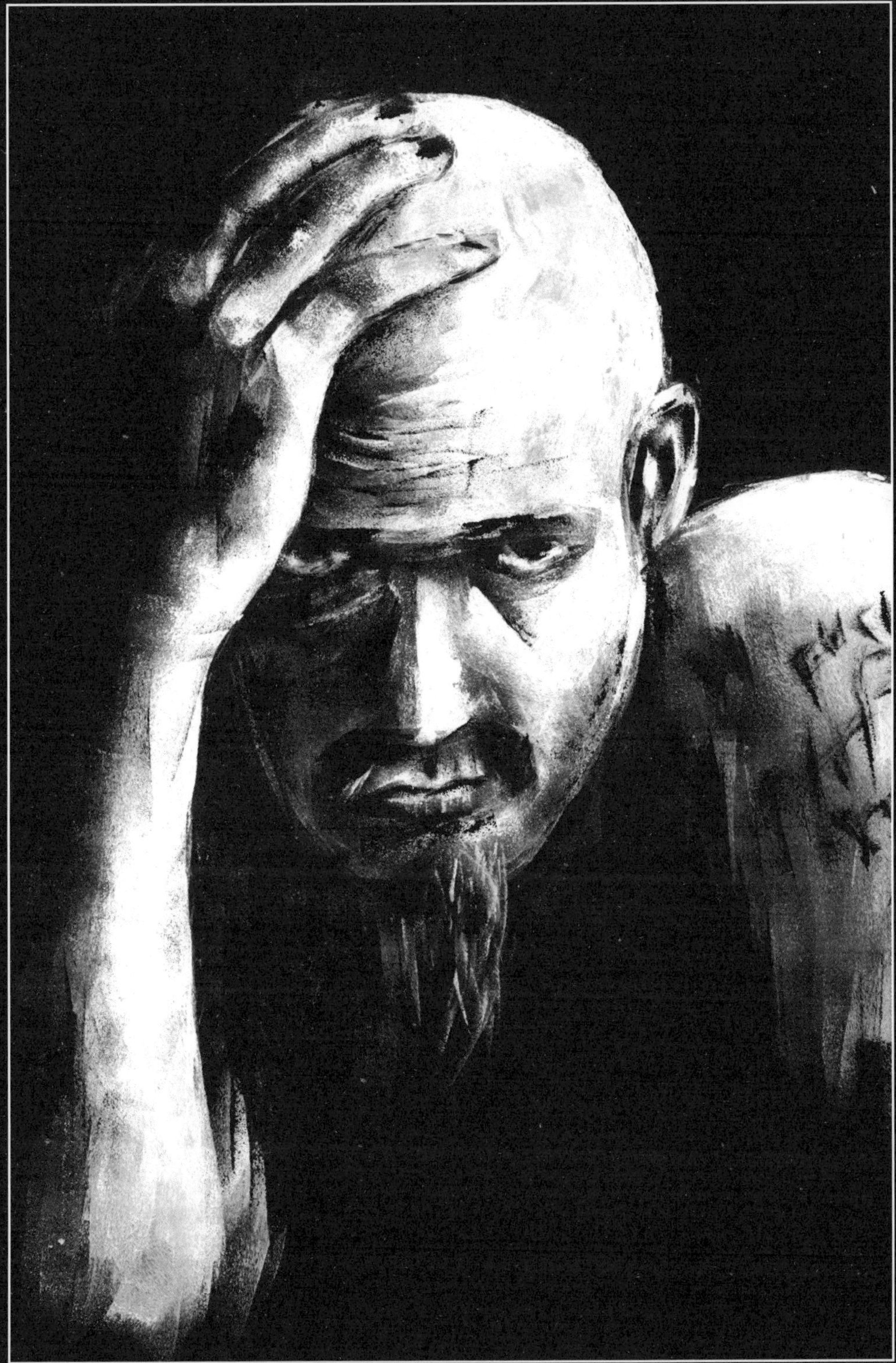

»Ich begann zu hassen, statt zu vertrauen, zu kämpfen und mich allen und allem gegenüber sehr distanziert zu fühlen. In einem sehr frühen Alter. Ich betrachtete die Welt um mich herum als einen einzigen Film«, so beschreibt es Allin in seinem Essay *My First Ten Years* und klingt für seine Verhältnisse überaus aufgeräumt. »Ein Film voller Übeltäter und Schwindler. Ich war wie ein Hauptdarsteller abseits der Leinwand und wartete mit einem Hammer auf meine Chance, alles in Schutt und Asche zu legen.« Ist das durchweg kredibel oder schraubt hier jemand womöglich etwas zu offenkundig an seinem Markenkern? Einzige Zuflucht für GG und seinen Bruder Merle: die Musik. Sie starten ihre erste Band, Merle am Bass, GG am Schlagzeug. »Sie spielten jeden Tag«, erzählt ihre Mutter in der Doku *Live Fast Die: The GG Allin Story* des Kanadiers Jay McBeth. »Sie waren anders. Sie waren anders als die anderen. Und ich habe ihnen diese Freiheit gelassen.«

Mit der Band The Jebbers wechselt GG 1977 ans Mikro, spielt bis Mitte der 1980er Jahre in diversen anderen Bands, darunter Scumfucs, The Texas Nazis und The Cedar St. Sluts. Sein Gebaren wird zunehmend extremer, bei einem Gig 1985 in Peoria, Illinois, defäkiert Allin zum ersten Mal auf die Bühne, das Publikum verlässt fluchtartig die Venue, der Gestank ist bestialisch. Das Ganze passiert nicht zufällig, vor dem Auftritt hat Allin Massen an Abführmitteln eingeworfen. Parallel zur Musik tritt er mit Spoken-Word-Programmen auf, vulgäre Texte zwischen Selbstzerstörung und universellem Hass auf alles und jeden. Er nimmt Kontakt zum einsitzenden Serienmörder John Wayne Gacy auf, die beiden führen einen Briefwechsel. Allin besucht Gacy sogar im Knast, der zeichnet später das Cover für den Soundtrack zum Film *Hated: GG Allin and the Murder Junkies*.

Immer wieder thematisiert Allin seine Selbstmordpläne, spricht davon, sich auf der Bühne umzubringen. Musikalisch wird es kontinuierlich härter. Hatten GG und Merle zu Beginn noch Kiss-Coversongs gespielt und waren später über Powerpop und New Wave zu melodischem US-Punk gewechselt, sind es jetzt brutal geschredderte Hardcore-Salven, blechernes Gemetzel, nicht viel mehr als Hintergrundmusik zu Allins Text-Tiraden, seinen körperlichen Angriffen aufs Publikum und selbstzerstörerischen Attacken mit dem Mikro gegen den blutenden Schädel.

Das Vorhaben, am Halloween-Abend 1989 vor Publikum Suizid zu begehen, muss er ad acta legen – er sitzt während dieser Zeit im Knast. Eine junge Frau hat ihn wegen Körperverletzung und sexuellen Missbrauchs angezeigt, es ist nicht der erste Fall. Bereits Mitte der 80er war Tracy Deneault, eine Teenagerin, von Allin schwanger geworden und hatte im März 1986 eine Tochter zur Welt gebracht. Im Frühjahr 1991 wird Allin nach anderthalb Jahren entlassen, er hat einiges an Muskeln und Körpermasse zugelegt und während der Einkehr sein Manifest geschrieben, eine Art Kampfschrift, in der er zur Revolte gegen Plattenfirmen und Mainstream, Massenmedien und Formatradios aufruft: »Time to get Rock'n' Roll out of the hands of the masses and back to the people who will not accept comfort or conformity at any cost.«

Konformität kann man Allin wahrlich nicht vorwerfen. Trotz Bewährungsauflagen geht er nach seiner Haftentlassung umgehend auf Tour. Mit seiner Band, den Murder Junkies, spielt er im Vorprogramm der UK82-Punklegenden von GBH, nimmt mit Antiseen als Backing-Band ein Album auf und ist in den berühmt-berüchtigten Talkshows von Jerry Springer und Jane Whitney zu sehen, wo er den telegenen Boogieman gibt, Drohungen ausstößt, flucht und schimpft – kurzum: die reine Lehre vom gefährlichen Rock'n' Roll predigt.

Seinem Schlussakkord nähert sich Allin unaufhaltsam. Es ist der 27. Juni 1993, geplant ist ein Auftritt in einer Hinterhof-

Venue namens The Gas Station, 94 East, Ecke 2nd Street in Manhattan. Tagsüber spielen diverse Bands, GG Allin ist so etwas wie der Headliner. Er bringt sich schon von Mittag an in Stimmung. Mit seinem Kumpel Johnny Puke sitzt er in dessen Apartment ganz in der Nähe, schnieft Heroin und schüttet seinen Lieblingswhiskey Jim Beam in sich hinein. Ein paar Mal wird der Soundcheck verschoben, als der Gig schließlich startet, vor etwa 200 Zuschauern, dreht der Tonmann der Band nach den ersten Anzeichen von Randale den Strom ab. GG Allin ist alles andere als amused und geht auf die Techniker los. Jedem aus dem Publikum, der ihm in die Quere kommt, verpasst er Schläge, wohin es nur geht, er selbst blutet bereits stark und kackt schließlich auch noch auf den Boden der Gas Station. Er schmiert sich mit den Fakälien ein und bewirft damit Zuschauerinnen und Zuschauer. Als er doch noch ein angeschlossenes Mikro findet, spielt die Band drei weitere Songs, dann ist die Show, zumindest diese hier, endgültig vorbei. GG Allin sprüht Funken wie ein Stromkabel, das man mit einem rostigen Messer angeritzt hat. Sein Adrenalin kocht, die Drogen, der Whiskey, das Ausbleiben eines vollends kathartischen Momentums im Nachgang einer Show, all das bricht sich in einem hyperaktiven Furor Bahn. Auf der Straße greift Allin Fußgänger an, legt sich schließlich mitten auf die Fahrbahn und stoppt einen Linienbus, springt später in ein Taxi, fährt ein paar Mal um den Block. Irgendwann landet er wieder bei Johnny Puke, bekleidet mit der Unterhose seiner Freundin Liz, einer Art Jeansweste und seinem geliebten Nazihelm.

Die Partygesellschaft nimmt den Faden wieder auf. Allin hat einiges an Heroin-Tütchen dabei und schnieft davon Gramm um Gramm, bis er laut schnarchend auf dem Sofa zusammensackt. Abgesehen von der Geräuschkulisse denken sich die Freunde nicht viel dabei. Die Biere kreisen weiter, Puke und seine Freundin machen noch Polaroids, posieren albern in den Armen ihres abgeschossenen Kumpels. Für den wird es die letzte Nacht. Am Morgen ist GG Allin tot, gestorben an einer Überdosis Heroin. Puke muss sich anschließend in langen Verhören zu den Fotos äußern, die Polizei hat ihn im Verdacht, mit der Leiche posiert zu haben. Es dauert eine Zeit, bis die Cops Puke vom Haken lassen, die Polaroids jedoch tauchen nie wieder auf. »Ich denke, die Geschichte hätte GG gefallen«, so Puke in einem Interview mit Legs McNeil (*Please Kill Me*). Gefallen hätte GG Allin sicherlich auch die Art und Weise seiner Beisetzung. Auf seinen Wunsch hin war der Leichnam, im offenen Sarg ausgestellt, nicht präpariert worden, der Geruch vor Ort mag an seine extremsten Shows erinnert haben, ebenso wie das Outfit, bestehend aus einer schwarzen Lederjacke und einem Jock Strap. Und auch die promillestarke Grabbeigabe war ganz nach GGs Gusto, so wie er es im Song *When I Die* einst gesungen hatte: »When I die put that bottle in my hand, all these years on earth it was my only friend. When you dig a hole and gonna bury me, put that bottle of Jim Beam to rest beside me.«

Eine Lebensgeschichte, um nach der Lektüre erst einmal duschen zu gehen, oder? Der Popheld des folgenden Kapitels kommt ungleich gepflegter daher. Ein Umstand, der die Chancen auf ein Happy End jedoch kaum verbessert …

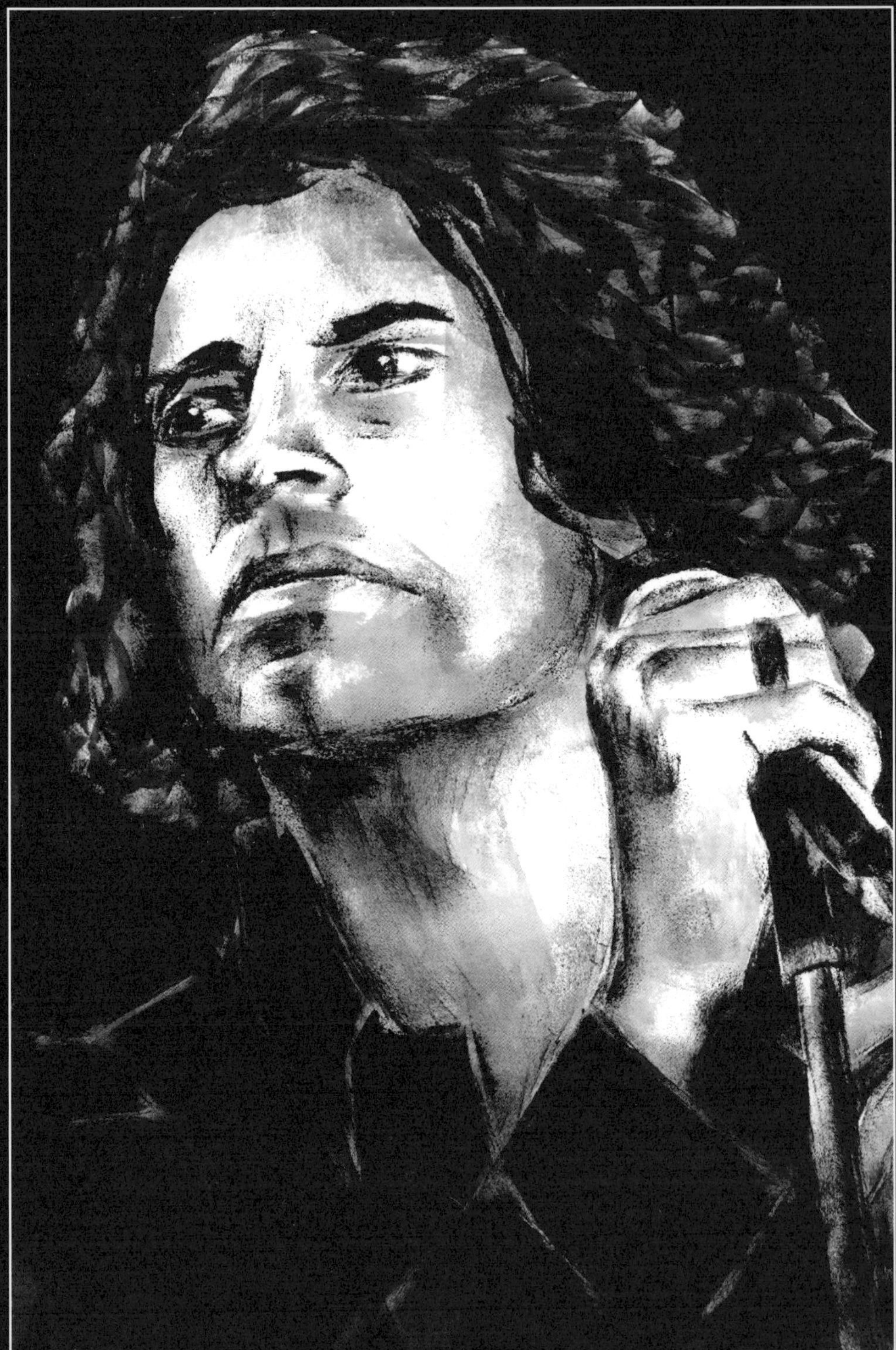

Michael Hutchence

»I need perfection
Some twisted selection
Well that tangles me
To keep me alive«
Mystify

Eine Million US-Dollar pro Tag, soviel soll der politische Ausnahmezustand Ende 1991 gekostet haben, als der damalige US-Präsident George Bush senior das Ritz Carlton in Double Bay, einem Vorort von Sydney, als Hauptquartier während seines Australien-Besuchs übernahm. Zwei Jahre hatte die Bauzeit unter der Leitung von Paul und Hilary Smith gedauert, nach der Eröffnung fungierte das luxuriöse Hotel in der Cross Street mit Blick auf die malerische Diendagulla-Bucht also zunächst einmal als Außenstelle vom Weißen Haus. Bush war nach Down Under gekommen, um sich mit Paul Keating, dem australischen Premierminister zu treffen, hielt eine Rede vor dem Parlament und reiste danach weiter nach Canberra und Melbourne. Für das Ritz Carlton sollte es der Auftakt zu einer überaus glamourösen Dekade werden, unter den Gästen so illustre Namen wie Madonna, Nicole Kidman und Bill Clinton. Der Legende nach soll Elton John eines Abends am Klavier in der Lobby gesessen haben, um einige seiner Klassiker zum Besten zu geben. Was für eine wunderbare Vorstellung: Man fährt womöglich mit dem Fahrstuhl hinunter, hinterlässt den Zimmerschlüssel an der Rezeption. Es wehen ein paar Töne herüber, man schlendert der

Musik entgegen, bestellt im Geiste schon den ersten Martini und da sitzt Sir Elton und stimmt gerade *Bennie and the Jets* oder *Your Song* an.

Dem Gast, der im November 1997 das Zimmer mit der Nummer 524 bewohnt, ist wohl nicht nach Singen zumute. Michael Hutchence befindet sich in einer schweren Krise, die Karriere seiner Band INXS ist am Straucheln und es läuft ein Verfahren um das Sorgerecht der drei Kinder seiner Frau, Paula Yates. Im Rechtsstreit mit deren Ex, dem irischen Musiker und Live-Aid-Inititator Bob Geldof, bekommt Yates die Anweisung, Großbritannien nicht mit den gemeinsamen Kindern zu verlassen. Die ohnehin folgenschwere Entscheidung ist umso schmerzvoller für Hutchence, denn sie betrifft auch seine Tochter Tiger Lily, die im Sommer 1996 zur Welt gekommen war, und die er nun nicht wiedersehen kann.

Am Abend des 21. November sitzt der Sänger mit seinem Vater Kelland Hutchence beim Dinner, die weiteren Stunden verbringt er in seinem Hotelzimmer. Die australische Schauspielerin Kym Wilson besucht ihn, sie ist die letzte Person, die Hutchence lebend sieht. Es wird Alkohol getrunken; in Hutchences Blut findet man später bei der Obduktion zudem Kokain, das Antidepressivum Prozac und einige andere verschreibungspflichtige Medikamente. Hutchence und Band sind in der Stadt, um für eine anstehende Tour zu proben, die am 25. November beginnen soll. Geplant war, dass Gattin Paula Yates mit den Kindern nachkommt, das würde nun nicht mehr möglich sein. Am Morgen des 22. Novembers telefonieren Yates und Hutchence, der Sänger will die Entscheidung nicht akzeptieren. Er ist außer sich und kündigt Yates an, persönlich bei Bob Geldof anzurufen. »Einschüchternd, beleidigend und bedrohlich«, so fasst Geldof das erste Telefonat gegen 5.30 Uhr zusammen. Minuten später ruft Paula Yates bei Hutchence an, der Sänger – völlig verzweifelt – ruft im Anschluss ein weiteres Mal bei Geldof an. Die Bewohnerin des Hotelzimmers nebenan wird später von lauten Pöbeleien berichten. Hutchence telefoniert danach mit Michele Bennett, seiner ersten großen Liebe. Anfang der 1980er hatten die beiden sich ineinander verliebt, sie sind ein Paar, als Hutchence und INXS erste Alben veröffentlichen und den internationalen Durchbruch schaffen. Hutchences Verfassung ist so besorgniserregend, dass Bennett sich im Anschluss an das Telefonat auf den Weg ins Ritz Carlton macht.

Nach einem Jahrzehnt im Scheinwerferlicht, nach Millionen verkaufter Alben und Hits wie *I Need You Tonite*, *Mystify* und *Disappear* ist die Karriere von Hutchence und INXS Mitte der 1990er ein wenig ins Schlingern geraten. Die Zeit der Selbstgänger ist vorbei, die Kritiken zum Album *Full Moon, Dirty Hearts* sind durchwachsen. Die Band versucht sich daran, ihren Sound zu verändern, nicht überall kommt das gut an. In den Staaten endet der Plattenvertrag mit dem Atlantic-Label, INXS legen offiziell eine Schaffenspause ein. Das erste Mal ganz oben standen INXS 1984, als ihr Song *Original Sin* Platz 1 der australischen Single-Charts belegt. Produzent Nile Rodgers hatte das Potential der Band früh erkannt und verpasste ihnen ein modernen Dance-Sound zwischen New Wave und Funk – ein stilistischer Mix, der die Band in ungeahnte Höhen tragen würde. Ein Verdienst auch und zuvorderst von Frontmann Michael Hutchence, eine Art Jim Morrison light: Die Bühne ist offenkundig sein natürlicher Lebensraum, dazu ist er sexy as fuck und mit einer unvergleichlichen Stimme beschenkt, die vom samtenen Säuseln über dunkles Timbre bis hin zum hysterischen Funk-Kiekser die gesamte Skala spielerisch beherrscht. Ebenso im Auge der Öffentlichkeit: die Frauen an Hutchences Seite. Auf Michele Bennett folgt Ende der 1980er Kylie Minogue, wie Hutchence ein Jungstar im Angesicht des plötzlichen Erfolgs. Beide erleben ähnlich Spektakuläres und geben einander Halt in Zeiten, die immer bewegter werden. Während seiner anschließenden Beziehung mit Supermodel Helena Christensen kommt es 1992 zu einem folgenschweren Zwischenfall. In Kopenhagen gerät Hutchence in einen Streit mit einem Taxifahrer. Im Verlauf der Auseinandersetzung schubst der Mann den Sänger so heftig, dass dieser mit dem Kopf auf dem Bordstein landet und sich einen Schädelbruch zuzieht. Hutchence ist bewusstlos, er blutet aus dem Ohr und aus dem Mund. Erst im Krankenhaus kommt er wieder zu sich. Er ist aggressiv, weigert sich, stationär aufgenommen zu werden. Die folgenden Wochen verbringt er in Christensens Apartment und erholt sich nur langsam; er schläft die meiste Zeit. Wenn er wach ist, erbricht er sich regelmäßig, dennoch verzichtet er weiterhin darauf, einen Arzt zu konsultieren.

Die Kopfverletzung hinterlässt bleibende Schäden: Michael Hutchence verliert seinen Geruchs- und Geschmackssinn. Nicht nur seine Freundin Helena Christensen leidet unter seiner Wesensveränderung, auch in der Band nimmt man die Folgen wahr – INXS erkennen ihren eigenen Sänger mitunter kaum wieder. Vom sensiblen Charmeur zum zuweilen unberechenbaren Aggressor: Hutchence pöbelt, er trifft im Studio während der Aufnahmen zu *Full Moon, Dirty Hearts* erratische Entscheidungen und zertrümmert aus dem Nichts die geliebte Akustikgitarre seines Mitmusikers und guten Freundes Andrew Farriss.

Am Rande der World Music Awards 1994 gerät Hutchence mit Prince aneinander und versucht den vermeintlichen Konkurrenten in einer Disco in Monte Carlo zu provozieren: Er tanzt albern zu dessen Songs und verlangt vom DJ, etwas von »diesem Michael Hutchence« aufzulegen – das sei besser als der Schrott von Prince. Das alles »nur« wegen des Verlustes von

Geruchs- und Geschmackssinn? »Wenn ich irgendwann Kinder habe«, so soll Hutchence gegenüber Christensen einmal geklagt haben, »werde ich niemals mein Baby riechen können.«

Die Wichtigkeit des Geruchs- und Geschmacksinns erschließt sich oftmals erst nach deren Verlust. Der Geruchssinn ist nicht nur für die olfaktorischen Seelenschmeichler à la Omas Weihnachtsgans oder Lieblingspulli der Angebeteten zuständig, er fungiert auch als Warnsystem, etwa bei Bränden oder verdorbenen Lebensmitteln. Fest steht zudem, dass eine anhaltende Riech- und/oder Schmeckstörung zu depressiven Verstimmungen führen kann. Für Hutchence kommt eines zum anderen. Die gesundheitlichen Belastungen, die persönliche Krise, die Zerwürfnisse in Band und Beziehung, der sinkende Stern der Persona Hutchence und der Band INXS ... Nach über 60 Millionen verkauften Alben, Nr.-1-Hits in der ganzen Welt und ausverkauften Tourneen schien hier eine Sollbruchstelle erreicht, hatte ein langjähriger Act der Pop-Extraklasse den Weg ins Mittelmaß angetreten.

Die Welt hatte sich musikalisch weitergedreht, Mitte der letzten Dekade des vergangenen Jahrtausends ist Wachablösung angesagt. New Wave und Post-80's-Pop sind erst einmal out, Britpop ist das Ding der Stunde. Als Oasis 1996 bei den Brit Awards eine Trophäe für das Video zu ihrer Single *Wonderwall* erhalten, präsentiert Hutchence diese Kategorie. Noel Gallagher, von Hutchence zuvor noch als Kumpel bezeichnet, ist not amused. »Has-beens shouldn't be presenting awards to gonna-bes«, so Gallagher giftspritzend, mit anderen Worten: Typen von gestern sollten den Stars von morgen das Feld, und nicht etwa die Preise überlassen. Hutchence ist tief verletzt. Und bleibt es. Erschwerend kommt hinzu, dass auch privat kaum Ruhe einkehrt. Hatte Hutchence bis dahin seine Herzensangelegenheiten vornehmlich als Foto-Lovestory erlebt, als kuschelig-kapriziöser Galan, dem nicht mal die Ex-Freundinnen lange böse sein konnten, spielt sich sein Privatleben jetzt auf den Titelseiten der Yellow Press ab. Im Fokus: Gattin Paula Yates, deren Ex Bob Geldof und der Sorgerechtsstreit um die Kinder. Kennengelernt hatten sich die beiden bei einer Fernsehsendung. Yates interviewte Hutchence für »The Tube«, eine beliebte Sendung auf Channel 4. Die besondere Chemie zwischen den beiden war kaum zu übersehen – Liebe auf den ersten Blick vor laufenden Kameras. Das öffentliche Interesse an den beiden nahm nun immer größere Ausmaße an. Im Studio hat Hutchence nicht nur Gitarren zertrümmert, sondern auch seinen Bassisten Garry Gary Beers mit dem Messer bedroht, jetzt prügelt er sich auf nächtlicher Straße mit Paparazzi und sitzt kurzzeitig in Untersuchungshaft. Das Kindermädchen von Tiger Lily findet schließlich Opium in einer Smarties-Röhre. Hutchence und Yates behaupten, die Drogen seien dort platziert worden – Bob Geldof hat nun die Oberhand im Sorgerechtsstreit.

Und doch raufen sich INXS noch einmal zusammen und veröffentlichen mit *Elegantly Wasted* im Frühjahr 1997 ein neues Album. Zuvor hat die Band den bis dato unbekannten Song *Searching* zum ersten Mal live aufgeführt: »Saw a mother screaming, she had lost control of what she once believed in, and she was not alone«, so einige der programmatischen Textzeilen. Das Album schlägt sich wacker in den Charts, für die Band vielversprechend genug, um eine weitere Tour durch Australien zu planen. Zudem steht das 20-jährige Jubiläum bevor. INXS proben in Sydney in einem Fernsehstudio, die Stimmung am 21. November ist ausgelassen. Hutchence verabschiedet sich am Abend, feixt noch mit den Bandkollegen, für den nächsten Morgen sind weitere Proben angesetzt. Dazu sollte es nicht mehr kommen.

»Martha, hier ist Michael«, so ist es später auf der Mailbox seiner Managerin Martha Troup zu hören. »Ich hab verdammt nochmal genug.« Um 9.54 Uhr ruft er Michèle Bennett an, um 10.40 Uhr klopft sie an seine Hotelzimmertür und ruft Hutchences Namen. Keine Reaktion. Der Sänger ist zu diesem Zeitpunkt wahrscheinlich bereits tot, stranguliert mit seinem eigenen Gürtel, der am Türgriff befestigt ist. Um 11.50 Uhr an diesem 22. November 1997 findet ihn eine Angestellte des Hotels. Die Badewanne ist voller Wasser, als hätte Hutchence eigentlich vorgehabt zu baden. Es findet sich keine Notiz, kein Abschiedsbrief, einige letzte Songzeilen liegen zerknüllt im Papierkorb. Paula Yates, die wenig später in Australien eintrifft, nimmt das als Beweis dafür, dass es sich unmöglich um Selbstmord handeln könne.

Die Theorie vom autoerotischen Unfall macht schließlich die Runde, dem fehlgeschlagenen Versuch einer Hypoxyphilie, bei der die Lust durch Luftabschnüren gesteigert wird. Yates hat den ermittelnden Polizeibeamten davon erzählt, wie Hutchence sie beim Sex gewürgt habe. Ein halbes Jahr nach seinem Tod wird sie in die Psychiatrie eingeliefert. Im Juni 1998 versucht sie, sich umzubringen, wird jedoch noch rechtzeitig gefunden. Bob Geldof bekommt das vollständige Sorgerecht der drei gemeinsamen Kinder. Am 17. September 2000, es ist der 10. Geburtstag ihrer Tochter Pixie, stirbt Paula Yates im Alter von 41 Jahren an einer Überdosis Heroin, gefunden wird sie von der einzigen Person, die sich außer ihr noch in der Wohnung im Londoner Stadtteil Notting Hill befindet: Tochter Tiger Lily, mittlerweile vier Jahre alt. Auch für sie erhält Geldof später, gegen den Willen von Michael Hutchences Schwester Tina, das Sorgerecht. Am 7. April 2014 stirbt mit Peaches eine weitere Tochter von Paula Yates und Bob Geldof – im Alter von 25 Jahren an einer Überdosis Heroin.

»Den Leuten ist es egal, ob du dich umbringst«, so sagte es Michael Hutchence einmal. »Sie freuen sich darüber. Ich hoffe, ich werde nicht eines Tages zur Schlagzeile.«

Für Hutchence war dies ein Wunsch, der sich nicht erfüllte, sein trauriges Ende fand er an einem Ort, der es zuweilen sogar auf die Titelseiten der Tageszeitungen schafft – oder auf das Cover einer Schallplatte ...

Whitney Houston

»I decided long ago
Never to walk in anyone's shadows
If I fail, if I succeed
At least I'll live as I believe
No matter what they take from me
They can't take away my dignity«
Greatest Love Of All

Eigentlich ist alles in trockenen Tüchern, am nächsten Tag soll das neue Album von Pusha T erscheinen. Ursprünglich war *King Push* als Titel vorgesehen, aber das ist dem US-Rapper nicht knallig genug. Er entscheidet sich stattdessen für *Daytona*, den Namen eines der legendärsten Uhrenmodelle aus dem Hause Rolex. Terrence LeVarr Thornton, wie Pusha T bürgerlich heißt, besitzt über ein Dutzend dieser pfundschweren Gold- und Platinbrocken. Sie zeigen nicht nur die Zeit an, sondern vor allem den Kontostand ihres Besitzers. Die Fotos für das Artwork der Platte sind längst geschossen, der Cover-Entwurf verabschiedet, doch auch hier ist das letzte Wort noch nicht gesprochen. In der Nacht vor der Veröffentlichung klingelt das Telefon von Pusha T. Am anderen Ende der Leitung: sein Produzent Kanye West. Der hat kurz vor Toresschluss eine andere Idee, was die Albumoptik betrifft. Der Haken an der Sache: Das Ganze ist nicht ganz billig. Stattliche 85.000 Dollar beträgt der Preis, es handelt sich dabei um die Lizenz für ein Foto aus dem Jahre 2006. Eine Summe, die Pusha T auf keinen Fall bezahlen will, so cool er das

Motiv auch findet. Doch Kanye lässt sich davon nicht abbringen und versichert ihm, dass er die Kosten übernimmt. »Du bist mein Mann«, sagt Pusha T zu Kanye und legt auf. Am nächsten Morgen, es ist der 25. Mai 2018, erscheint *Daytona*, auf dem Cover das Bild einer völlig verdreckten Badezimmer-Konsole, darauf Spritzen, Arzneischachteln, Crack-Pfeifen, leere Bierdosen und verkohlte Zigarettenkippen. Das Badezimmer befindet sich in einer Villa in Atlanta, ihre Besitzerin einstmals die größte Stimme, die es je im Pop gab.

Bei Popstars und Sternchen ist oft vom musikalischen Elternhaus die Rede, davon, wie die jeweilige Karriere einfach passieren *musste*, weil schon in Kindertagen ununterbrochen Musik lief, sich besonders früh ein gewisses Talent abzeichnete oder die Altvorderen bereits auf jenen Brettern unterwegs waren, die die Welt bedeuten. Cissy Houston macht da keine Ausnahme, im Gegenteil. Als Mitglied des Gesangsquartetts Sweet Inspirations ist sie in den 1960er Jahren an Van Morrisons *Brown Eyed Girl* beteiligt und ist auf Jimi Hendrix' *Electric Ladyland* ebenso zu hören wie auf *Dusty in Memphis*. Sie tourt mit Elvis Presley und Aretha Franklin und sorgt in *Grease* für den Groove, eine ihrer Nichten ist eine gewisse Dionne Warwick. Dass ihre jüngste Tochter Whitney auch einmal als Sängerin erfolgreich sein würde, ist keine wirkliche Überraschung, eher die Tatsache, *wie* unglaublich gut sie singen kann. Und wie unfassbar tragisch sie endet.

Whitney Elizabeth Houston wird am 9. August 1963 in Newark, New Jersey, geboren. Cissy ist mit John Russell Houston jr. verheiratet, Whitney hat vier ältere Geschwister. Das Leben ist hart für die schwarze Community von Newark, es gibt kaum Wohnungen und die Kriminalitätsrate ist so hoch wie nirgendwo sonst in den USA. Nach den schweren Ausschrei-

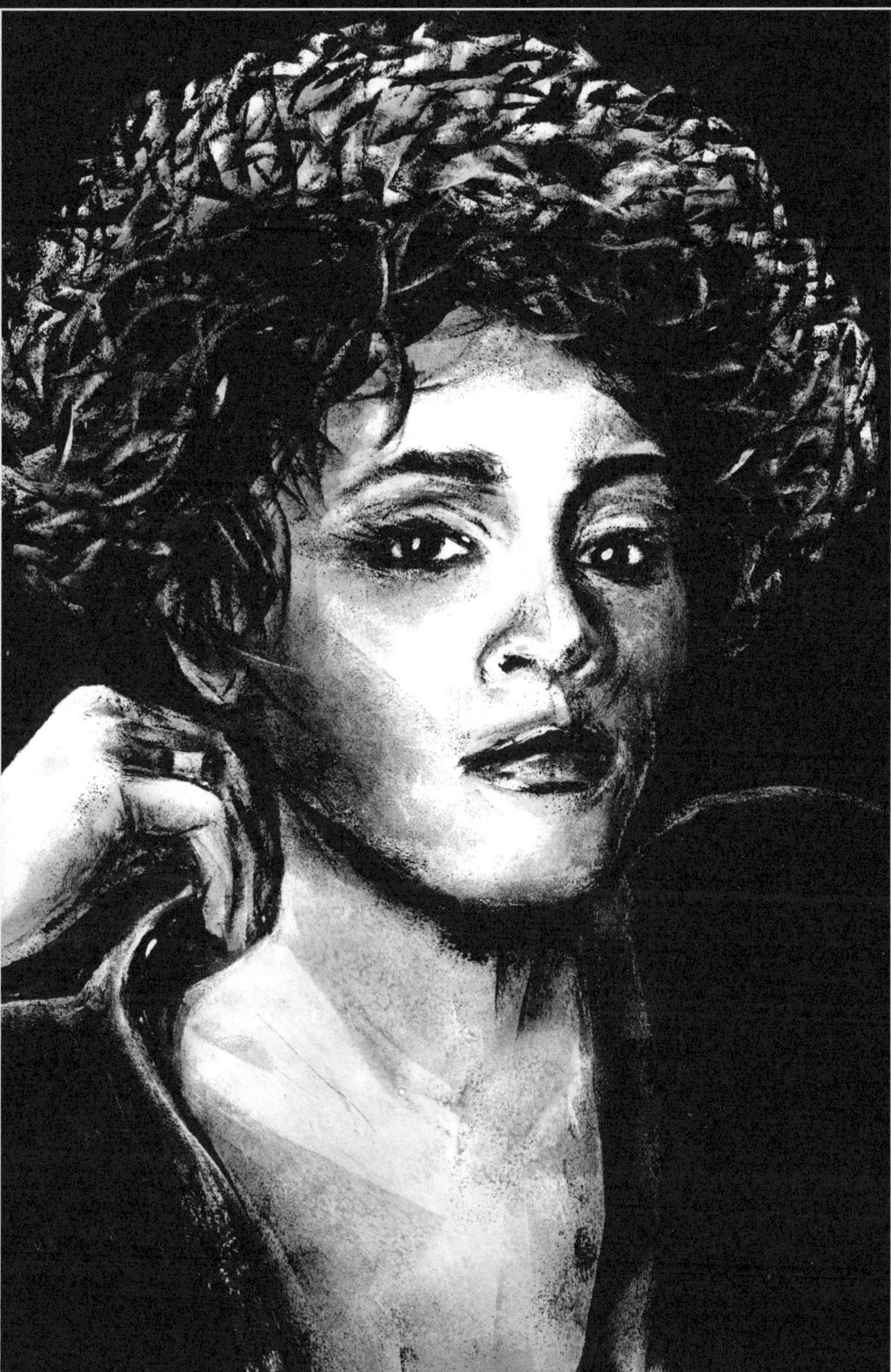

tungen von 1967, als zwei Polizisten einen schwarzen Taxifahrer niederschlagen, ziehen die Houstons in den Vorort East Orange, wo Whitney die Franklin Elementary School besucht. Ihre Eltern sind praktizierende Baptisten, der Kirchenbesuch ein fester Bestandteil des Alltags. Mit zwölf Jahren tritt sie zum ersten Mal in der New Hope Baptist Church von Newark auf, ihr Lied: *Guide Me O Thou Great Jehova*. Mit 14 singt sie in der Town Hall von Manhattan, das Publikum applaudiert im Stehen, ein Anblick, an den Whitney sich gewöhnen wird. Über einige Jobs als Session-Musikerin entert sie nach und nach die Popwelt, sie singt Background-Vocals auf einem Album ihrer Mutter und arbeitet mit so unterschiedlichen Künstlern wie Lou Rawls, Michael Zager und Bill Laswell zusammen. Ihre begnadete Stimme ist das eine, das andere ist ihr Look: Sie singt nicht nur ganz famos, sie sieht auch fantastisch aus. Bei einer Benefizveranstaltung für den United Negro Fund in der Carnegie Hall fällt sie den Fotografen auf und ziert kurze Zeit später als eine der ersten PoC-Frauen überhaupt die Titelseite des Jugendmagazins »Seventeen«. Anfang der 1980er nimmt sie einige Demos auf – mit Erfolg: 1983 landet sie einen ersten Plattenvertrag beim Arista-Label. Deren Chef Clive Davis hatte sie live gesehen und war sich noch bevor er zum ersten Mal am Drink genippt hatte, über eines im Klaren: Dort vorn auf der Bühne steht ein kommender Weltstar.

Zwei Jahre vergehen, bis ihr Debütalbum erscheint – in einer oft zur Ungeduld neigenden Branche eine Ewigkeit. Doch die Zeit, die man der Sängerin zur Entwicklung gibt, sollte sich lohnen. Unglaubliche drei Jahre wird sich das schlicht *Whitney Houston* betitelte Album in den Billboard 200 halten. Es dauert zwar eine Weile, bis es den Chartplatz an der Sonne erreicht, dann jedoch funkelt es dort oben sagenhafte 14 Wochen lang. Mit sieben Singles, darunter Evergreens in spe wie *How Will I*

Know, *Greatest Love of All* und *Saving All My Love for You*, verankert sie sich schnell im kollektiven Pop-Bewusstsein, die Dauerberieselung mit ihren Videos auf MTV tut ihr Übriges. Von smoothem Discoglam bis zur herzergreifenden Ballade kann sie alles, das verbindende Element bei all dem: ihre unvergleichliche Stimme, mit der sie meisterhaft die Töne trifft und etliche Sekunden lang hält, dabei kristallklar die Melodie moduliert, als würde sie über einen geheimen Schalter verfügen. Wiederum zwei Jahre später erscheint das nächste Album. Neue Songs, gleiche Story – die Whitney'sche Welteroberung ist längst vollzogen. Ihre Touren laufen besser als die von Tina Turner und Madonna, 1988 schließlich hängt sie den Olympischen Spielen in Seoul eine liedgewordene Goldmedaille um. Von John Bettis und Albert Hammond geschrieben, veredelt sie *One Moment in Time* zu einer fast außerweltlich anmutenden Ballade, eine Olympia-Hymne to end all Olympia-Hymnen. Gib mir einen Moment in der Zeit, auf dass ich mehr bin, als ich jemals gedacht hätte, und all meine Träume nur einen Herzschlag entfernt scheinen. Whitney hat ihren eigenen Herzschlag längst überholt, ihr Moment in der Zeit war nicht nur gekommen, er würde auch noch einige Jahre andauern.

Im Zweijahrestakt geht es weiter, 1990 erscheint *I'm Your Baby Tonight*, ebenfalls ein gigantischer Erfolg. Aber es gibt auch kritische Stimmen aus der Black Community, die Whitneys Crossover als zu nah am Mainstream empfinden, anders gesagt: Sie sei nicht schwarz genug. Bei den Soul Train Awards im Jahr zuvor wurde sie ausgebuht, es gibt schwarze Radiosender, die ihre Songs boykottieren. Reverend Al Sharpton nennt sie »Whitey Houston«. Für Whitney wird die anhaltende Kritik aus den eigenen Reihen zur Belastung, deren Nachwirkungen sie für immer begleiten werden. Ihr Auftritt bei den Awards hat auch private Folgen: Sie trifft zum ersten Mal auf Bobby Brown, ihren zukünftigen Ehemann. Bis zum nächsten Studioalbum würden acht Jahre vergehen, eine Zeit, die für Whitney Houston dennoch so intensiv wie schicksalhaft wird. An der Seite von Kevin Costner gibt sie 1992 ihr Hollywood-Debüt in *Bodyguard*, für die Strahlkraft der Soundtrack-Ballade *I Will Always Love You* finden sich selbst im Whitney-Kosmos kaum noch Superlative. Für kommende Dekaden wird dieser Song zu einer Art absoluten Messlatte: Wer diese Töne trifft, hat es geschafft – und wenn »es« nur der Recall irgendeiner Castingshow ist.

Ewige Liebe schwören sich im Sommer 1992 auch Whitney Houston und Bobby Brown, im Gegensatz zu Whitneys Herzensballade kein zeitloses Modell, im Gegenteil. Brown agiert auch abseits der Bühne als selbsternannter Bad Boy der R&B-Szene, schnell sprüht es nicht nur in Liebesdingen Funken zwischen den beiden. Schon vor der Ehe haben sie mit Suchtproblemen zu kämpfen, zu zweit quadrieren sich die Probleme. Doch zumindest für eine Weile wiegen die positiven Schlagzeilen all die Gerüchte um die häusliche Schieflage auf, die das Paar bald umgeben. 1993 freuen sich die beiden über Nachwuchs, ihre Tochter Bobbi Kristina kommt zur Welt. Gern hätten sie Bobbi Geschwister geschenkt, doch dazu kommt es nicht: Houston erleidet mehrere Fehlgeburten. Überhaupt dreht sich mit dem Fortlauf der 1990er Jahre der Wind. Immer öfter machen Houston und Brown Schlagzeilen, die nichts mit ihrer Musik zu tun haben. Von Alkoholexzessen ist die Rede, von Drogenpartys, aber auch von häuslicher Gewalt. Jenes schöne Pop-Märchen, das Whitney Houston doch bereits mit so vielen erhabenen Kapiteln gefüllt hatte, war gegen Ende des letzten Jahrtausends längst zu einer Schauermär verkommen. Bobby säuft gern, Whitney steht auf Koks, so heißt es, zusammen ergibt das einen gefährlichen Cocktail. Brown landet zwischenzeitlich wegen Sachbeschädigung und Trunkenheit am Steuer im Knast und Whitney hat einen Segelunfall, bei dem nie geklärt wird, welche Rolle ihr Ehemann spielte. »Er hat mich nie geschlagen«, sagt sie 2002 in einem Interview mit Diane Sawyer von »ABC News«, »im Gegenteil, ich habe ihn geschlagen.« Ein Jahr später zeigt sich ein anderes Bild, die Polizei wird gerufen, es geht wieder einmal um häusliche Gewalt. Anfang 2004 geht Brown wegen Körperverletzung für zwei Monate erneut ins Gefängnis, Whitney Houston begibt sich in eine Entzugsklinik – nicht zum letzten Mal. 2005 sind die beiden in der Reality-Serie *Being Bobby Brown* zu sehen, keine Schenkelklopfer-Späßchen wie bei den Osbournes oder den Fussbroichs, sondern der Blick in eine Parallelwelt, die sich nur noch mühsam in den Angeln hält. 2006 macht schließlich das berühmte Badezimmer-Foto die Runde. Von Whitneys Schwägerin als vermeintliches Mahnmal fotografiert, wird es weltweit veröffentlicht und verpasst all dem Boulevard-Klatsch und dem Ergötzen am Untergang eines Weltstars einen zutiefst erschütternden Uppercut. Geschichten von Partys am Abend und Drinks am Morgen, tagelanger Binge-Betäubung, waren das eine. Doch dieses verdreckte Waschbecken, samt Drogen-Inventar und Asche gewordener Verwahrlosung, ließ keinen Deutungsspielraum mehr zu: Whitney war völlig am Ende.

Noch einmal kämpft sie sich nach vorn. 2007 wird ihre Ehe mit Bobby Brown geschieden. Sie sitzt bei Oprah Winfrey im Beichtstuhl und geht sogar wieder auf Tour, doch die Auftritte erweisen sich als allabendliche Bankrotterklärung. Sie ist körperlich nicht mehr auf der Höhe, macht zuweilen einen verwirrten Eindruck, all das wird umso dramatischer in den Schatten gestellt von dem, was da zu hören ist. Whitney Houston, einstmals mit einer wie von Gott an einem perfekten Tag ersonnenen Stimme gesegnet – »The Voice« wurde sie genannt – klang ein ums andere Mal erbarmungswürdig. One moment in time? Der schien längst vorbei.

Am 9. Februar 2012 taucht sie bei einer Generalprobe von Clive Davis' legendärer Pre-Grammy-Party in Los Angeles auf, zusammen mit Kelly Price steht sie noch einmal auf der Bühne. Gemeinsam singen sie im Tru Hollywood Nightclub den Song *Jesus Loves You*, es wird Whitney Houstons letzter Auftritt. Paparazzi fotografieren sie beim Verlassen des Clubs, Houston ist mittlerweile kaum noch wiederzuerkennen.

Zwei Tage später liegt sie tot in ihrer Badewanne in der Suite 434 des Beverly Hilton Hotels. Einige Gläser Schampus hatte sie sich gegönnt, war ins warme Wasser gestiegen, erschöpft eingeschlafen – und in aller Stille ertrunken. Am Nachmittag findet ihre Assistentin sie leblos vor und ruft umgehend die Paramedics. Deren Wiederbelebungsversuche jedoch bleiben erfolglos. In ihrem Blut findet man später neben dem Alkohol auch ein Gemisch aus Diazepam, Xanax, Cannabis und einigem mehr. Die offizielle Todesursache: ein Unfall ohne Fremdverschulden.

Und wie war das noch mit der Show, die nie aufhören darf? Clive Davis' ominöse Party geht nur wenige Stunden später über die Bühne, am Tag darauf werden wie geplant die Grammys zum 54. Mal verliehen. Als Tribut an Whitney Houston spricht LL Cool J ein Gebet: »Wir haben einen Tod in unserer Familie zu beklagen. Und die einzig richtige Art und Weise, solch einen Abend zu beginnen, ist ein Gebet. Ein Gebet für jemanden, den wir lieben: unsere Schwester Whitney Houston«. Auch Stevie Wonder äußert sich: »An Whitney, die im Himmel ist – wir alle lieben dich.« Ganz in schwarz tritt Jennifer Hudson ans Mikro und singt einen der Klassiker von Whitney Houston, das Lied von ihrer nie enden wollenden Liebe, das sie nun nie wieder anstimmen würde: *I Will Always Love You*.

Auch in den Songs des Mannes, von dem auf den folgenden Seiten zu lesen ist, spielte die Liebe eine große Rolle. Vielleicht war sie nicht auf Ewigkeit ausgelegt, wie die von Whitney, aber sie war wunderbar verrückt und verfügt bis heute über eine ganz eigene Anziehungskraft. Und auch die Badewanne spielt in seiner Geschichte eine überaus tragische Rolle …

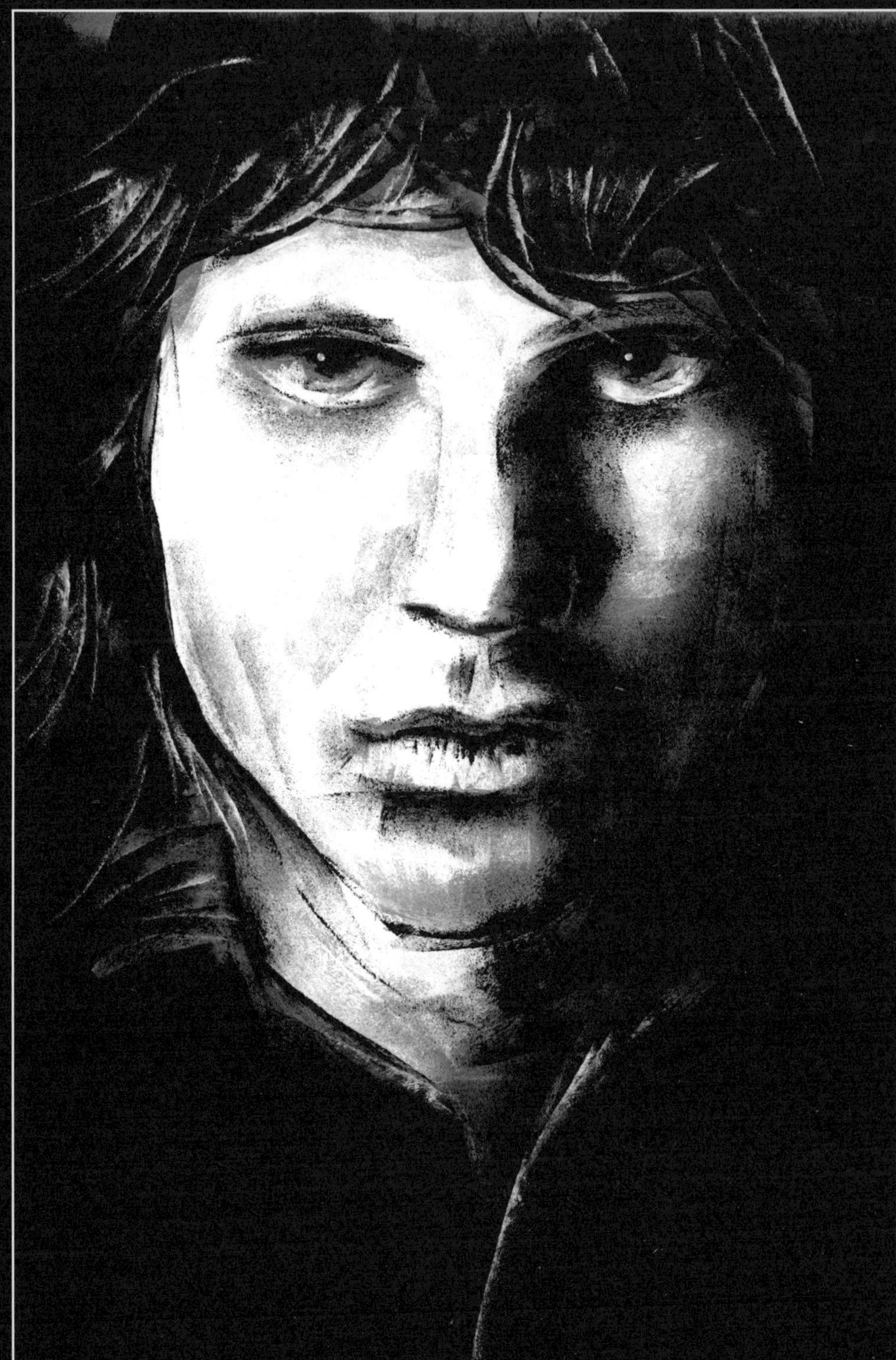

Jim Morrison

»Before you slip into unconsciousness
I'd like to have another kiss«
The Crystal Ship

»Concert – Dance – and Light«, so verspricht es der Konzertflyer. »Und vielleicht ein nackter Penis als Zugabe!«, könnte man ergänzen – aber das hätte sich wohl nicht so gut gemacht. Die Band, die da angekündigt wird, das sind The Doors. Die Show, um die es geht, soll im Dinner Key Auditorium in Miami stattfinden, am 1. März 1969, es handelt sich um das erste Doors-Konzert überhaupt in Florida. In der Halle knistert es an diesem Abend vor Spannung, dicht an dicht sitzt das Publikum auf dem Fußboden. Um die 13.000 Tickets hat Konzertveranstalter Ken Collier verkauft. Eigentlich passen nur 6.000 Zuschauer in den Saal, doch Collier lässt die Stühle entfernen, schafft so mehr Platz und zählt im Geiste bereits die Geldscheine. Die Rechnung geht auf: Die Leute reißen ihm förmlich die Tickets aus der Hand. Sie sind heiß auf die Doors, sie erwarten das Unerwartbare. Und Morrison gibt es ihnen. Am Vortag war der Sänger in Los Angeles und hat sich in der University of Southern California eine Aufführung des Living Theatre angesehen, eine von Dramatiker Antonin Artaud beeinflusste Schauspielergruppe. Morrison verehrt den Franzosen, er steht auf dessen Idee vom »Theater der Grausamkeit«, auf dieses Spektakel der Einmaligkeit, bei dem auf der Bühne so gut wie alles möglich ist. Bei Morrison ist ebenso fast alles möglich, das gilt auch für seine

Arbeit am Glas, was dazu führt, dass er zusammen mit seiner Freundin, dem US-Model Pamela Courson, zugunsten diverser Liter Alkoholika einiges an Fliegern verpasst und entsprechend spät in Miami eintrifft. Seine Bandkollegen scharren bereits mit den Hufen – ohnehin ist es mit der Stimmung im innersten Kreis nicht zum Besten bestellt.

Im Sommer 1965 gründen Hobby-Poet Jim Morrison und der Keyboarder Ray Manzarek die Doors. Schlagzeuger John Densmore und den Gitarristen Robby Krieger haben sie in einem Meditationskurs kennengelernt. Früh ziehen ihre Gigs ein begeistertes Publikum an, das Instrumental-Ensemble ein Dreigestirn von Könnern, so versiert und variabel, es fällt kaum auf, dass die Band keinen Bassisten hat. Angeführt wird sie von Morrison, einem urbanen Schamanen mit wallenden Haaren, atemberaubenden Wangenknochen und dickem Notizbuch voller fantasievoller Verse. Zusammen ergibt das mehr als die Summe der Teile. Allein ihr selbstbetiteltes Debüt aus dem Jahr 1967, darauf epochaler Stoff wie *Break on Through (To the Other Side)*, *Light my Fire* und das fast zwölfminütige *The End* manifestiert ihren Ruf als zeitgenössische Rocksensation, als hippe Hohepriester einer neuen Generation. Intern jedoch macht sich schnell eine gewisse Unruhe breit. Für die Türen der Wahrnehmung, Huxleys *The Doors of Perception*, nach denen sich die Band benannt hat, schien es innerhalb der Gruppe verschiedene Schlüssel zu geben. Manzarek und seinen Mitmusikern ging es um Songs, um eine gewisse Seriösität, Morrison dagegen war das ganze Muckerding fast zuwider. Er wollte dichten und vortragen, sich aus Liebe zur Lyrik in Versen verlieren. Irgendwie arrangiert man sich jedoch über die kommenden Jahre. Manzarek hat ein Mikro am Keyboard, um bei Konzerten einschreiten zu können, wenn die Pferde und der Wodka wieder mit Morrison durchgehen, der wiederum richtet sich ein als theatralische

Bühnenfigur, als Rock-Reptil mit Freifahrtschein: »I am the Lizard King, I can do anything«.

Als The Doors schließlich mit einstündiger Verspätung die Bühne des Dinner Key Auditorium betreten, ist Morrison völlig benebelt. Er bricht Songs ab und nuschelt ins Mikro, versteigt sich in krude Dialoge mit dem Publikum. Er rülpst und rüpelt, fragt, ob jemand aus Tallahassee unter den Zuschauern sei. Er habe da mal gewohnt, bis er so schlau gewesen sei, nach Kalifornien zu ziehen. Irgendwann beschimpft er die Leute immer aggressiver. Lewis Martin, ein szenebekannter Aktivist für Tierrechte, ist anwesend und reicht Morrison ein junges Lamm. Der Sänger nimmt es in den Arm und faselt etwas davon, das Tier ficken zu wollen, wenn es denn nicht so jung wäre. Anschließend beginnt er sein Hemd hochzuheben, er öffnet seine Hose. Was dann passiert sein soll, wird Monate später vor Gericht verhandelt und bestraft – jedoch gibt es nicht einmal ein Beweisfoto. Von einer »Massenhalluzination« spricht Ray Manzarek in einem späteren Interview, tatsächlich habe Morrison sein bestes Stück, sein Gemächt, den wahren Lizard King, nicht eine Nanosekunde lang hervorgeholt. Come on, baby, light my fire, der Sänger zeigt euch gleich die Eier? Auch wenn es so aussieht, als würde es jeden Moment passieren, ist da wohl nichts dran.

Irgendwie verselbständigen sich die Geschichten um diese Penis-Erscheinung jedoch, der Miami Herald schreibt gar, Morrison hätte vor den Augen der zahlreichen Minderjährigen masturbiert. Das FBI nimmt die Ermittlungen auf, ein Prozess wird schließlich angestrengt. Das Ganze zieht sich bis weit ins nächste Jahr. Über achtzehn Monate nach der Miami-Show, am 20. September 1970, kommt es zu einem Urteil. Morrison wird in diversen Anklagepunkten freigesprochen, für das vermeintliche »unzüchtige Entblößen« jedoch verknackt man ihn.

500 Dollar und ein halbes Jahr Gefängnis, so lautet die Strafe. Morrisons Anwälte legen umgehend Berufung ein, gegen eine Kaution von 50.000 Dollar bleibt er auf freiem Fuß. Doch Morrison ist von einer inneren Unruhe beseelt und will nicht warten, bis es zu einer erneuten Entscheidung – im schlimmsten Fall der Urteilsbestätigung – kommt. Zusammen mit Pamela Courson setzt er sich nach Europa ab. Das Ziel: Paris. Dort landet sein Flieger am 12. März 1970. Im Schatten des Eiffelturms beginnt Morrisons finaler Frühling.

Das Laissez-faire dieser Stadt, ihre Geschichte, das literarische Erbe der großen Geister wie Rimbaud und Baudelaire, all das entfaltet zunächst seine überaus inspirierende Wirkung. Das Paar zieht erst ins George V, einen luxuriösen Bau im 8. Arrondissement, danach geht es zur Untermiete in der Rue Beautreillis in die Wohnung des französischen Fotomodells Elisabeth Larivière. Eigentlich könnte alles très jolie sein, Morrison sitzt ab und an im Restaurant, lässt sich Käse-Sandwiches und Weißwein schmecken, er spaziert durch Parks und Straßen und füllt Seite um Seite seiner Schreibmappen. Doch die Idylle ist trügerisch, zwischen ihm und Courson sind die Bande längst brüchig. Coursoun hängt lieber mit Jean de Breteuil ab, einem ihrer Ex-Freunde, ausgestattet mit besten Handelsverbindungen in Sachen Heroin. »Der Dealer der Stars«, so nennt man ihn. Es ist Heroin im Umlauf, so rein wie nie zuvor, ein Kick ohnegleichen, aber eine ebenso mörderische Gefahr. Für Morrison bleibt es nicht bei idyllischen Lokalen und Weißwein, regelmäßig sitzt er im Rock'n' Roll Circus in der Rue de Seine, einem der angesagtesten Musikclubs der Stadt. Hier, in diesem unterirdischen Gewölbe, lässt er sich regelmäßig volllaufen, er spricht wenig, schaut den Tanzenden zu. Manchmal ist er völlig abwesend, dann wieder bröckeln ihm Gedichtzeilen aus den speichelfeuchten Mundwinkeln, bis er sich irgendwann in den frühen Morgenstunden als letzter Gast Richtung Ausgang bewegt und der aufgehenden Pariser Sonne entgegentorkelt.

Bereits als Kind hatte Morrison unter Asthma gelitten, jetzt meldete sich die Krankheit vehement zurück. Als er aufgrund anhaltenden Hustens schließlich zum Arzt geht, empfiehlt der ihm einen Trip der erholsameren Art. Morrison und Courson gehen auf Reisen, besuchen Madrid und Granada, sind in Marokko unterwegs. Anfang Mai kehren sie nach Paris zurück. Morrison ist wieder bei Kräften und hat unterwegs ein paar Pfund abgenommen. Seinem Anwalt Max Fink schickt er eine geradezu euphorische Postkarte, schwärmt vom »wunderschönen Frühling in der Stadt der Liebe«: »Die Frauen sind toll und das Essen ist fantastisch!« Er hängt bei der Künstlerin Agnès Varda und Alain Ronay, einem amerikanischen Filmemacher und gemeinsamen Freund, ab und genießt die unaufgeregte Normalität.

Aber der innere Frieden ist nur von kurzer Dauer. Schnell zieht es ihn wieder in den Rock'n' Roll Circus, wo er Zug um Zug in den alten Trott verfällt. Sein Verhalten wird zunehmend verworrener. Während der ersten paar Gläser ein Bonvivant, der jede Tischrunde schmückt, verwandelt er sich, sobald er ausreichend Hochprozentigem intus hat, in einen pöbelnden Randaleur, der mit Stühlen schmeißt und die Gläser vom Tisch fegt. Und dann ist da auch noch das Heroin in Güteklasse A, das im Umlauf ist. Es dauert nicht lang und Morrisons Husten wird wieder schlimmer, die Klumpen, die er ins Taschentuch, auf Tischservietten oder Notizzettel würgt, sind regelmäßig blutrot. Zwischendurch erinnert er sich wieder an seine alte Band. The Doors veröffentlichen ein neues Album, *L.A. Woman*. Es dauert einige Zeit, bis Morrison es überhaupt mitbekommt, aber er ist begeistert. Irgendwann im Juni ruft er bei John Densmore an, um mal zu hören, wie es so läuft mit der Platte. Die Musik scheint ihm zu fehlen, er jammt mit Straßenmusikern und Typen, die er im Café kennenlernt. Mit einem davon, Philipp Steele Trainer, einem Amerikaner, der Morrison zunächst nicht erkennt, spielt er *Crawling King Snake*, einen Blues-Klassiker von John Lee Hooker. Doch Morrison hat kaum Luft für zwei Zeilen am Stück, er muss immer wieder husten, sein Atem rasselt.

Auch am 2. Juli ist seine Verfassung nicht besser, im Gegenteil. Er geht mit Alain Ronay zum Essen ins Ma Bourgogne, anschließend ins Café de Phare, dabei leidet er unter einem Schluckauf, der ihm die Luft nimmt. Als die beiden sich verabschieden, so erzählt Ronay später, hätte Morrisons Gesicht auf ihn wie eine Totenmaske gewirkt. Tatsächlich ist James Douglas »Jim« Morrison am nächsten Tag tot. Pamela Courson findet ihn am Morgen leblos in der Badewanne, Blut rinnt ihm aus der Nase. Am Abend zuvor waren die beiden zusammen im Kino, um sich *Verfolgt* anzusehen, einen Western aus dem Jahre 1947 mit Robert Mitchum. Wieder zu Hause angekommen, hörten sie Musik und schauten ein paar Super-8-Filme aus dem Marokko-Urlaub, bevor es gegen 2.30 Uhr ins Bett ging, so gibt es Courson am folgenden Tag der Polizei zu Protokoll. Eine Stunde später habe Morrison wieder Blut gespuckt. Den Rat Coursons, zum Arzt zu gehen, ignorierte er, stattdessen ließ er sich ein Bad einlaufen, während Courson zurück ins Bett ging. »Pam, bist du noch da?«, sollen die letzten Worte gewesen sein, die Courson von ihm hört. Als sie gegen 6 Uhr wieder aufwacht, stellt sie fest, dass Morrison nicht neben ihr liegt. Sie eilt ins Bad, schüttelt Morrison, der keinen Mucks mehr von sich gibt. Anschließend ruft sie bei Agnès Varda an, die ruft als allererstes, wie es in Frankreich üblich ist, »les pompiers«, die Feuerwehr. Kurz darauf wird der Tod des Sängers festgestellt.

In der Gerichtsmedizin verzichtet man auf eine Obduktion. Todesursache Herzversagen, so steht es im Untersuchungsbericht.

Lange Zeit ist Pamela Coursons Version der Vorfälle die allgemein anerkannte. Im Laufe der Jahre gibt es jedoch immer wieder anderslautende Theorien über den Tod Morrisons. So geheimnisvoll und verschlungen waren seine Texte, auch sein Verschwinden umgibt die Aura des Mysteriösen. War der »Lizard King« tot – oder einfach nur zu neuen Ufern aufgebrochen? Morrison habe sich in Wirklichkeit nach Marokko abgesetzt, so heißt es zwischenzeitlich, um in Ruhe Datteln anzubauen. Auch Ray Manzarek traut seinem Ex-Sänger einen derart eigenwilligen Abgang zu. 1983 mutmaßt ein britischer Journalist, das CIA habe Morrison um die Ecke gebracht, andere halten den französischen Geheimdienst für den Morrison-Meuchler. Beweise für derlei Theorien lassen sich jedoch nicht finden.

2007 öffnet Sam Bernett, einst der Macher des berühmt-berüchtigten Rock'n'Roll Circus, seine Anekdotenschatulle und offenbart mit dem Buch *The End – Jim Morrison* seine Version der Geschichte. Morrison sei am Abend des 2. Juli noch im Circus gewesen, heißt es da, und habe wieder einmal ordentlich Luft in eine Flasche Wodka gelassen. Gegen 2 Uhr sei er mit zwei Typen Richtung Örtlichkeiten verschwunden, die beiden gehörten zur Truppe von Jean de Breteuil, dem Mann mit dem Heroin. »Le Chinois« und »Le Petit Robert«, so die Spitznamen der schweren Jungs, hätten den Laden irgendwann wieder verlassen, von Morrison jedoch fehlte jede Spur. Bis die Toilettenfrau ihrem Chef schließlich steckt, dass eine der Toilettenkabinen verschlossen sei. Hier nun hätte man den leblosen Morrison gefunden, nach vorn gesackt und mit Schaum vor dem Mund. Ein zufällig anwesender Arzt hätte nur noch den Tod feststellen können und just, als Bernett im Begriff ist, den Notarzt und die Polizei zu rufen, tauchen der Chinese und der kleine Robert wieder auf. Sie wollen jedes Aufsehen vermeiden, auch Bernett steht der Sinn kaum nach der Schließung seines Ladens, die ein solcher Fund ganz sicher nach sich gezogen hätte. Man schleppt Morrison also Richtung Ausgang, die wenigen Besucher der angrenzenden Diskothek Alcazar halten den bewusstlosen Morrison wohl für einen der üblichen Besoffenen, die nicht mehr stehen können. Mit dem Auto kutschieren »Le Chinois« und »Le Petit Robert« den einst so stolzen Sänger der Doors zurück in die Rue Beautreillis, lassen Wasser in die Badewanne, während Courson einen hysterischen Anfall erleidet und kurz darauf wieder stoned zusammensackt. Anderthalb Stunden warten sie neben der Leiche, verschwinden schließlich, als endgültig klar ist: Der steht nicht wieder auf. Jean de Breteuil ist zu diesem Zeitpunkt mit Marianne Faithfull zusammen. In ihrer Autobiografie schreibt sie davon, wie de Breteuil am frühen Morgen des 3. Juli einen Anruf der völlig aufgelösten Pamela Courston erhalten hätte. De Breteuil geht anschließend mächtig die Düse. Beim Tod von Janis Joplin hat er im engsten Kreise bereits getönt, es sei sein vorzüglicher Stoff gewesen, der die Sängerin in die ewigen Jagdgründe befördert hätte. Die Nummer mit Morrison jetzt könnte ihn endgültig vor den Kadi und damit für eine ganze Weile in den Knast bringen. »Ich habe ihn getötet«, offenbart de Breteuil der völlig zugedröhnten Faithfull, danach lautet das Kommando »Koffer packen« – das Paar setzt sich nach Marokko ab. Wenige Monate später stirbt de Bretuil in Tanger – an einer Überdosis Heroin.

Jim Morrisons Tod, der bis zum heutigen Tag nicht aufgeklärt ist, passiert genau zwei Jahre nach dem mysteriösen Tod von Brian Jones, am 3. Juli 1971. Es ist gerade mal ein Dreivierteljahr her, dass erst Jimi Hendrix, kurz darauf Janis Joplin ums Leben kamen. Sie alle wurden nur 27 Jahre alt. »Club 27«, so würde man dieses traurige Phänomen eines Tages nennen, seine offizielle Gründung, wenn man so will, erfährt er jedoch erst im Jahre 1994 mit dem Tode Kurt Cobains.

Dort, wo man Cobain heute regelmäßig begegnet, blickt man oft auch in das Gesicht jenes Künstlers, der für die Musik im kommenden Kapitel sorgt – an T-Shirt-Ständen rund um den Globus ...

Bob Marley

»How long shall they kill our prophets
While we stand aside and look?
Yes, some say it's just a part of it
We've got to fullfill the book«

Redemption Song

»Wenn du mich kennenlernen willst, dann musst du gegen mich Fußball spielen«, so sagt es Bob Marley mal zu einem Journalisten. Marley liebt das Kicken fast so sehr wie den Reggae. Er steht auf den FC Santos aus Brasilien und auf die Tottenham Hotspur aus dem Norden Londons, in deren Reihen Marleys Lieblingskicker spielt, der Argentinier Osvaldo Ardiles. Wann immer Zeit ist, wird gebolzt, ob auf Tour zwischen den Konzerten – manchmal sogar direkt nach dem Soundcheck in der Halle – oder zu Hause in Kingston, im Hauptquartier der Wailers in der 56 Hope Street. Tuff Gong, ein Verweis auf den Gründer der Rastafari-Bewegung, Leonard »The Gong« Howell, so nennen sie Marley wegen seiner Spielweise, in der Robustheit und Eleganz zusammenkommen. Seine Dribblings sind gefürchtet, im Mittelfeld suchen sie ihn als Anspielstation und Ballverteiler. Ein weiterer Spitzname: Skipper. Das war nicht immer so. Als Teenager wird der zurückhaltende Hobbykicker regelmäßig in die Mangel genommen, nicht nur auf dem Platz, sondern auch, wenn das Spiel längst abgepfiffen ist. Miss Marley wird er genannt. Der Gehänselte hält dagegen und verwandelt Ablehnung zuerst in Trotz, dann in Stärke. Auch am

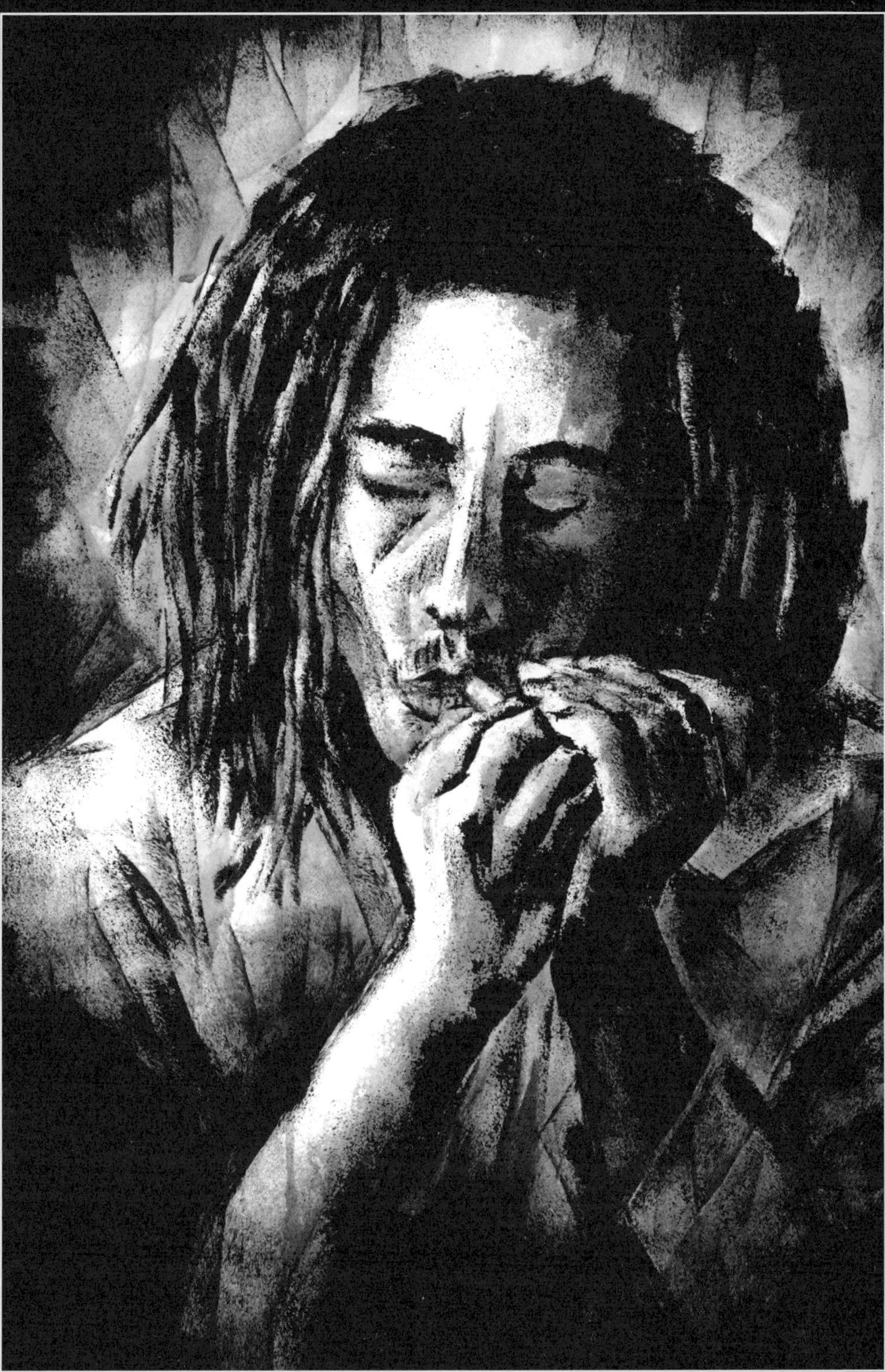

Vorabend des Starts zur *Exodus*-Tour, im Sommer 1977 in Paris, wird gekickt. Es geht richtig zur Sache. Marley wird schwer gefoult, beißt die Zähne zusammen. Und spielt weiter.

Mitte der 1970er ist Robert Nesta Marley, am 6. Februar 1945 auf der Farm seines Großvaters im jamaikanischen Nine Mile geboren, drauf und dran, ein globaler Superstar zu werden. Schon in der Schule hat er mit seinen Kumpels Winston Hubert MacIntosh, später als Peter Tosh weltbekannt, und Neville O'Reilly Livingston aka Bunny Wailer, Musik gemacht. Mitte der Sixties nennen sie sich The Teenagers, später gehen daraus die Wailers hervor. Ihr früher Sound ist vom jamaikanischen Ska geprägt, im Februar 1964 landen sie in ihrer Heimat mit *Simmer Down* einen Nummer-1-Hit. 1966 heiratet Marley seine Freundin Rita. Als Sohn einer Schwarzen und eines Weißen – zu jener Zeit ein handfester Skandal, zusätzlich verstärkt vom enormen Altersunterschied seiner Eltern – hat er eine katholisch orientierte Erziehung genossen. Jetzt orientiert er sich zunehmend an der Religion der jamaikanischen Rastafari. In den 1930er Jahren ist der Glauben aus dem Christentum hervorgegangen, im Zentrum steht die Bibel, gleichzeitig geht es für die Rastas, wie die Anhänger genannt werden, um den Kampf gegen die Unterdrückung der Schwarzen. Dreadlocks, die verfilzten, dicken Zöpfe, sind ein Markenzeichen. Neben den alttestamentarischen Themen spielen Spiritualität und mythische Geschichten eine große Rolle. Jah steht als monotheistischer Gott über allem, der äthiopische Kaiser Haile Selassie gilt als Messias und dann ist da auch noch Ganja, das heilige Kraut, das »Cannabis sativa«, das als Teil einer religiösen Zeremonie die Elemente Erde, Feuer, Wasser und Luft symbolisiert, kurzum: Marihuana. Für die westliche Welt ist derlei Überbau nicht einmal nötig, es reicht schon, dass der Spliff gut gerollt ist und ausreichend die Sinne vernebelt. Marleys Musik entpuppt sich als perfekter Soundtrack dafür. Waren die Ska-Klänge noch schmissiger angelegt, wie gemacht für ein späteres Revival unter Punk-Vorzeichen, so war der »Reggay«, wie er im stilprägenden Song von Toots & The Maytals genannt wurde, die Laidback-Variante – die Beats mellow, die Songstrukturen fließend, die Arme zum Himmel, die Augen geschlossen. One Love, Baby, and don't bogart that joint.

Die 1970er geraten zum Build-up des Phänomens Bob Marley. Pionier und Produzent Lee Scratch Perry prägt Wailers-Alben wie *Soul Rebels* (1970) und *Soul Revolution Part II* (1971). Bob Marley und die Wailers landen bei Chris Blackwells Island-Label, 1973 erscheinen *Catch a Fire* und *Burnin'*, im Jahr darauf *Natty Dread*. Marley etabliert sich als Wortführer gegen Rassismus und verquickt gleichzeitig seinen Reggae-Sound mit einigem Pop-Zierrat. Songs wie *No Woman, No Cry* hieven das vom weißen Publikum als Exotik wahrgenommene Lebensgefühl in den Mainstream. Die Revolution wird vielleicht nicht im Fernsehen übertragen, aber sie verfügt über einen famosen Soundtrack. Als Eric Clapton *I Shot the Sheriff* hört, weiß er, was zu tun ist: Etwas Blues einflößen, aufs ominöse Solo verzichten – fertig ist der Hit. Die Formel geht auf, im Sommer 1974 steht Clapton mit der Coverversion auf Platz 1 der amerikanischen Single-Charts. Marley tourt derweil im Vorprogramm von Sly and the Family Stone, doch der Hauptact erweist sich als dünnhäutig und sieht seine Felle davonschwimmen. Marley und die Wailers kommen beim Publikum besser an – und werden nach nur vier Shows geschasst. No Woman, No Cry? No Wailers, nur Sly! Die drei Ausrufezeichen des Ensembles, Bunny, Peter und Bob, gehen anschließend getrennter Wege. Auch Tosh und Wailer mehren ihren Ruhm, kein Vergleich jedoch zu Marley, der längst nicht mehr nur als Musiker, sondern ebenso als rebellischer Posterboy mit Message wahrgenommen wird – nicht nur vom Publikum, auch in den Politbüros von Jamaika und dem Rest der Welt.

1976 gerät Marley zwischen die Fronten. Es ist Wahlkampf auf der Insel, die sozialdemokratische People's National Party unter der Führung von Michael Manley und die rechtsgerichtete Jamaica Labour Party mit Edward Seaga, Spitzname »CIAga«, streiten um die Vorherrschaft. Marley will mit Smile Jamaica, einem großen Musikfestival, die Gemüter ein wenig beruhigen, sträubt sich jedoch, als er feststellt, dass die Soli-Sause auf einem Grundstück von Manley stattfinden soll – für Marley zuviel der Vereinnahmung. Und nicht nur er scheint es so zu sehen, auch die dunklen Mächte der Gegenseite nehmen es wenig sportlich. Zwei Tage vor dem großangekündigten Event überfallen sieben bewaffnete Unbekannte das Haus von Marley und schießen um sich. Marleys Frau Rita und Manager Don Taylor werden schwer verletzt und kommen nur knapp mit dem Leben davon, Marley selbst wird in den Oberkörper und in den Arm getroffen. Im Anschluss machen Gerüchte die Runde, Seaga und die CIA hätten ihre schmutzigen Finger im Spiel gehabt. Marley als Lichtgestalt sei die perfekte Zielscheibe, um einer womöglich anstehenden Revolution durch das Volk den Saft abzudrehen. Zwei Tage danach heißt es dennoch »Bitte lächeln« – Smile Jamaica geht vor mehr als 80.000 Zuschauern über die Bühne, natürlich mit Bob Marley im Line-up.

Im Jahr darauf schließlich das Match, mit dem sich das Blatt wendet. In Großbritannien hat Bob Marley das Album *Exodus* aufgenommen und im Juni 1977 veröffentlicht. Über ein Jahr am Stück sollte es sich in den UK-Charts halten, Singles wie *Jamming* und *One Love* den Star-Status Marleys vollends manifestieren. Kurz vor dem Tourstart in Paris wird natürlich gebolzt. Ort des Geschehens ist ein Fußballplatz in der Nähe des Eiffelturms. Andernorts mögen sensible Versicherer ihren Stars die Skipiste, das Einrad-Fahren oder die Runde im Kettenkarussell verbieten, für Marley gelten derlei Vorsichtsmaßnahmen nicht. Der Ball ist rund, natürlich geht es zur Sache. Und wie: Ein Gegenspieler steigt Marley auf die Füße. Es ist ein Foul, das angesichts dessen, was folgen sollte, in die Geschichte eingeht, irgendwo zwischen Schumachers Bodycheck gegen Battiston und Siegmanns Blutgrätsche direkt in den mächtigen Oberschenkel von Ewald Lienen. Im Zweikampf bekommt Marley einen miesen Tritt direkt auf den rechten großen Zeh. Er humpelt, kann nur unter Schmerzen weitermachen, denkt jedoch nicht an einen Spielabbruch. Als ihn wenig später noch ein rostiger Stollen am selben Fuß erwischt, ertönt selbst für den hartgesottenen Rasta-Rastelli der Schlusspfiff. Im Behandlungszimmer hört er die niederschmetternde Diagnose: Als der Doc den Nagel aufgrund der Verletzung ziehen muss, entdeckt er darunter einen schwarzen Fleck, der sich als Melanom entpuppt. Bob Marley hat Hautkrebs. Für den Moment ficht ihn das kaum an. Die Tour steht unmittelbar bevor, die Säle sind gebucht, the show must go on. Marley bekommt einen Stulpen über den Zeh, das muss fürs Erste reichen. Die Ärzte raten ihm zu einer Zeh-Amputation, um die Ausbreitung der Krebszellen zu verhindern, aber davon will Marley nichts hören. Da ist die geschäftliche, die musikalische Seite, die dem widerspricht. Aber da ist auch der Spirit des Rastafari – und als solcher darf er, das gebietet der Glaube, die Ganzheit seines von Gott gegebenen Körpers nicht verletzen. So läuft die Marley-Maschine weiter, als wäre (fast) nichts gewesen. 1978 bringt er beim One Love Peace Concert in Kingston die politischen Rivalen auf der Bühne dazu, einander die Hände zu geben. Im selben Jahr erscheint das Livealbum *Babylon by Bus* und wird zu einem riesigen Triumph. Marley reist zum ersten Mal überhaupt nach Afrika, er schreibt Songs, spielt Shows – und Fußball. 1980 erscheint *Uprising*, es wird das letzte Album zu Lebzeiten Marleys, darauf mit *Redemption Song* ein weiteres, ikonisches Stück. Marley spürt, wie er schwächer wird, macht jedoch immer weiter. Kaum ist die große Europa-Tournee beendet, darunter eine Show im Mailänder San-Siro-Stadion vor 100.000 Zuschauern, fliegt der Tross in die Staaten. Zweimal tritt Marley im New Yorker Madison Square Garden auf. Anschließend der Zusammenbruch: Der Musiker kollabiert beim Joggen im Central Park.

Diesmal ist die Diagnose ungleich niederschmetternder. Der Krebs hat den gesamten Körper ergriffen, hat sich in Marleys Lunge, in seiner Leber, sogar in seinem Gehirn ausgebreitet. Trotzdem spielt er eine weitere Show. Am 23. September 1980 sehen die Zuschauer im Stanley Theater zu Pittsburgh einen Bob Marley, der noch einmal alles aus sich herausholt, ein letztes Aufbäumen, ein letztes Set, *Get Up, Stand Up*, der finale Song der zweiten Zugabe.

Marley selbst bereitet das Aufstehen unsägliche Mühe, dennoch will er sich nicht einfach so geschlagen geben. Er hat von einem Arzt in Deutschland gehört, der auf alternative Methoden setzt. Sein Name ist Josef Issels, seine Praxis befindet sich am südlichen Ufer des Tegernsees, in einer Gemeinde mit dem schönen Namen Rottach-Egern. Der Marley-Tross macht sich also auf nach Oberbayern, vielleicht kann der deutsche Wunderarzt dem Schwererkrankten ja helfen. Dessen Ruf ist fragwürdig. Als »Nazi-Doc« bezeichnet ihn Marley-Biograph Roger Steffens in einem Interview und klingt dabei ganz verschwörerisch. Marley habe von dem dunklen Arztgeheimnis nichts gewusst, behauptet er. Issels praktizierte wohl als Sanitätsoffizier für die deutsche Wehrmacht, gleichzeitig behandelte er auch jüdische Patienten, was den Nazis wiederum überhaupt nicht gefiel. Auch Issels Heilmethoden waren und sind umstritten. Krebs betrachtet er als »systemische Krankheit«, empfiehlt mal lange Spaziergänge, dann wieder spezielle Diäten. Rohkost gegen Krebs, so eine der Therapien, an die er glaubt. Marley ist nicht der erste Promi, der in Issels die letzte Option sieht. Auch die englische Mittelstreckenläuferin Lillian Board, 1968 Silbermedaillen-Gewinnerin in Mexiko, hoffte vergeblich, der deutsche Wunderheiler würde ihren Magenkrebs kurieren. Wenige Monate vor Marley war zudem Schauspieler Steve McQueen in Rottach-Egern, auch ihm konnte Issels nicht helfen. McQueen starb wenig später in Mexiko, also dort, wo man sich heute noch gegen ein entsprechendes Honorar frei nach Issels behandeln lassen kann.

Auch für Marley gibt es keine Heilung, und doch erlebt er im winterlichen Bayern eine fast schon unwirklich gute Zeit. Er schaufelt Schnee, spielt in der Sporthalle des Ortes sogar noch Fußball und schaut dem örtlichen Verein beim Training zu. Als Peter Tosh, Bunny Wailer und Junior Braithwaite anreisen, fordern sie ein paar jugendliche Leichtathleten zum Basketball-Match heraus. Marley freundet sich mit den Einheimischen an, einer alten Dame trägt er den Einkauf nach Hause. Zuweilen sitzt er auf der Bank vor dem Rathaus, die Rasta-Mütze auf dem Kopf, im Mundwinkel ein gutgedrehter Joint. Das klingt nach Kur und Kumpelspaß, in Wirklichkeit ist es Marleys vorletzte Lebensstation. Issels bedeutet ihm, die Klinik zu verlassen. Nach fast acht Monaten mit Spezialdrinks, Nahrungsergänzungsmitteln und weiteren Wirkungslosigkeiten gibt es nichts mehr für ihn zu tun. Im Frühjahr besteigt Marley den Flieger, um zurück nach Kingston zu reisen, doch dahin sollte er es nicht mehr schaffen. Beim Zwischenstopp in Miami ist er zu schwach für die Weiterreise. Man liefert ihn ins örtliche Cedars of Lebanon Hospital ein. Dort stirbt Bob Marley am 11. Mai 1981. So langlebig wie seine Musik, sind auch die Gerüchte, die sich um seinen Tod ranken. Nicht nur auf Issels, dem »Nazi-Doc«, liegt ein

Schatten, auch die CIA wird immer mal wieder als angeblicher Tat-Teilhaber genannt. So wie das Kingston-Attentat von 1976 ein Gedankenspiel aus den Hinterzimmern der Macht gewesen sein soll, halten sich zudem Verschwörungstheorien, nach denen Marley die Krebsviren einst injiziert worden seien. Ob das wahrscheinlich ist? Eher nicht.

Hunderte von Konzerten hat Marley Zeit seines Lebens gespielt, einige davon auch in Deutschland. In Spanien dagegen nur ein einziges, im Sommer 1978, in einer Stierkampf-Arena auf Ibiza, jener Insel, die der nächsten Künstlerin besonders am Herzen lag ...

Nico

»Have someone else's will as your own
You are beautiful and you are alone«
Afraid

Einen ganzen Monat soll sie im Frühjahr 1968 in fast kompletter Dunkelheit verbracht haben. Sie lebt zusammen mit Fred Hughes in dessen Apartment auf der East 16th Street, ganz in der Nähe der Künstlerenklave The Factory. Hughes ist der Manager von Factory-Mastermind Andy Warhol, entsprechend oft und viel ist er unterwegs. Als er wieder mal von einer Geschäftsreise nach Hause kommt, so erzählt es Warhol in seinem Buch *POP-ism: The Warhol Sixties* (1980), versucht Hughes vergeblich, eine Lampe anzuschalten. Im Badezimmer flackert Kerzenlicht, in der Wanne liegt Nico, bei der er sich wortreich entschuldigt, in der Annahme, die Stromrechnung nicht bezahlt zu haben. Doch für Nico ist das alles bestens so, tatsächlich könnte sie sich kaum wohler fühlen. Die Düsternis ist ein Umhang, eine zweite Haut, ihr wahres Zuhause.

Als Christa Päffgen wird Nico anno 1938 in Köln geboren, am 13. Oktober. Das Geburtsdatum teilt sie mit Yves Montand, Maggie Thatcher, Nana Mouskouri und Oscar Wilde. Ihre Kindheit ist vom Chaos des Krieges geprägt. Später erzählt sie, ihr Vater hätte sich dem Widerstand angeschlossen und sei in einem Konzentrationslager umgebracht worden, in einer anderen Version ging er zur Wehrmacht und starb 1941 an der Front. Die verschiedenen Narrative haben Methode, sind Teil von Nicos Persönlichkeit. Sie behauptet, dem russischen Hochadel zu entstammen, berichtet von einer Vergewaltigung durch einen G.I., die nie bestätigt wird, wechselt die Namen, die Biografien, die Lebenspläne. Mit ihrer Mutter zieht sie von Köln nach Berlin, die Stadt liegt in Trümmern, ein Zustand, der Nico inspiriert, wie sie Jahre danach erzählt. Das Geld ist knapp, ihre Mutter arbeitet als Schneiderin im KaDeWe, im Kaufhaus des Westens. Schon als Teenager führt Nico den Kundinnen die neuen Kleider vor – kein Wunder: sie ist 1,75 m groß, hat hohe Wangenknochen und Augen so geheimnisvoll, dass man darin versinken möchte.

Als der Fotograf Herbert Tobias sie entdeckt, nimmt ihre Modelkarriere Fahrt auf. In Paris schlüpft sie in Kleider von Dior und schmückt die Titelseiten der Modemagazine. Da man ihr sagt, dass ihr Name zu deutsch klänge, nennt sie sich mal Christa Nico, dann Nico Otzak, nach dem griechischen Filmemacher Nikos Papatakis, einem Freund ihres Patrons, dem Designer Heinz Oestergaard. Schlussendlich bleibt es bei Nico. Die Geschäfte gehen gut, so gut, dass sie sich 1962 ein Haus auf Ibiza kauft. Als ihre Mutter schwer krank wird, will Nico sie dort unter der spanischen Sonne pflegen. Zur selben Zeit kommt ihr Sohn Christian Aaron, genannt Ari, zur Welt. Es heißt, Alain Delon sei der Vater. Zu diesem Zeitpunkt hat sie bereits eine erste Filmrolle hinter sich: Sie hatte in Fellinis *La Dolce Vita* mitgespielt und Delon am Rande der Dreharbeiten zu *Nur die Sonne war Zeuge* kennengelernt. In New York besucht sie die Schauspielschule von Lee Strasberg, pendelt im Anschluss zwischen Frankreich und Großbritannien. Sie ist in französischen Filmen wie *Das Mädchen Ariane* zu sehen, lernt im Swingin' London Brian Jones kennen, in Paris freundet sie sich mit dem Jazzmusiker Viktor Brox an und macht schließlich eine besonders prägende Bekanntschaft: Sie trifft auf Andy Warhol.

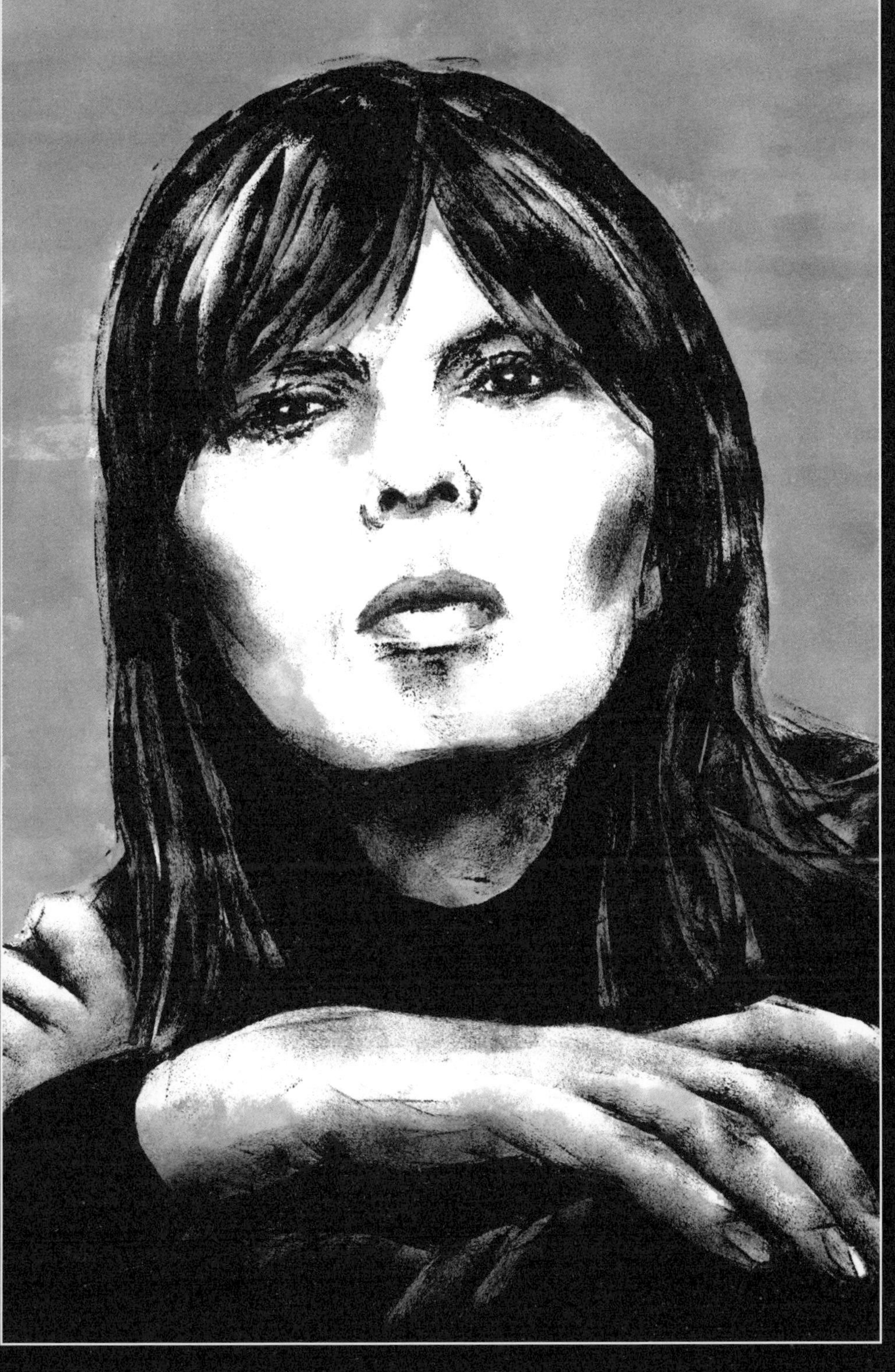

Der umtriebige Künstler hat eine Clique von sogenannten »Superstars« um sich geschart, die Factory im Decker Building am 33 Union Square West ist das Hauptquartier dieser vielköpfigen Bewegung von Musikern, bildenden Künstlern und Tänzern. Dort nimmt eine neue Band Gestalt an: The Velvet Underground. Schräge Typen mit Sonnenbrillen und Rollkragen-Pullis, so arrogant wie verwegen, ein explosiver Mix aus Drogen, hochtrabenden Ideen und überschaubarer Fingerfertigkeit. Warhol schwebt eine Fusion des Ensembles mit Nico vor, hier die Bohemiens mit ihrer Vision einer neuen Art von Psych-Rock, einer drogeninduzierten Melange aus Beat, Lyrik und Lärm, dort die große Deutsche mit dem harten Akzent, wunderschön, mutig, rätselhaft. Doch das Personal will nicht so recht drauf einsteigen. Nico wagt sich ans Mikro, Lou Reed jedoch dreht ihr den Saft ab – er hat keinen Bock, dass ihm die rätselhafte Zugezogene in die Quere kommt. Ins Bett geht er trotzdem mit ihr. Es ruckelt sich irgendwann einigermaßen zurecht, Tom Wilson, der das Album zusammen mit Andy Warhol produziert, macht sich stark für Nico, sorgt dafür, dass sie auf dieser Platte überhaupt Gehör findet. Am Ende singt Nico drei Songs, *Femme Fatale*, *All Tomorrow's Parties* und *I'll Be Your Mirror*. Im März 1967 erscheint das Album, von innen und außen ein zukünftiges Jahrhundertwerk, ein spröde-stimmungsvoller Geniestreich zwischen Rausch und Revolte, Existentialismus und Ekstase. Alles Banane, also?

Unterstützt von John Cale, dem einzigen aus der Velvet-Gang, der sie respektiert, arbeitet Nico an Solostücken. Leonard Cohen schreibt für sie, Dylan ebenso. Tim Buckley greift für Nico in die Saiten, mit Jim Morrison ist sie liiert, mit Jackson Browne ebenso, bis die beiden im Streit auseinandergehen. Nico behauptet, er hätte sie mit obszönen Anrufen belästigt. Drei Alben veröffentlicht sie zwischen 1967 und 1970: War

Chelsea Girl noch vergleichsweise konventionell geraten – ein Umstand, der Nico nicht eben begeisterte – wurde es mit *The Marble Index* und *Desertshore* deutlich experimenteller. Nico textet folkloristisch-verwehte Zeilen, zitiert E.T.A. Hoffmann und den englischen Dichter William Wordsworth, sie begleitet ihren Gesang mit einem indischen Harmonium. Es entstehen skelettierte Spuklieder, gegen die Nick Drake wie einer von den Beach Boys klingt. Ihre Songs schreibt sie zuweilen dort, wo Fred Hughes sie nach seiner Rückkehr von der Reise findet, im von Kerzen spärlich beleuchteten Badezimmer. Und so geheimnisvoll klingt es denn auch. *The Marble Index* sei kein Album, so Produzent Frazier Mohawk, sondern ein Loch, in das man fällt. Nicos Publikum schwankt zwischen Irritation und Ignoranz, ihr Konzept überfordert die Hippies und die Hipster, immer wieder wird ihr Crossover vom Model zur Solokünstlerin thematisiert, oftmals wird sie verspottet. Je größer die Kontroverse, umso spröder wird Nicos Sound, so scheint es. Als sie 1974 das Album *The End...* veröffentlicht, betitelt nach dem Doors-Song, wirbt ihre Plattenfirma mit morbider Rhetorik: »Warum Selbstmord begehen, wenn Sie diese Platte kaufen können?« Der Musikjournalist Robert Christgau schreibt eine Plattenkritik mit deutsch gefärbtem Akzent: »I don't know vy she's moaning about unved virgins and vether to betray her hate, and I don't vant to know.« Es kommt nicht von ungefähr: Nicos Lieder sind diesmal noch ein gutes Stück extremer angelegt, eines ist RAF-Terrorist Andreas Baader gewidmet, an anderer Stelle singt sie das Deutschlandlied.

Auch für Sohn Ari entwickeln sich die Dinge überaus problematisch. Nico hatte bereits Ende der 1960er Jahre mit Cannabis und Tabletten experimentiert, in den 1970ern begann sie, Heroin zu spritzen. Mittlerweile ist sie kaum noch in der Lage, sich um ihn zu kümmern. Erst übernimmt Mutter Päffgen die Fürsorge, sie baut jedoch zusehends ab, als ihre Parkinson-Erkrankung sich verschlimmert. Zwischenzeitlich springt die Mutter von Alain Delon ein. Sie adoptiert Ari sogar, obwohl ihr Sohn die Vaterschaft bestreitet. Ari wird damit auf dem Papier der Bruder seines Vaters, dem er wie aus dem Gesicht geschnitten ist. Anfang der 1980er Jahre zieht Ari wieder zu seiner Mutter. Ihren Heroinbedarf finanziert diese mit unzähligen Konzerten, sie tourt quer durch Europa – nur sie und ihr Harmonium und diese Wangenknochen und diese Augen. Mal wird sie belächelt, dann bestaunt, oft bewundert. In Großbritannien reißt sie eine künstlerische Schneise riesigen Ausmaßes, nachfolgende Größen wie Siouxsie, Bauhaus, Joy Division und viele andere verinnerlichen ihre Aura, die aufkommende Gothic-Bewegung saugt den düsteren Nektar förmlich auf. Mit Bauhaus-Sänger Peter Murphy steht sie 1981 in Manchester auf der Bühne. Der Song, den sie gemeinsam singen: Velvet Undergrounds Dealer-Hymne *I'm Waiting for the Man*. Nico und ihr Sohn warten irgendwann gemeinsam auf den ominösen »Man«, auch Ari hängt nun an der Nadel. Sie teilen sich die Spritze, Ari nennt es später »ihre Art des Zusammenseins«, sie sei eine gute Mutter gewesen, die ihm alles gegeben hätte. Und die Drogen? Die habe er in vollen Zügen genossen. Ari stirbt 2023 unter ungeklärten Umständen. Nach einem schweren Unfall litt er seit einigen Monaten unter einer halbseitigen Lähmung. Am Morgen des 20. Mai 2023 findet seine Lebensgefährtin Aris Leiche, die Todesursache, so gibt sie zu Protokoll: eine Überdosis Drogen.

Zu Beginn des neuen Millenniums hat er seine Autobiografie veröffentlicht, der Titel: *L'amour n'oublie jamais*. Die Liebe vergisst niemals, ein Gruß an seine Mutter, die er längst verloren hatte. Mitte der 1980er durchlief Nico eine Methadon-Therapie, die wohl anschlug: Es heißt, sie hätte danach nur noch dem Cannabis zugesprochen. Für das Album *Camera Obscura* arbeitet sie noch einmal mit John Cale zusammen. Im Sommer 1988 findet ihr von dunklen Geheimnissen und verwunschenen Botschaften durchzogenes Leben auf alltäglichste Weise ein jähes Ende. Mit dem Fahrrad ist sie in ihrer Wahlheimat Ibiza unterwegs zum Strand, will wohl noch beim Dealer Halt machen, um Nachschub zu besorgen. Sie trägt eine schwarze Lederhose und einiges mehr an schwerer Kleidung. Es ist brüllend heiß, aber Nico in leichten Klamotten, in Shorts und Trägerhemd womöglich? Absolut undenkbar. Wie sie von der Straße abkommt, lässt sich nicht klären, Touristen finden sie schließlich bewusstlos, neben ihr liegt ein Buch im Gras, der Autor: Oscar Wilde. Als man im Krankenhaus endlich das Aneurysma in ihrem Kopf entdeckt, ist es zu spät. Am 18. Juli 1988 stirbt Christa Päffgen alias Nico, die Frau, die niemals lacht, im Alter von 49 Jahren.

Jenen Mann, der Nico in den 1960er Jahren mit Velvet Underground zusammenbrachte, hat auch der Protagonist des nächsten und letzten Kapitels zu Lebzeiten besungen. Im Original von David Bowie, findet man den Song auf einem *Unplugged*-Album aus dem Jahr 1993, das Stück heißt *Andy Warhol*, bei der Band handelt es sich um die Stone Temple Pilots.

Ihr Sänger …

Scott Weiland

»I am smellin' like the rose
That somebody gave me
On my birthday deathbed
I am smellin' like the rose
That somebody gave me
Cause I'm dead and bloated«
Dead and Bloated

»Don't laugh at my shoes, man! They are my home from home!«, sagt Scott Weiland, Sänger der Stone Temple Pilots, als ich ihn Anfang der 2000er Jahre zusammen mit Gitarrist Dean DeLeo in Köln zum Interview treffe. Ich bin Teil der Musikredaktion des damaligen Internetriesen AOL. 1999 hatte es mich von Kiel fast nach München und am Ende nach Hamburg verschlagen. Ich verfügte erst seit ein paar Monaten über eine E-Mail-Adresse, mein Interesse an all things Pop and Rock dagegen reicht bis in die früheste Kindheit zurück. Auf dem Koffer-Plattenspieler in meinem Zimmer höre ich schon als Dreikäsehoch unentwegt die Singles, die meine Mutter besaß, darunter der ganz frühe Stoff der Beatles, *Sheila* von Tommy Roe und *19th Nervous Breakdown* – bis heute mein Lieblingssong der Rolling Stones. Während meiner Zeit als Texter und Konzeptioner für Rundfunkwerbung in einer Kieler Agentur habe ich Mitte der 1990er angefangen, für die lokale Presse über Konzerte und Platten zu schreiben. Als ich nach fünf Jahren berufliches Fernweh verspüre, lockt mich zunächst MTV mit leeren Versprechungen, was mich nach wenigen Wochen bereits zum kurzfristigen Turnaround, sprich Ausstieg veranlasst. Ich bin fast schon wieder auf dem Weg nach Kiel, wo man mir bedeutet, dass mein Bürostuhl noch warm und unbesetzt ist. In einer trunkenen Nacht im Schanzenviertel legen mir jedoch Jan und Chrischi, alte Kumpels, die auch nach zahlreichen Bieren zumeist noch wissen, wovon sie reden, eindringlich nahe, Hamburg wenigstens eine zweite Chance zu geben. Gesagt, getan. Das Timing ist perfekt. Mein Schädel ist kaum abgeklungen, da erhalte ich den Anruf einer Freundin mit lebensentscheidendem Hoheitswissen. AOL stemme gerade den Posten eines Musikredakteurs, ich möge da doch mal anrufen, flüstert sie mir ins Ohr. Zwei Wochen später sitze ich im dortigen Redaktionsbüro, direkt am Kopf der Reeperbahn, mit Blick aufs Heiligengeistfeld und das Millerntor. »Würdest du auch was über Wolle Petry machen?«, fragt mich mein zukünftiger Chefredakteur am Schluss des Termins. Eine Art Lackmustest, der wohl über meine geschmackliche Skrupellosigkeit, Verzeihung, Neutralität Auskunft geben soll. Ich bejahe wortreich und habe damit den Job in der Tasche. Eine Story über den Mann mit dem Schnauzer und den tausend Armbändern kommt nie zustande, dafür aber über zahlreiche andere Größen. Anfangs müssen wir den Plattenfirmen noch Promo-CDs abringen, um darüber zu schreiben. Als Boris Becker schließlich vermeldet, dass er drin ist und wie einfach das doch sei, kennt nicht nur meine Oma das Internet, auch die Plattenfirmen werden binnen Wochen kooperativer, öffnen die Schatullen mit den Stars. Wir treffen Sasha und Blümchen, Tocotronic und eine Newcomer-Band, die irgendetwas von einem Supergirl singt, lassen die Red Hot Chili Peppers auf dem Dach eines Parkhauses ein Konzert spielen und besuchen Bands wie Garbage, Bush, und die Stone Temple Pilots in ihren Hotelzimmern, also dort, wo die Karrieren nicht nur zelebriert werden, sondern zuweilen auch tragisch enden. Scott Weiland ist davon noch ein gutes Stück entfernt.

Die Stone Temple Pilots sind im Sommer 2001 gerade dabei, ein neues Album zu veröffentlichen. Eigentlich ist ihr Zug schon abgefahren, ohnehin hatte man ihnen Zeit ihrer Karriere vorgeworfen, nur Trittbrettfahrer zu sein. 1991 buchstabieren Nirvana, Pearl Jam und Soundgarden den Alternative Rock neu. Stone Temple Pilots, 1987 zunächst als Swing gegründet, 1989 in Mighty Joe Young umbenannt und schließlich mit dem Debüt *Core* (1992) als Steintempelpiloten kommerziell erfolgreich, treten durch jene Tür, die die Seattle-Größen vor ihnen aufgestoßen haben. Irgendein Musikjournalist macht den Anfang, bohrt mit dem Finger tief in der Epigonen-Wunde: Elende Kopisten seien sie, Nachmacher, uninspirierte noch dazu – ein Vorwurf, der die Band Zeit ihrer Karriere wie ein chronischer Tinnitus begleiten wird, ihr bis Mitte der 1990er Jahre allerdings ziemlich wumpe sein kann. Sieben Millionen mal verkauft sich allein das Debüt, der Nachfolger *Purple* (1994) erreicht Platz 1 der Billboard-Charts, Singles wie *Plush* und *Creep* fahren die Grunge-Ernte ein. Scott Weiland als Frontmann tanzt den Kritikern auf der Nase herum, und wie: Als hätte man Rob Halford mit Bowie, Madonna mit Henry Rollins, Robert Plant mit Mephisto gekreuzt, gibt der 1967 im kalifornischen San José als Scott Richard Kline geborene Sänger mit der Überstimme dem Showzossen die Sporen. Ganz anders als der introvertierte Cobain hat hier einer offenkundig Spaß an der Inszenierung, am Erfolg, an den Blicken der Massen.

Mitte der 1990er dann der erste Bruch, Weiland wird verhaftet, man findet Crack und Heroin bei ihm. Sex, Drugs, Rock 'n' Roll – ein Lied, das keine Halbwertszeit kennt und von Weiland immer wieder angestimmt wird. Insbesondere der Mittelteil hat es ihm angetan. Weiland bekommt ein Jahr auf

Bewährung und zieht im Anschluss in ein Hotel. Seine Nachbarin: Courtney Love, die später davon erzählen wird, dass die beiden unentwegt gedrückt hätten. Wer solche Nachbarn hat, sollte Allianz-versichert sein. Weiland taumelt zwischen Rückfällen und Besserungsgelobigungen, Ende der 1990er wandert er für einige Zeit in den Knast, weil er gegen Bewährungsauflagen verstößt. Seine Band setzt ihm immer wieder Ultimaten, verlangt von ihm, sich endlich und dauerhaft zusammenzureißen. Als er seine Frau Janina im Hard Rock Hotel Las Vegas tätlich angreift, ist es das Ende der Ehe – ein Wunder, dass sie überhaupt so lange gehalten hat. Weiland fährt ein weiteres Mal ein, diesmal für fünf Monate.

Als er rauskommt, wollen es die Stone Temple Pilots noch einmal wissen. Anfang des neuen Jahrtausends sind Bands wie Staind und Nickelback im Begriff, die Generation Grunge ein weiteres Mal zu entehren. *Shangri-La Dee Da*, so der Titel des neuen STP-Albums, ist eine solide Songsammlung, produziert von Brendan O'Brien. Schlagzeuger Erik Kretz wird die Zeit der Aufnahmen als die »fünf schönsten Wochen meines Lebens« bezeichnen, die Band ist so harmonisch miteinander wie noch nie. Lange soll der Frieden jedoch nicht halten, ein Jahr später kommt es bei einem Auftritt zu Backstage-Raufereien zwischen Weiland und den Gebrüdern DeLeo, das Motto der Tour wird eine ironische Pointe: »Family Values«.

Diese Werte scheinen im Jahr zuvor, auf der Promo-Rutsche für *Shangri-La Dee Da* noch intakt zu sein. Gitarrist Dean DeLeo und Scott Weiland zeigen sich im Kölner Hyatt von ihrer entspannten Seite, beenden buchstäblich jeden Satz mit »Man« oder »Bro«. Weiland trägt Mokassins, bemerkt meinen etwas fragenden Blick. »Don't laugh at my shoes, man! They are my home from home!« Die Puschen im Stil der amerikanischen Ureinwohner, sein Zuhause unterwegs, haben es ihm wirklich angetan: Sein zweites Soloalbum aus dem Jahr 2008 trägt den Titel *Happy in Galoshes*. Außer diesen glücklichmachenden Galoschen trägt er nicht viel am Leib: eine löchrige Jeans, dazu freien Oberkörper. Während er aufmerksam zuhört und ausführlich antwortet, spielt er immer wieder kurz mit seinen Nippeln; er macht einen leicht verkifften, aber durchweg sehr freundlichen, redebereiten Eindruck. Spricht vom Clean-sein, vom Clean-bleiben. Der Junkie-Evergreen, dem man so gern glauben würde. Zum Abschied drückt er mich ganz fest, ich lege meine Arme um seinen etwas knochigen Rücken, eine überraschende Geste, eine Herzlichkeit, die mich fast überrumpelt.

Als ich Weiland das nächste Mal wiedersehe, ist von den Stone Temple Pilots nichts mehr übrig, vorerst jedenfalls. Weiland schwingt jetzt für Velvet Revolver das Megaphon, an der Seite der rosigen Revolverhelden Duff McKagan, Matt Sorum und Slash ist Classic Rock angesagt, zwei Alben erscheinen. 2008 ist das Ende der Fahnenstange bereits wieder erreicht, auch diesmal sind Querelen über Weilands volatile Zuverlässigkeit und seine Liebe zu den Substanzen ein Faktor, der die Halbwertszeit der Band rapide reduziert. Am anderen Ende der Karriere, im STP-Lager, verfolgt man die Entwicklungen einigermaßen aufmerksam. Als die samtenen Revolver ihr Pulver verschossen haben, setzen die Piloten – mit Scott Weiland im Cockpit – zu einem weiteren Höhenflug an, 2010 erscheint sogar noch ein neues Album, drei Jahre später erhält Weiland das nächste Kündigungsschreiben. Sein Nachfolger ist Chester Bennington, ein Sänger, dem ebenfalls kein Alterswerk nach Willie-Nelson-Art vergönnt sein würde. Aber das ahnt man zu diesem Zeitpunkt noch nicht.

Derweil dreht Scott Weiland seine letzten Runden, wird verhaftet, entlassen, wieder verhaftet. Entzieht, wird rückfällig, entzieht ... und von vorn das Ganze. Seine Auftritte werden zunehmend fragwürdiger, zuweilen macht er auf der Bühne einen abwesenden Eindruck und trifft die Töne nicht, auffällig bei einem wie ihm, der doch über eine so einzigartige Stimme verfügt. Seine neue Band heißt The Wildabouts, diesmal geht es mehr Richtung Indierock. Das Album *Blaster* soll am 31. März 2015 erscheinen. Am Tag zuvor stirbt Gitarrist Jeremy Brown an einer Überdosis. Die beiden haben seit den Tagen von *Happy in Galoshes* zusammengearbeitet. Endgültig aus den Galoschen haut es Weiland am 3. Dezember 2015, im Tourbus in Bloomington, Minnesota. Noch wenige Monate zuvor hat er behauptet, seit fünfzehn Jahren clean zu sein. Bei der Obduktion notiert der zuständige Pathologe Kokain, Alkohol und MDMA in seinem Bericht, zudem ist von atherosklerotischer Herz-Kreislauf-Erkrankung und Hepatitis die Rede. Eine Tochter und einen Sohn hinterlässt Weiland, dazu Jamie, seine dritte Frau.

Grunge frisst seine Kinder. Und ist immer noch nicht satt. Keine zwei Jahre später würde es den nächsten Großkopferten erwischen, auch er nicht der letzte seiner Art, aber davon erzähle ich vielleicht beim nächsten Mal ...

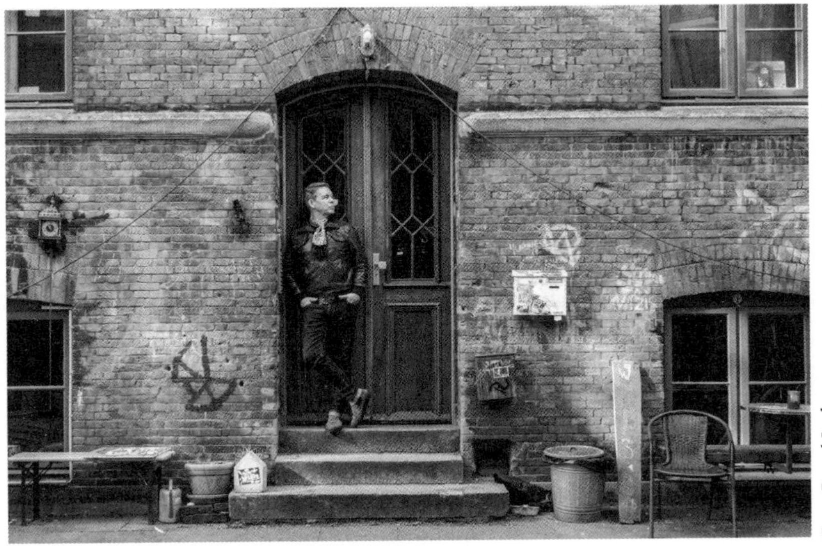

Foto: Bernd Jonkmanns

Über den Autor

Den ersten Gig mit seiner Punkband spielte Ingo Scheel einst dort, wo Regisseur Lars Jessen auch Rocko Schamonis »Dorfpunks« auftreten ließ: auf der Aula-Bühne des Hans-Geiger-Gymnasiums in Kiel. Bei der Musik ist es für Ingo Scheel, 1964 in der Fördestadt geboren, geblieben – als Sänger, als Drummer und als freischaffender Journalist und Autor. Für das MINT-Magazin ist er in Sachen Vinyl unterwegs, für Visions, Galore, Musikexpress ist er ebenso am Start wie für den Stern, ntv.de und die Hamburger Morgenpost, unter seinen Interviewpartner*innen Größen wie Dave Grohl, Chrissie Hynde, Paul Weller, Ozzy Osbourne, Shirley Manson u. v. m. Ingo Scheels Plattensammlung, das Drumkit, das er sich mit Tochter Anni teilt, und sein Lieblingssessel stehen in Hamburg. Lieblingsfilme: *Nordsee ist Mordsee* und *The Long Goodbye*. Bestes Album aller Zeiten: *Never Mind The Bollocks – Here's The Sex Pistols*. *Schlussakkord* ist sein erstes Buch.

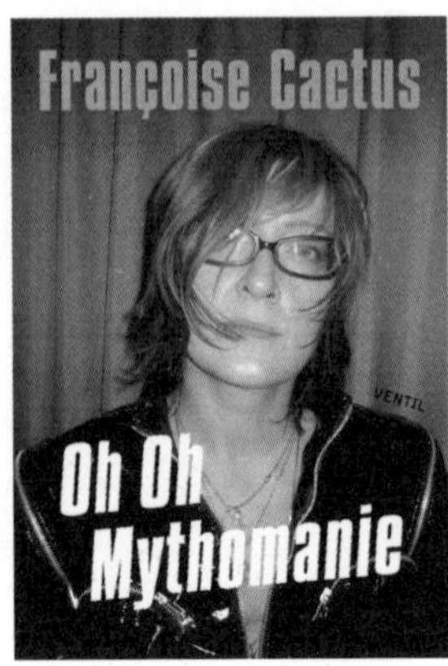

Françoise Cactus
Oh Oh Mythomanie
Erlebtes, Erinnertes & Erlogenes
Aus dem Nachlass der Stereo-Total-Musikerin

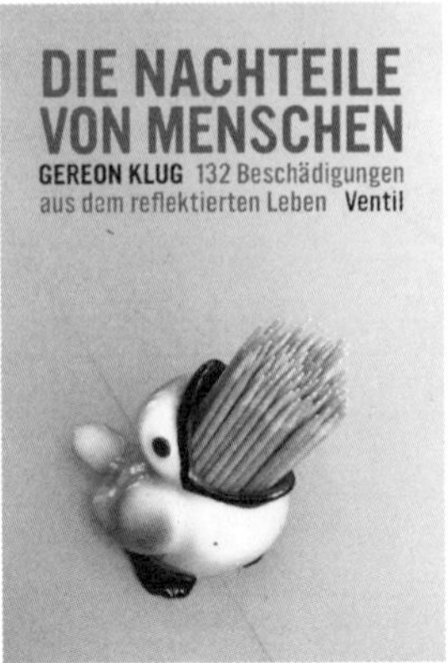

Gereon Klug
Die Nachteile von Menschen
132 Beschädigungen aus dem reflektierten Leben
Texte, die Ernst machen mit lustig und die Wahrheit erfinden.

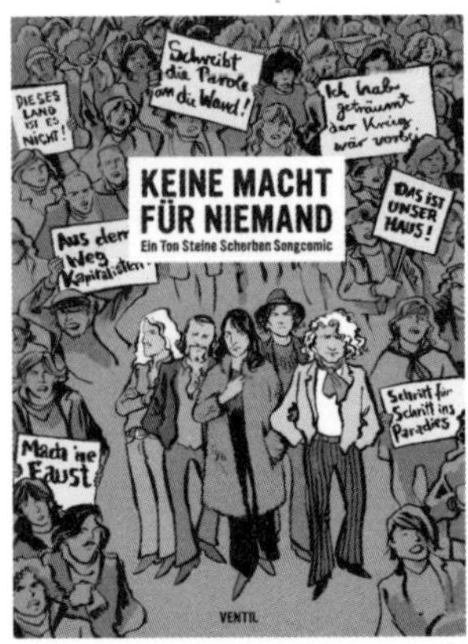

Buskies/Engelmann (Hg.)
Keine Macht für Niemand
Ein Ton Steine Scherben Songcomic
Comicstrips zu einem der wichtigsten Alben der deutschen Musikgeschichte

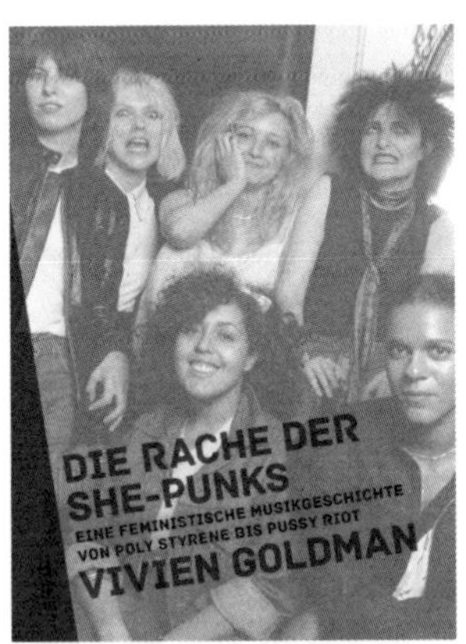

Vivien Goldman
Die Rache der She-Punks
Eine feministische Musikgeschichte von Poly Styrene bis Pussy Riot

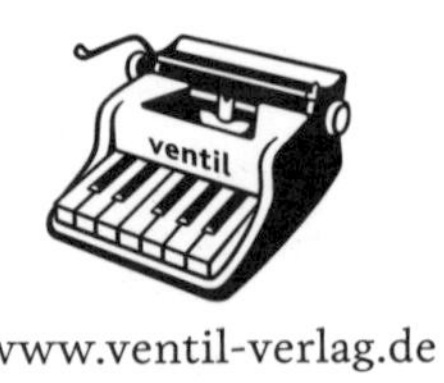

www.ventil-verlag.de